令人震惊的真相，被时间遗忘的历史

National history Reveals

国家历史

真相与往事

先锋国家历史杂志社 主编

九州出版社
JIUZHOUPRESS

图书在版编目（CIP）数据

国家历史 / 先锋国家历史杂志社主编 .—北京：九州出版社，2009.3

ISBN 978-7-80195-966-9

Ⅰ.国… Ⅱ.先… Ⅲ.中国—历史 Ⅳ.K20

中国版本图书馆 CIP 数据核字（2009）第 034146 号

国家历史

作　　者	先锋国家历史杂志社　主编
出版发行	九州出版社
出 版 人	徐尚定
地　　址	北京市西城区阜外大街甲 35 号（100037）
发行电话	(010)68992190/2/3/5/6
网　　址	www.jiuzhoupress.com
电子信箱	jiuzhou@jiuzhoupress.com
印　　刷	三河市东方印刷厂
开　　本	720×1020 毫米　16 开
印　　张	17.25
字　　数	245 千字
版　　次	2009 年 4 月第 1 版
印　　次	2009 年 4 月第 1 次印刷
书　　号	ISBN 978-7-80195-966-9
定　　价	32.00 元

出版前言

本书内容来自《时代教育·先锋国家历史》。

《先锋国家历史》作为中国第一本以历史为切入点的新锐新闻杂志，提出要“用黑色的眼睛，去发现彩色的历史；以轻松的方式，去讲述严肃的话题。”力求给读者带来解读历史的新思维、新方向。

当我们从这里走进中国历史，会发现那些构成大历史的最本真的点点滴滴都一一变得清晰。未必就是宏大叙事，但是它纯净而真实。这无疑将是一场充满惊喜的发现之旅。

我们在这些讲述历史的篇章中，精心选裁，共编辑成八篇动人的往事。

相信阅读本书，能使读者更深切地感受到这个“公民写史”的伟大时代的思想花火。

九州出版社

2009年4月

目录

第一篇

中国人从哪里来?

中国人来自哪里？谁是我们最早的祖先？

几千年来的答案是：炎帝和黄帝，所有中国人都是“炎黄子孙”。

而自 1920 年代的考古发现后，我们有了新的答案：我们来自“北京人”。

我们相信，从数十万年前，我们就已经是我们，生于斯，长于斯，老于斯，代代相传。

但近年来，科学家们试图告诉我们，中国人来自远方。

早在 1871 年，达尔文在《人类起源及性的选择》中就写到：“人类的早期祖先曾经生活在非洲大陆，而不是别的地方。”

正如“人类是‘猴子’变的”这一命题曾经引起几乎全人类的抵制一样，人类（包括中国人）来自非洲，也同样不会为人们所顺利接受。

尽管遇到来自科学界内外（基于学术或是心理）的诘难，中国一些科学家和他们在全世界的同行一起，正在勾勒出我们的由来和去向。

◎ 尼安德特人复原像

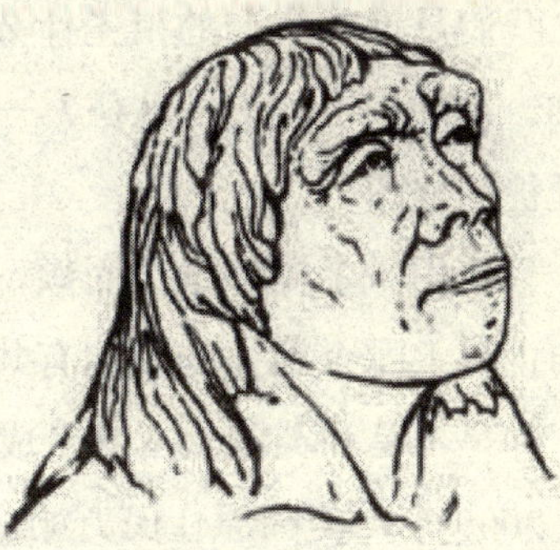

◎ 北京猿人复原图

较早前的发现是，自“人类”从200万年前走出非洲，进而散布在各地之后，我们的先祖就各安其所，各得其命，他们在旷古洪荒的原野上采摘，在泥沼溪流中渔猎，在幽暗的岩洞中繁衍，生生不息，延绵至今。

正当这一图景渐渐为学界所接受之时，科学家们又有了新的发现：15万年前，人类曾经拥有一个共同的“非洲祖母”，今天的所有人都是她的后代。我们的先祖从东非出发，走走停停，直到6万年前才到达东亚南部，而后渐次进入到我们如今生息的这片广阔大陆。

更进一步，中国的分子人类学家用“基因密码”更细致地告诉我们，那些自非洲而来的先民们，从4万年前进入现在的中国境内之后，又如何经过了聚散离合，渐渐走到了一起，成为今天的“中国人”。

我们的迁徙路线图正越来越清晰，但科学家们却永远不会驻笔，人类之所以成为人类，或许正在于他从不会停止从各种角度探索一个命题：我们从哪里来，又向何处去。

一、走出非洲

一首数万年的迁徙史诗

我们是谁？我们的祖先什么时候离开非洲大陆的？一路上，他们碰见过谁，谁加入了他们的队伍？——这些千百年的疑问推动着人们去寻找人类迁徙的地图。

只要用一个棉签擦拭面颊，获得口腔上皮细胞，你就可以知道自己究竟与世界上哪个地方的人拥有共同的基因，了解自己家族进化的历程，比如，你是不是和英国女王或者成吉思汗有亲戚关系。这是真的吗？

2005年，美国原住民万帕诺亚格族族长麦克尔·马克雷就试了试，他想了解自己家族拥有文字记载之前的族系史。尽管考古学提出，万帕诺亚格族祖先几个世纪前从西伯利亚而来。但 DNA 能够更好地揭示他们的祖先何时从亚洲跨越大陆桥来到北美，和哪些部族有血缘关系。除他之外，上万来自世界各地的人，都贡献了自己的口腔上皮细胞样本。

口腔上皮细胞和人类的祖先，其中到底有什么样的联系？想了解这个故事，我们得从头道来，先看看，在进化论刚出现时期，科学家对人类从哪里来的解释。

“从哪里来”

1856 年 8 月，两名采石工人在德国杜赛尔多夫市郊区一个石灰岩洞清理碎石时，起出了一片骨盆、一个眉棱隆起的头颅骨以及一具骸骨的其他部分。两人把这些骨头拿给他们的领班看，领班以为这是一头熊的遗骨，而当地一名教师兼业余博物学家鉴定后认出，这是一种不同于现存人类的遗骨。这具遗骨后来定名为尼安德特人。

尼安德特人发现三年后，1859 年，达尔文就发表了《物种起源》，提出了一个令人震惊的学说。达尔文宣称，也许人类不是由一个全能的神所创造的，而是由比较早期的生命演化而成的，这些早期生命可能包括穴居的原始人类。

但经过激烈的争论后，科学界终于慢慢接受了“人类是由猿类进化而来”这一理论。然而人类起源于哪里仍然存在很大争议。达尔文曾在 1871 年出版的《人类起源与性的选择》中推测，非洲是人类的摇篮。另一位进化论者海格尔则在《自然创造史》一书中主张人类起源于南亚，还绘图表示各人种由南亚中心向外迁移的途径。为了证明人类的起源地，考古学家纷纷致力于发现猿和人之间的缺环。

1890 年，在爪哇工作的荷兰东印度公司医生欧根·杜波斯在爪哇中部特里尼尔一条河岸挖到一个头骨，次年又在同一地点发现一块大腿骨，这个化石颅骨低平，额骨倾斜，股骨长直，适于直立行走。杜波斯相信自己发现了猿和人之间的缺环，将这种新发现的化石命名为“直立猿人”。“爪哇直立猿人”的发现使人类起源南亚说为之一振。然而 1927 年，中国发现“北京人”化石，中亚起源说流行起来。

但从20世纪起，在南非和东非，有不下20个地点发现了早期人类化石；匈牙利、土耳其、希腊、肯尼亚都发现了原始人类化石或遗骸。这样看起来，世界各地都曾有人类祖先出现，因此多地区起源说逐渐开始占上风，这一学说认为，世界各地的人类是独立起源，即由各地的非洲直立人、海德堡人、尼安德特人、东亚直立人各自独立进化为现代人类的几大人种。

但是，这一学说亦有缺陷，比如不能证明同一地区的化石之间具有直接亲缘关系，因此在人类学家内部也有持不同意见者。

但是，对多地区起源论提出最大挑战的是分子人类学界。

遗传学研究的黎明

1944年，一名叫做路卡·卡瓦利·斯福扎的意大利人考入帕维亚大学学习药学，不久他放弃了这个专业，开始了遗传学的研究，师从著名果蝇遗传学家布扎提·特拉维索。

为了解读不同人群的相互关系，1951年，斯福扎开始研究血液多态性，他带着几名助理，在乡间收集血液。这次，研究者得到教区神父的帮助，他们常常在周日弥撒后，在教堂的圣器保管室内为参加弥撒的村民们抽血。对这次收集的血液进行研究后，他们发现山区村庄血型分布有很大差异，而山谷中村庄差异没那么大。

此后，斯福扎和合作者爱德华兹分析了世界各地15个人群的血型类型。研究结果显示：非洲人处于最靠树根的位置，欧洲人和亚洲人“丛生”在一起。这一结果，首次清晰、直接、令人震撼地反映出了非洲在人类进化史上的地位，被后来的遗传学家们称为“经典的多态性”。

斯福扎开始对人类的遗传关系进行研究之时，正是遗传学迅猛发展的时期，1953年4月25日，詹姆斯·沃森和弗朗西斯·克里克在《自然》杂志报道了DNA双螺旋结构，1962年，他们通过X射线确定了双螺旋结构。

这时，确定人与人的遗传关系最适合的样品已经到手——DNA。

DNA 是长串复合分子，它能够记录人的演化，就如同我们每一个人体内都有一份历史记录。

这是分子生物学的巨大进展，也使得一个新的学科出现：分子人类学。顾名思义，这一学科将分子生物学技术引入人类学研究领域，试图通过研究人类 DNA 中所蕴藏的遗传信息来揭示整个人类的形成与演化过程。

其中基因的变异是研究人类多样性的关键。每一个活着的人，都携带着约 30 个全新的变异。这些突变的发生是随机的，就如同博彩，我们每一个人都是被“突变”所“抽中”的个体，而进化实际是由基因变异引起的。要确定个体与个体之间的联系是否紧密，或者说他们是否属于同一物种，重要的一点就是了解他们的基因。

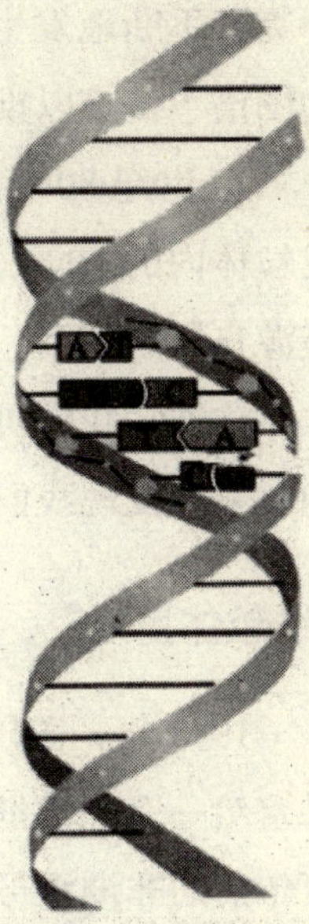

◎ DNA 分子的结构模式图

同时，基因的这种快速、频率可预测的中性突变还具有分子钟的作用，它就好比时钟转动时的滴答声。通过中性突变频率和两个族群间 DNA 突变的次数差，就可以计算出基因突变距离现在的时间，也就是说此项变异能够追溯到的“祖先”生存的时间。

但 20 世纪 60 年代，在实验室操作 DNA 就如同大象弹钢琴一样困难。因此研究者只能使用蛋白质，通过研究蛋白质的氨基酸顺序（这个顺序由 DNA 的核苷酸顺序决定），可以稍窥 DNA 的差异。

1973 年，生化学家斯坦利·柯恩和赫伯特·博耶发现了如何切割 DNA，如何把不同生物体的 DNA 接合在一起，以及如何在细菌体内培养接合的 DNA，这些研究使得人们可以对 DNA 进行精细研究，遗传工程的时代终于开始了。

如何操作 DNA 的问题解决后，分子人类学家们面临另外一个问题：染色体重组。每当精子和卵子结合，染色体总是一半来自父亲，另一半来自母亲，这种重组使得我们染色体上的 DNA 如同一副被反复“洗牌”的扑克，不断地发生变化，最后很难找到其最初的图谱。而如果找不到最初的图谱，就难以推算共同祖先的出现时间。

20 世纪 80 年代，遗传学家有了新思路，研究线粒体 DNA。这些位于线粒体内的 DNA，与一般位于细胞核内的 DNA 有不同的演化起源，可能是源自早期细菌。而线粒体的 DNA 的一个特点就是：不能重组。

这样，我们可以开始阅读每个人的血液中流淌着的关于我们自身历史的大书，发现我们的祖先是谁，他们从哪里来。

“线粒体夏娃”

1987 年，美国《新闻周刊》封面上，一个半裸的黑皮肤夏娃把一个苹果拿给一个黑皮肤的亚当，其内文介绍道：“我们共同拥有一个生活在 15 万年前的非洲祖母，今天所有的人都是那个她的后代。”

这无疑是一个爆炸性的新闻。得出这一结论的，是美国加利福尼亚大学伯克利分校的瑞贝卡·卡恩和艾伦·威尔逊。

这是线粒体 DNA 研究中所得出的最著名结果之一，卡恩为此曾在全世界范围内收集胎盘，因为其中含有丰富线粒体。他们研究了 147 个样品的相互关系后，画出它们的线粒体 DNA 谱系。卡恩的研究思路是：如果两个人的线粒体 DNA 在一个多态性位点共享一个变异，那么它们便有共同祖先，这样分析所有样本的相互关系后，分子人类学家就可以构建一棵家谱树，进而追踪到所有族群的共同母亲——所谓“线粒体夏娃”。现代人的基因可以追溯到大约 15 万年前的一位非洲女性（实际上，夏娃的生存年代是一个区间，在大约 15 万到 18 万年间）。

“非洲起源说”刚刚出现时，引起了公众的兴趣，却在人类学家中遭到严厉批判。他们找出一些分析漏洞，比如有人指出，这个研究使用的黑人基因是来自加勒比海，而不是非洲，因此基因上可能已经产生混杂。

但随后遗传学家分析线粒体以外的 DNA 的时候，亦发现了溯祖现象；后来试验者使用非洲人的基因进行研究，得出了同样的结论，证实了人类的“夏娃”确实在非洲。

1994 年，根据线粒体 DNA 特征的分组结果，英国科学家布莱恩·赛克斯又提出，几乎每一个有欧洲本地血统的人都是由 4.5 万年前迁入欧洲的 7 位女性祖先繁衍而来的，这 7 位女性被他称作“夏娃的七个女儿”。

因此这一点看起来似乎是无可置疑了：我们所有人共同拥有一个生活在大约 15 万年前的非洲祖母。她的后代走出了非洲，有了我们。

这并不是人类的第一次“出非洲”，事实上，科学家早就发现 150 万年前，直立人第一次“出非洲”，它们分散到各地，到达东亚的进化为爪哇猿人、北京人等，留在非洲的一部分在 10 到 20 万年，进化成解剖学上的现代人，也就是后来走出非洲的那批人类。

或许还可以加上较近的一次：奴隶贸易所引发的非洲人口向外迁移。在 16 世纪初期，首批非洲奴隶被送往新大陆，后来的岁月中，约有 1200 万名非洲奴隶横渡大西洋，在彼岸安家。尽管出于人为因素，这也成为一条基因迁移链，在他们的身体里留下了痕迹——很多欧洲、美国黑人身体上带有典型的欧洲标记——M173，就是这次移民所留下的基因标记。这我们将在后面讲到。

“Y 染色体亚当”

通过线粒体找到的一定是“夏娃”，而非“亚当”，是因为线粒体所含 DNA 全部来源于卵细胞，因此其 DNA 分析只能追溯母系谱系。

所以，人们接着会提出一个问题：找到了夏娃，那么亚当在哪里？科学家们也是如此，在发现人类基因历史的“夏娃”之后，随后便试图去寻找基因历史上的“亚当”。

发现夏娃使用的是在母系之间传递的线粒体 DNA，那么研究男性，可以用什么呢？值得庆幸的是，我们有 Y 染色体。

X、Y 染色体是性染色体，而男性的“XY”两条染色体只能在小区域内配对，而在绝大部分区域都不能和 X 重组，这样在细胞分裂形成染色体时，Y 染色体永远避免了被洗牌的命运。同时，Y 染色体携带的核苷酸数量远高于线粒体 DNA，因而研究人员拥有更多的多态性来区分不同的人类族群。

当时对Y染色体进行研究的科学家很多，包括两个彼得——彼得·昂德希尔和彼得·欧芬纳。昂德希尔最初在加利福尼亚大学研究海洋生物，毕业后进行了一段商业研究，后来转而进行分子生物技术研究，在斯坦福大学的路卡·卡瓦利·斯福扎实验室；而欧芬纳则是化学家，也在斯坦福大学应用高效液相色谱技术分离DNA，他对Y染色体很感兴趣。

正如沃森和克里克合作发现DNA的双螺旋结构，这又是一个跨学科的优秀合作的典型。欧芬纳掌握一项可以快速检测DNA变异的手段——“高效液相色谱技术”。而昂德希尔则通过对这些变异进行分析，建立“家谱树”，从而得出人群之间的相互关系。

2000年11月，《自然遗传学》杂志发布了彼得·昂德希尔、彼得·欧芬纳以及其他19位研究者的成果。长达21人的作者名单，即使在共同署名成为惯例的学术期刊，也是很少见之事，这说明了这项工作的突破性意义，以及它所集中的研究成果之多。

这项研究对全球1062个具有代表性的男性Y染色体进行研究，分析结果表明欧洲和亚洲等地的现代人群都起源于非洲，而美洲和澳大利亚现代人群又都起源于亚洲人群。这就是与“夏娃假说”相互印证的“亚当假说”，这位亚当，生活在距今5万9千年。

然而根据线粒体DNA，最早的现代人基因出现在15万年前的非洲夏娃身上，而亚当Y染色体的年代距今有5万9千年，这近10万年的时间差距该如何解释呢？实际上，迟到亚当出现的时间是在4万到14万年之间。而且在基因序列表中，线粒体DNA和Y染色体是独立的，因此它们是不是在同一时间相遇没有什么意义——从遗传学上来说，“亚当”和“夏娃”不必相遇，只要他们的基因分别流传下来就够了。

亚当和夏娃都有所属了，但是，对于普通人来讲，他们还关心夏娃和亚当的子孙是如何散布到五大洲的。这，马上就会揭晓。

寻找基因地图

2005年，一项庞大的多国合作计划启动："追寻人类足迹计划"。这项计划由美国国家地理学会、IBM和韦特家庭基金会共同出资4000万美元，全球10个研究机构参与了研究。项目的目标是，在2010年前，在全球范围内收集10万人的DNA，从而描绘人类的迁徙地图。

10个参与研究机构分布在世界各地——中国、俄罗斯、印度、美国、英国、法国、黎巴嫩、澳大利亚、巴西、南非，他们分别收集本地区数据，并集中上报给项目总部，由IBM公司的一个科学小组运用高级数据分类技术来揭示样品中蕴含的新模式和联系。

如果找到了人类迁徙的地图，我们可以得到很多有趣的东西，比如一群群人是什么时候离开非洲大陆的；一路上，他们碰见过谁，谁加入了他们的队伍；我们甚至可以发现亚历山大大帝进军亚洲大陆、成吉思汗大军西进中亚、十字军东征这样著名的历史事件在基因上的"痕迹"。

这并不是异想天开。2008年黎巴嫩美国大学的皮埃尔·扎罗瓦发布的一项研究成果已经发现，黎巴嫩人的DNA中发现了通常在西欧人群中出现频率较高的基因段：R1b，而且这一基因段只在黎巴嫩的基督徒中高频率出现，而在穆斯林的基因中则看不到。同时参与这一研究的科学家斯宾赛·韦尔斯，也是基因地理计划的总负责人解释说："最可能的答案是这是十字军东征的结果"。

研究组发现人类起源的具体位置是东非，也就是今天的肯尼亚和坦桑尼亚一带。而目前地球上最古老的人种之一则是生活在非洲西南部的非洲原住民布希曼人，也被称为桑族人——也就是电影《上帝也疯狂》中所描绘的民族，他们长得并不像常见的非洲人：个子矮小、拥有浓密的卷发、肤色较浅、眼皮较厚。也许通过他们，人们可以遥遥望见我们祖先的背影。这是否意味着，人类最早起源于非洲南部，而不是东非大裂谷？一些古人类学家提出了南方起源说，但是这并不足以成为结论，桑族人曾经分布十分广阔，在索马里、埃塞俄比亚也曾发现过和桑族人特征类似的化石。

非洲人大约10万年前开始外迁，也许是气候变化导致。15万年前，地球处于里斯冰川期的结束期，地球平均温度比现在低10℃，大约13万年前，气候开始变暖，因为海平面的上升以及大气湿度的提高，非洲降雨量增加，12万年前，地球又开始逐渐变冷，至7万年前迅速变冷。美国地球物理学家罗伯特·沃尔特发表了一项研究成果，认为非洲大陆在上一个冰川时期出现的大范围干旱，使现代人迁徙到了沿海地区。

出非洲记

如果把几万年前的人类比作旅行者，他们的迁移过程，就像在一系列相互交联的线路上移动，只是速度非常缓慢。在某一特定线路上，当地人都拥有共同的遗传标记，因此科学家利用字母和数字，为这些线路编号。

大概10多万年前，非洲人开始向外迁移，第一个发现的非洲以外的，是生活在10万年前的男性远祖基因，科学家给它起了个数字化的名字为M168，在女性远祖的基因谱系上也找到了线粒体L3，就是他们的后代走出了非洲。

大约9万年时，M168上分出一个新的标志，叫做M130，同时还有一个线粒体M，M130和线粒体M相伴随踏上了旅途。他们最有可能的路线是沿着海岸前进，因为海滩容易找到高蛋白质的食物，在非洲之角东部的厄立特里亚，我们发现了距今12万5千年的蛤和牡蛎壳化石，混杂着人类的石器，这说明人类曾以这里的海洋资源为生。

当时的海平面比现在低很多，澳大利亚和伊利安以及美拉尼西亚许多岛屿连在一起。他们在沿海捕捞的过程中，学会了使用木筏，木筏帮助他们从非洲到印尼半岛，再到澳大利亚和新几内亚等地，他们一代代向前推进，可能是为了寻找食物、水或者制造工具的石头。这次离开的人群，形成了我们后来所称的棕色人种，他们到澳洲的时间可能是6万年，在东亚大陆散布开则是4万多年前，被称为早亚洲人。

棕种人到美洲还没有遗传证据，尽管在南北美洲都有发现M130标记，但是由于缺乏时间估算，不能确定是棕色人种留下的还是后来的移民带去的。但许多古人类遗骨和考古遗迹的发现证明棕种人曾到达美洲，比如美洲古老的奥梅克文明留下的石刻头像，很可能就是棕色人种留下的。如果他们到达美洲，应该是使用木筏，因为当时白令陆桥一片冰雪覆盖，人类无法通行。

这些棕色人种文化相对较低，没有精湛的狩猎技术保证每次捕猎都有收获，因此他们不浪费任何食物来源。从安达曼到伊利安，棕色人种始终有着食用人类死尸的传统。也许外人听来毛骨悚然，对棕种人来说却是自古流传下来的部落生存必需的准则。

大约与M130同时，出现了一个标记M89，表明人类通过北非由陆路进入了欧亚大陆。不久M89上分出了M9，这是所有欧亚人的祖先。M9的后代在旧石器时代晚期向东移动时出现变异，分化出了M20、M45和M175，M20主要在印度，M45向东迁徙时遇到了天山的障碍，无法进入中国的西北地区，成为中亚人和部分印度人的祖先。

而M45的后代M242，大概3～4万年出现在中亚或南西伯利亚，并移民进入了美洲，他们带有的基因标记是M3。这批移民至少分为三批，在不同时间到达美洲：第一批是3万年前，由中亚来的部分人走过白令陆桥，到达美洲后南下，成为南美和北美南部大部分的印第安人；第二批在2万年前，从南向北经中国东北到白令陆桥，占据了北美北部；而大约3千年前，爱斯基摩人和阿留申人从白令海峡到美洲，是第三批。

M175继续沿着喜马拉雅山南麓向东、向北迁徙，绕过中南半岛进入中国，他们是从东非来到东亚的第二波亚洲人：晚亚洲人，也就是黄色人种。他们的扩散速度很快，从西亚进入印度河流域，穿过南亚次大陆北端，大约3、4万年前到达东南亚地区，只用了棕色人1/5的时间，在两万年前的玉木冰河盛期，黄种人进入中国，由南往北分布，整个扩张开来。

由于棕色人种到达较早，最初到达的黄色人种还没有能力和棕色人种抗争，后来黄种人逐渐与棕色人种争夺地盘。由于黄色人种先进入了新石器时代，在技术和体力上都占优势，他们逐渐得以对棕色人种进行屠戮和驱逐。

尽管这一事件已经非常久远，我们仍能从考古或者历史记载中发现蛛丝马迹，和DNA的分析结果暗合——在商代的人骨材料中，我们可以发

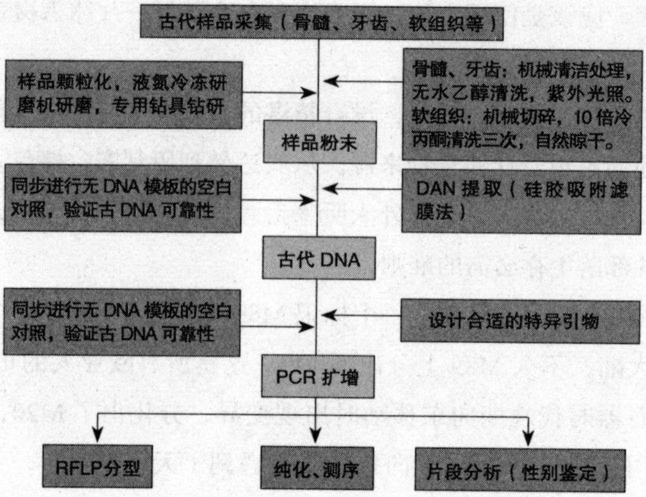

◎ 古 DNA 研究的技术路线

现棕色人种的成分，殷墟的祭祀坑里有大量异族俘虏的头骨，其中很大一部分可能是棕色人种；同时地方史料记载，清代广东官宦家庭曾养过“小黑人”；在台湾，最早到达的南岛语系原住民有着灭绝“矮黑人”的传说。这些传说或史料，都是对这一事件的历史记忆。黄种人对棕种人的屠戮和驱逐导致现在东亚人群中，棕色人种的标记 M130 非常少见，但现在仍存在的少量棕色种人可以证明他们曾经的历史——比如菲律宾吕宋岛中部、马来半岛北部的山地、安达曼群岛的亚洲黑人，印度半岛的达罗毗荼人。

尾声

比起考古学来说，分子人类学有了很大进步。古人类学家常处于两难的尴尬境地——尽管在农业出现之前，曾有数十亿人生存过，但散落在各地的遗骨和工具，却少得可怜，他们能够依仗的依据只是偶然寻找到的遗骨和化石。而分子人类学家不需要等待化石被发现，证据就在自己身边。

但分子人类学也有其局限，科学家检测人类的 DNA 不是没有止境的，他们擅长研究久远之事，然而对较近的基因的分析，则有一定误差。目前最近只能回溯至几十代之前，再往下的谱系仍处于混沌之中，无法再回答更多的历史问题。同时，人类迁徙的过程中，仍有很多细节未能明了，包括迁移的速度，以及出非洲的次数。

因此除了从更多的地方，采集更多的DNA，科学家开始把目光瞄向与人类相伴而生的生物：细菌、跳蚤甚至虱子。他们希望能从这些生物的基因中，发现人类迁移的痕迹。

近十几年，科学家分析了大量DNA，人类的“出非洲记”已具备了大部分的细节，但对人类迁徙史的回顾，仅开了一个头。我们知道，我们的祖先是如何来到东亚，进入现在中国的，下面即将展开的是另一场旅途——入中国记。

二、我们都有一个家

数万年前，现代亚洲人的一支，身上带着O3型的染色体，开始向北迁徙；数千年前，O3-122这一支种小米起家的人，开始向东向南扩展，

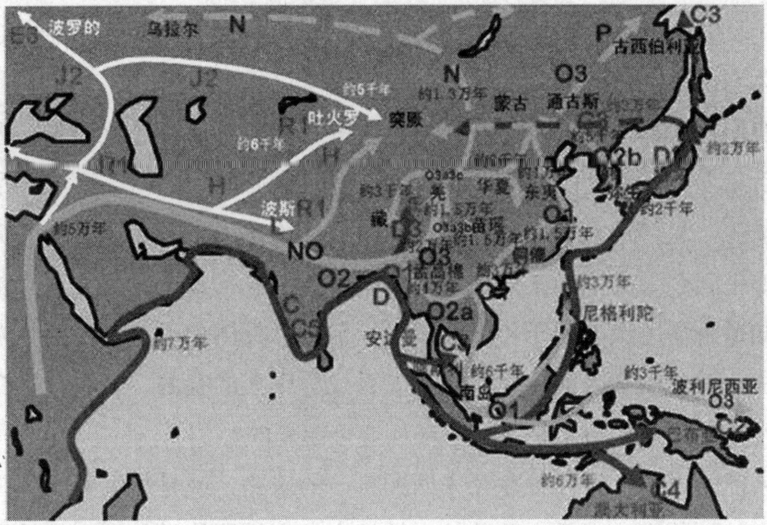

◎ 亚洲现代人类迁徙地图

最终遍布中国大地。

9月初，是新学期开学的日子。复旦大学校园里，到处是报到的新生，复旦大学生命学院现代人类学研究中心的谭婧泽老师则忙着带几个助手给新生做体检。这不是普通意义上的健康检查，她是要配合课题，对学生们进行体质人类学的测量，取得一批数据。“学生们来自全国各地，正好是不错的数据来源”，而建立庞大的全国范围的人群数据库，是复旦现代人类学研究中心近年来一直孜孜以求的工作。

复旦的新生们以来自江浙一带的为多，但也有许多学生从云南、江西、河南、山东等省考来。而现代人类学研究中心的研究团队，主任金力是上海人，李士林是吉林人，其他同事分别来自新疆、甘肃、江苏、湖北……谭婧泽自己是宁夏人。

谭婧泽是18岁就离开宁夏的。到上海之前，她先到北京，在那里上大学和读研究生。毕业后，她又到了上海自然博物馆，再到复旦。从宁夏到上海，相隔“八千里路云和月”的故乡，已成为户口本或登记表上的“籍贯”，而对于她的下一代，宁夏只是母亲的老家，是自己的上一代向上海迁徙的一个源头。

那么再上一代呢？谭婧泽的父母都是宁夏人。父母的父母呢？他们怎么到宁夏的？再一代代追上去，他们的祖先又是哪里来的呢？——这个问题，总有孩子向自己的父母问起，一代一代问了好多年。

我们在学校读过的历史教科书，告诉我们人是从猿进化而来，进化是从数百万年前开始的。我们也都知道，北京的周口店曾出土了生活在60万年前的“北京猿人”，似乎顺理成章的，我们都是“北京猿人”的后代。

如果问今天的中国人是从哪里来的，我们也都知道黄帝大战蚩尤的传说，知道中华民族有五千年的文明史。但是，具体来说，上古的猿人是怎么变成今天的中国人的？我自己又怎么成为今天的我的，怎么会呆在这个地方？这中间的环节又是怎样一环环连接起来的？

从前的人们，有几种途径来回顾自己的来路：或是从洪荒年代口口相传下来神话传说；或是古墓遗址中挖掘出的文物器物及化石；或是前人留存下来的古籍记录。古籍记录非常有限，神话传说又太玄虚，而文物出土常常支离破碎，使我们对于我们的前世总是感觉扑朔迷离。

最近20多年，人们又多了一条认识自己的路径：分子遗传学，从DNA上找自己的源头。

画一张亚洲人起源迁徙的地图

1998年，中国医学科学院医学生物学研究所褚嘉祐教授等人的一篇论文《中国人群的遗传关系》，在《美国科学院学报》上发表，在中国科学家中首先提出现代亚洲人类可能起源于非洲。

现代亚洲人类，当然包括中国人在内。也就是说，亚洲地区不存在从一两百万年前的直立人到现代人类的连续进化过程，“北京人”不是中国人的直系祖先。文章中的观点在今天看来都具有爆炸性。现代人类起源于非洲，这在世界的其他地方近年来已经大致被学术界接受（当然还不时有一些不同的质疑之声），但在中国，尤其是在古人类学领域，一种观点仍然持“多地区起源说”，也就是说，中国人是从东亚地区已经发现的那些古人类化石的后代，是独立起源的。

“想想到今天，这篇文章已经发表10年了”，褚嘉祐回忆当年的一幕，“那篇文章，本来是想投《科学》的，结果《科学》觉得这个结论太大，想放一下，谈家桢院士就建议投给《美国科学院学报》。发表后，《自然》做了长篇转载。还发了一个评论。”

褚嘉祐与他的合作者金力有一个共同之处：他们都是从医学研究开始进入分子人类学领域的。他们发现，同是病人，不同的民族或族群对同一种病的易感程度和抵抗能力都不同，这样就开始了对不同人群的基因的研究。“开始，我和金力一起，用中国28个群体的样本，看是不是有中国人自己单独的而非洲人没有的基因，结果没发现。我们也希望找到中国本地的直立人与非洲来的现代人基因融合的证据，但是也找不到。我们的‘非洲起源说’是这样来的。”

2001年，金力等人的一篇论文《东亚现代人的非洲起源：12000个Y

染色体的故事》在《科学》上发表，为现代中国人的“非洲起源说”又添了一枚重磅炸弹。具体说，褚嘉佑等的第一篇论文，是应用“微卫星”标记（STR）来研究基因的，而金力等的那篇论文，是以父系遗传 Y 染色体标记来做研究的。金力说：“在做 2001 年的那篇论文时，我心想我是中国人，祖先是从非洲来的？我非要找出一个人，不是非洲人的后代。做了覆盖整个东亚，东南亚，西伯利亚……的 12000 人、163 个群体以后，我都傻眼了。我都不信这个结果。我对学生说，你把数据拿来看一下，看上去比较模糊的，你给我重新做一遍。又有 400 多个样本重做了，结果，还是这样子，那我没办法，我只能说，大概就是这样是对的。”

这两篇论文及其相关的研究，分别在 2005 年和 2007 年获得了国家自然科学二等奖。

2005 年，金力和他的复旦大学现代人类学研究中心加入了由美国国家地理协会和 IBM 联手赞助的“基因地理计划”。“人群迁徙是个全球范围的项目。因为迁徙的人群，不仅跨国界，还要跨大陆的。这个领域的研究已经有很多人在做，工具和手段也在发展中。结果导致各地各实验室用的分类方法和分子标记多有出入，许多数据不可比较。现在需要一个统一的标准。我们参加这个项目的好处之一，就是可以与各国的实验室很好地相互交换数据了。”

金力觉得，加入这个计划以后，视野更广了，“会从全球的角度去关心我们的研究”。三年来，他们采样的地区，延伸到东南亚的老挝、柬埔寨等国，因为东南亚是东亚现代人类的摇篮。在中国境内，他们大致沿两条路线去采样：一条是东南沿海一直往北上去，直到胶东半岛，到达东北；一条是从内陆的川、藏、青往北走。许多数据尚在整理分析之中，论文会陆续发表，但中国人的迁徙路线，已经大致可以勾勒出来了。

从南向北：我们都是南方人

今年 8 月底，江苏淮安传出一条消息：该市开始兴建“南北地理分界线”，这个分界线的标志物呈球状，就建在穿淮安城而过的淮河大桥桥墩上。消息一传出，引起一片热议，新浪网上就该不该建这个南北分界标志举行投票，参与投票的155477人中，竟有145537人反对兴建，占93.6%，理由是：完全是劳民伤财，有制造南北隔阂之嫌。

其实，人们不必为中国的“南人”“北人”间的隔阂过分担忧。

按分子人类学家们的看法，现在的中国人，无论是看起来相对个子矮、人却显得更精明的南方人，还是相对个高，性格却更粗犷的北方人，最早都是从南方来的。

这里先要讲一点遗传学上的原理。遗传学家们发现，遗传基因多样性最丰富的地方，其实也就是人类起源所在的地方。这个道理是，人的基因的一些位点，在一定时间段里，是会发生突变的。这种突变积累得越多，就说明这个人群的历史越长。当人群的分化产生时，常常只是一小群人走了出去，这样他们携带的基因遗传多样性就不如原来的人群高。科学家们发现，在东非的人群，遗传多样性积累得最高，这是现代人类起源于非洲，特别是东非的重要证据之一。多样性最低的，实际是美洲的印第安人，因为他们走得离非洲最远，实际是现代人类迁徙的末端。

同样，分子人类学家们看到，在中国南方的人群中，基因遗传的多样性，是高于中国北方的人群的。这是现代中国人的祖先从南向北扩展的证据。

在这里，分子人类学家们用Y染色体的标记，来描绘中国人的迁徙图，每一种标记，都是由于人群开始分化时，有一部分人带了这种新产生的基因位点走了，这种位点，就成了行进的人群的标记。“国际Y染色体命名委员会”把全世界的Y染色体分为从A到R的若干大的类型，而中国人所带的，主要是O型、D型，其中D型比较古老，属于“早亚洲人”，他们大概是至少6万年前就来到亚洲了；O型属于“晚亚洲人”，我们绝大多数中国人身上都带有这种基因标记，他们大概是三四万年前来到亚洲的。

O型染色体又可以分为O1、O2、O3等亚型，相对应的，有M122、M95、M119等基因位点。

现在，我们可以回到三万年前了，看看从基因图谱里展现出的我们的先民们的迁徙图景。

三万年前的时候，亚洲大地刚刚经历了一次冰川期。当携带着O型染色体的先民们来到这里时，他们可能已经发现，在他们之前，有一批现在被分子人类学家们称作“早亚洲人”的携带D型和C型染色体的人群，已经早在几万年前就在亚洲居住了。这些“早亚洲人”，当年可能是沿着海岸线前进，那里相对地形平坦，又方便捉鱼虾来吃。在冰川期的时候，海平面比今天低，许多今天的海岛当时都可以走过去。其中带有C型染色体的“早亚洲人”一直走到了今天的巴布亚新几内亚，甚至澳大利亚。

不过，今天的亚洲，“早亚洲人”分布得零零散散，在菲律宾和马来西亚一些岛屿上还有一些个子矮小，肤色之黑不逊色于非洲黑人的“小黑人”，他们的染色体基本是D型。日本的虾夷人也是D型，大家普遍猜测是氐人后代的白马藏族人和藏族人，也有相当多的比例为D型，但是，他们的外貌与“小黑人”差距相当远，这是怎么变化过来的，至今还是未解

◎ 白马藏族儿童，他们有D型染色体。

的谜。在今天看来，亚洲大地上，经历过一次“晚亚洲人”与“早亚洲人”的竞争之战，技术和体力都占上风的“晚亚洲人”胜出，而“早亚洲人”，只在边边角角还有留存，剩下的，融入到各地的人群中。

携带O型染色体的“晚亚洲人”们，到达喜马拉雅山脉的南麓之后，慢慢扩张。这种扩张，并不像我们想象的，每天朝着一个目的地不停行进，而是一种人口的自然扩散。按正在耶鲁大学医学院遗传学系的做博士后的李辉的说法，当族群人口发展到一定规模，这一块地区的资源消耗差不多了，就要分出一支人，向另外的地方去。所以这种迁徙，并不以从此地到彼地的步行速度为标准，它往往要经历上千年甚至上万年的历程。

“晚亚洲人”们分了两路走

往南往东的一路，绕过老挝的崇山峻岭，进入了越南。在北部湾地区形成了侗傣语系祖先。这一支先人的Y染色体出现了O型的亚型，即O1和O2。O1型就是带有M119位点突变的那支。后来他们又从越南、广西方向进入中国，沿着海岸线往东北走，形成了百越民族。今天的黎族、侗族、水族、仫佬族、仡佬族、高山族、壮族、傣族等，都是他们的直系后代。这些民族在语言上、文化上有很强的一致性，所以也统称越人。那支带O1的人群，后来又继续向东北走，其中有一支在距今约1万年前时，到达山东的胶东半岛，形成为东夷人。

让金力非常高兴的是，经过三年的艰苦采样，他们在山东采到了非常有价值的样本，“把这条线接上了。”

晚亚洲人的另一支，是沿云贵高原的西侧向北走。他们主要是携带O3-M122型染色体的人们。在距今两万年的时候，这支人群中分化出了O3a3b型的一支，即是苗瑶语族的祖先，这支人，后来就往东去，到达湖北湖南一带。而其他的人，继续向北走。他们身上仍主要是O3的基因，实际上，他们是汉、羌、藏等人的共同祖先。

到了距今8000到6000年前的时候，有一支人又从这个O3的队伍中分化出来了，从甘肃一带进入了河套平原。这支人身上出现M117的基因位点突变，他们开始从事农耕，种小米。这支人，就是今天的汉族的祖先。

而若干没有进入河套的羌人部落，在距今约 3000 年的时候，又掉头向南向西，与在西藏的土著居民融合，形成了今天的藏族。

在今年 8 月号的《科学美国人》中文版（繁体）上，金力和李辉写了一篇文章《重建东亚人群的族谱》，其中画了一幅图，把距今五六千年前的中国，分为“梁、雍、荆、扬、青（兖、徐）、豫、冀、幽、并”九个州，分别对应在各州境内出土的新石器时期的文化遗址。当时在中国大地上，汉族的祖先，带 O3 的华族，只在河南的裴李岗文化中占有一席之地，其他文化，如在湖北的大溪文化、在浙江的良渚文化、在内蒙的红山文化，根据对文化遗址中古尸的古 DNA 的测定，分别是属于苗瑶族群、百越族、通古斯与古西伯利亚族群。当时的百越族和苗瑶族群，占据着南中国的大片土地，苏北和山东是东夷人占着，北边是通古斯人群，而华夏族只是河南甘肃一带一支不大的人群。

由北向南：我们都成了中国人

汉族成为今天世界上的第一大民族，是最近几千年的事。这几千年的事，在中国的古籍中开始有了记载，而近几年在中国人基因图谱上的发现，又和这些记载一一开始衔接。

首先的发现，是中国人中，南方人和北方人确实存在不同。在金力、褚嘉祐主编的《中华民族遗传多样性研究》一书中，讲到中国的北方汉族、南方汉族、北方少数民族和南方少数民族间的平均遗传距离。这种遗传距离在北方汉族人群间最小，其次是南方汉族人群间的。再次，是北方汉人与北方少数民族间的、南方汉族与南方少数民族之间的。而北方汉族与南方汉族之间的遗传距离明显高于以上的距离，南方少数民族与北方少数民族间是遗传距离最大的。

然而，在中国汉族中，无论北方人还是南方人，他们的 Y 染色体实际上都是以 O3 型为主，而且绝大部分是 O3a3c。金力与李辉、文波合写的一篇论文《汉族的遗传结构：文化传播伴随人口扩张》中指出：根据对基

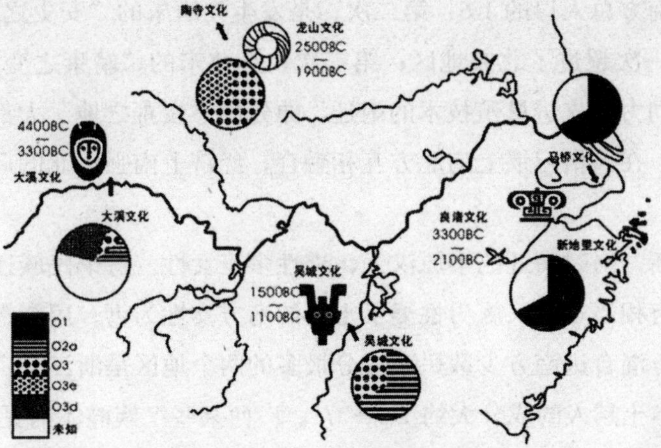

◎ 各考古遗址位置及 Y 染色体 SNP 单倍型类群分布图

因样本的比较，他们发现，北方汉族和南方汉族中，带有 O3-M122 基因突变的，北方人平均是 53.8%，南方人平均是 54.2%，但是，在南方少数民族中普遍出现的 O1-M119 和 O2-M95，在南方汉族人中出现的频率（平均 19%）要比北方汉族人的（平均 5%）要高。

这是说的 Y 染色体，即父系遗传的情况。如果看线粒体，即母系遗传的情况，则南北方汉族有很大不同。“东亚北部的主要单倍体在北方汉族中的频率（平均 55%）比在南方汉族中（平均 36%）要高得多。”如果不用专业术语，通俗地说，在母系遗传中南方汉族中的“南方成分”比北方人更多。

其实这里说出的历史史实，我们是可以想象的，而且也得到很多历史记录的佐证了。

在迄今的两三千年中，发源于河套地区以种植小米开始进入农耕社会的汉族，是一个从西北向东向南的扩张过程。在这个过程中，携带 O3-M122 的汉族，人口大量增长，从北向南向着整个中国大陆蔓延开来，与南方种水稻的 O1-M119 交融。而这个过程中，两千多年间，又经历过几次因战争和饥荒带来的人口大迁徙，大规模的有三次：即发生在晋时的“永嘉之乱”，那次的迁徙，到了南朝刘宋初年时，南渡人口已达到 90 多万，占当时南方总人口的1/6；第二次，是发生在唐末的“安史之乱”，使南方人口第一次超过了北方地区；第三次，是北宋的“靖康之变”，随着北方大量劳动力和先进垦殖技术的南迁，原先的“蛮荒之地”大都变成了“鱼米之乡”，在风俗习惯上南北方互相融合，经济上南强于北的局面完全确立。

人们判断，当时南迁的中原汉人，男性多于女性。这个民族迁徙与融合过程中，有相当多的汉族男性娶了土著的南方女性为妻。用李辉的简洁说法：在南方混合进南方少数民族成分最多的两个地区是浙江和广西。浙江汉人混入本土越人的成分大约1/4～1/3。广西某些汉族群体则更高。

这里值得注意的是今天生活在中国南方的若干著名的汉族人群，如客家人、潮汕人。

2003年，李辉、潘悟云等人曾对客家人做过基因上的测试，写成《客家人起源的遗传学分析》，指出客家人与中原汉族最近，基因结构中汉族结构占80.2%，类畲族结构13%，类侗族结构6.8%。人们一直在说，客家人是从北方中原移居过来的，这从基因上得到了证实。当然，这个迁徙不是一次完成，中间又渗进了不少当时地处湖南湖北的苗瑶语族人的血液。

那么潮汕人呢？最近也有研究论文出来。由许丽娜、冯国英等人写的《常染色体STR的证据支持潮汕人的中原汉族起源》一文就是讲这件事的。文章说，潮汕人与闽南人亲缘关系最为接近。而今天福建的汉族，“在父系方面几乎完全来自北方，母系方面明确来自南方的成分也很少（大部分是不明确来源）。广府人父系方面80%以上来自北方，母系中也不低。所以全国汉族的遗传一致性是相当明显的。”李辉说。而更早在福建居住的百越族群，在今人的基因中完全看不到了，这恐怕是汉代的强制移民的结果。这让我们看到了当年的民族融合的另一面。

这里多谈一点南方汉族的语言。人们都觉得福建汉族的方言最难懂，广东人的粤语对许多人来说也如同一门外语。而李辉说：福建的方言来自于太行山两侧的上古汉语方言，又在福建孤立发展了这两千年。广东话主要来自中原西部的中古汉语，可能更接近长安音。“这些都是汉语内部的流变。语言的分化和遗传的分化是不同的过程。”

为了更好参与“寻找人类起源计划”，复旦大学现代人类学研究中心团队成员每人都测试了自己的基因。李士林是纯粹的北方汉人，携带O3-M122，不过，他母亲是满族人，祖籍浙江的金力发现自己带了古越人的M119，而原以为是土生土长上海人的李辉，带的是一个很罕见的类型，M164，属于侗傣语族，只在老挝发现过。

今天走在上海的街头，熙熙攘攘中你可以听到各地的口音，说上海是个移民城市，一点不错。只不过，有谁会从李辉脸上那两条弯下的眉穹中，看出他遥远的与云南傣族同源的血缘？

宁夏人谭婧泽已经适应了上海的生活，虽然她的普通话中还略略带一点西北口音。当年潮汕人迁居到南方时，要克服相当大的不适应，“北方来的中原汉族人群在迁到南方定居以后，在人群基因库对于环境的巨大差异的适应过程中，会产生各种代谢的不协调。在潮汕地区某些疾病的高发可能就是这种不协调的结果……”许丽娜的文章中有这样的话。不过，生活在现代社会的谭婧泽适应得很快，“我现在也不太吃很辣的东西了。要听懂上海话，半年时间就够，当然现在讲上海话还不行。不过，在复旦，大家通常也都不讲上海话，都讲普通话”。

实际上，在今天的上海，川菜、湘菜相当流行，上海人也不热衷吃“本帮菜”，倒开始吃辣的了呢。

我们从哪里来？这问题千百年来一直在搅动着我们的好奇心与求知欲。而我们往哪里去，似乎已经看得清楚。用金力的话说：“再过二百年，我们肯定都混合得都一样了。”

三、追寻汉语的祖先

分子人类学关于东亚人群DNA的研究，给了语言学家们莫大的启示，这也许可为破解汉语起源之谜提供更多的线索。

汉语从哪里来？一直是个谜团。

17 世纪，一位叫作韦伯的学者写道，“汉语是伊甸园中所讲的最初语言。”而另一位想象力丰富的学者干脆说，汉语是“被称为中国的那个伟大国家的某位圣贤一下子发明出来的，其目的是为了居住在周围的不同民族的人群之间能够用这种语言进行口头交际。”

实际上，在中国人内部，这样富有想象力的说法也同样代代相传。直到最近 100 多年，由于现代语言学的兴起，汉语才被用来和其他语言类比分析，但有关汉语起源的种种假设却总是扑朔迷离。而近年来，分子人类学者们有关东亚人群迁徙的分析，似乎正在接近这个谜底的答案。

语言的足迹

1600 年，一艘荷兰商船路经马达加斯加前往印尼。在经过了数月的航行后，他们到达了目的地，令船员们感到意外的是，他们发现，虽然相聚遥远，但当地的马来语与他们途经的马达加斯加的土著语有着惊人的相似之处。

难道在大航海时代开始之前，这些分布在各个海岛上的人群就早已横渡大洋，穿梭在广袤的海域中了吗？难道这些相隔万里的海岛居民竟然是比自己更加能干的航海者？水手们百思不得其解。

水手们并不知道，自己无意中的这个发现，竟然触碰到了语言的核心秘密。400 年来，一代一代的语言学家追随着这个秘密，开始了伟大的发现历程。

1786 年，英国的琼斯爵士通过对比研究关注到：意大利语、凯尔特语、日耳曼语以及波罗的语、斯拉夫语，与远在亚洲的印度雅利安语有某种程度上的相似之处，会不会这些语言有同一个源头？他提出了自己大胆的假设——这些广泛分布在欧洲和印度的语言有一个共同的祖先，这个假说被称为“印欧语系假说”。

琼斯的假设，让语言学家们开始尝试着对比、分析这些有着共同关系的语言之间的亲疏远近。1861年，德国语言学者施莱歇尔在达尔文的进化论的启发下，推导出语言也有着类似生物进化的过程，并给印欧语系画出了一棵“谱系树”，在这棵语言的谱系树上，原始的“印欧语”处于最底端，是“树干”，这个树干分出两个“树枝”，一枝是“斯拉夫-日耳曼语支”，另一枝是“雅利安-希腊-意大利-凯尔特语支”，这两个“树枝”再分别分出众多“小树杈”，如日耳曼语、立陶宛语、斯拉夫语、凯尔特语、意大利语、希腊语、伊朗语等等语言。

尽管施莱歇尔推导的这棵“印欧语系大树”并不完全精确，但他的方法立刻成为语言学家们观察这个纷繁复杂世界的利器。他们反过来去研究印欧语系之外的语言。

1600年那些荷兰水手们的疑惑，也得到了部分的解答。在北到台湾岛，南到新西兰，西到马达加斯加，东达复活节岛，横跨印度洋和太平洋的广袤海域上，的确存在一种共同渊源的海岛语系，尽管这种覆盖2亿人口，有着959种语言的语系内部形态千差万别，但它们却有着明确的同源关系，学者们将之称为“南岛语系”。在欧洲人进行海外殖民扩张之前，“南岛语”是世界上分布最广的语系。

那么古老而神秘的汉语是否也遵循这样的规律——同样是另外一种更加古老的语言分化而来，还是像学者们最初想象的那样，是由中国的某位圣贤独立创制而来？

从19世纪开始，语言学家们逐步发现，这个地球上人口最多的国度里面的语言也能像其它语系一样，描绘出一棵“谱系树”。在这棵谱系树上，汉语、藏语、缅语等有着亲缘关系，语言学者们提出了“汉藏语系”的假说。

东亚同源？

如果汉语真的和藏缅语有同源关系，那么它们来自何方，又是如何分化而成的呢?

1950年代，美国语言学者斯瓦迪士从统计学的角度分析不同语言，得出了约200个核心词，几乎每种语言都包括这些核心词汇，它们具有超强的稳定性。根据对比分析不同语言之间核心词的同源关系，就能大致判断出语言之间的亲疏远近，同时，这些核心词汇的变化具有一定的速率，而分析两种语言中核心词汇的不同比率，则可以推算出它们之间分化的大致时间。

在对比汉藏之间的同源词时，学者们发现，汉语和藏缅语之间有共同的数词一至十，但“千”和“万”却并不相同，而在汉语中，“千”和“万”在殷商时期就已经出现，那么汉语与藏缅语的分化必定早于殷商时期。语言学家们大致推断，这个时间距今约4000~5000年左右。

但在这种粗略的勾勒中，依然有很多矛盾难解之处。东亚地区语言的复杂性，远远超过了印欧语系。尽管经过长达一个多世纪的研究，语言学家们大致能够接受“汉藏语系”这种假说，但其间的分歧依然很大。

中国的语言学家李方桂早在1934年就提出，汉语不但与藏缅语有亲缘关系，同时和苗瑶语、侗台语也有亲缘关系，而美国学者尼迪克特则认为，苗瑶语、侗台语与汉语关系不大，反而与日语、南岛语有着亲缘关系。

颠覆性的观点来自1990年。当年，第23届国际汉藏语会议召开。就在会议正有条不紊地进行时，法国东亚语言学研究中心的学者沙加尔提交了一篇名为《汉语南岛语同一起源论》的文章。这个文章刚刚公布，就立即引发轩然大波。对于普通公众来说，这份标记有各种语音符号及绕口的学术名词的论文不亚于一篇“天书”，但在座的学者们却明白，这份论文的观点一旦成立，将是对传统的“汉藏语系假说”的最大挑战。

沙加尔认为，汉语与南岛语之间存在着不少的同源词，而这些同源词有着规则的对应关系。换句话说，汉语与广布在太平洋和印度洋海岛上的南岛语系，也就是400年前荷兰水手发现的马达加斯加和印尼人所讲的语言都来自于一种更加古老的“母语”。

沙加尔的观点极富挑战性——如果按照传统的理解，各个语系独立起

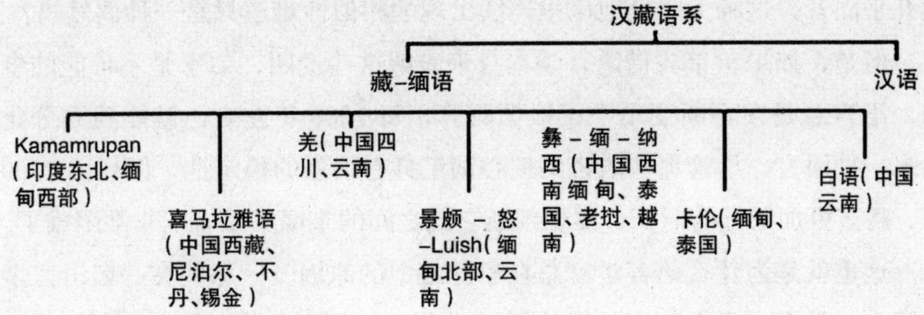

◎ 汉藏语系图解

源，互不隶属，那么该如何解释汉语和南岛语之间这种千丝万缕的联系？

沙加尔的观点得到了中国学者邢公畹的支持。他认为存在一种“汉藏—南岛”的同源关系。中国学者潘悟云也注意到，不仅仅是汉语存在这种联系，在东亚这片大陆上，侗台语就像是各种语系的交集，它既与汉藏语系有关，又与南岛语系、南亚语系有密切关系。沙加尔的汉语南岛语同源的说法，让潘悟云产生了一个更大胆的联想——这些语言会不会都拥有一个共同的起源？

稻米的密码

在如此广大的语言区域内，有一个词语引起了语言学者们的关注，那就是“稻米”。在东亚人群中，稻米与人们的饮食和生产息息相关，占据着不可或缺的地位。

语言学家们发现，稻米在南岛语系中有着相同的来源，这个范围覆盖了马来·印尼语、西太平洋上帛琉群岛帛琉语、台湾的赛德语、卑南语、鲁凯语、越南的雷德语，菲律宾马诺波语，台湾巴则海语，道卡斯语，阿美语。而它们又与藏语的稻米有着明显的同源关系。另外，上古汉语的“稻”，则与侗台语和南亚语同源。

语言学家郑张尚芳也发现，在汉语里，“粝”本意为“粗米”，其同音词“疠”有“恶疮、麻风”的意思，而藏语中相对应的词，同样有两个含义，一个是“米”、一个是“疮、疖”，同样，印尼语中“米”与“麻风”

也几乎同音。这种大跨度地区里连续出现的相似性难道只是一种偶然吗？

但是，如果单单凭借语言学本身来破解这些谜团，似乎是不可能的事情。语言总是在不断变动中，根据测算，每1000年左右，就能独立分化出来一种语言。尽管那些语言的核心词汇具有很强的稳定性，但超出2000年，甚至更加久远的时间，要想判断它们之间的亲缘关系，就非常困难了。

这也就是为什么语言学家总在争吵之中的原因——那些在一名语言学家眼中，看上去具有密切关联的词汇，在另一名语言学家眼中，可能会是毫无意义。

这时候，其他学科的介入就变得不可避免。考古学的研究发现，在这些拥有稻米同源词汇的语言区域，存在着悠久的稻米种植历史。在浙江河姆渡遗址，曾经出土了距今约7000年的稻米遗存，长江中下游也因此被认为是稻米的起源地之一。而在其他区域同样也发现了稻米的遗存，在中国台湾和云南分别是距今5000年和4000年；泰国距今4000年，菲律宾距今3700年。考古学家们推测，会不会存在两条稻米传播路线，一条从长江中下游——台湾——菲律宾，一条是长江中下游——云南——缅甸、泰国？如果是这样，这又和语言学家推断的南岛和南亚语系的发展路线有许多重合之处。

语言学家解释说，之所以会出现稻米的传播与语言的传播有相似之处，是因为农业社会比采猎社会更能有效而稳定地增加人口。而随着人口的增加，就不可避免地带来种群的分化和迁徙，这也就是语言传播的动力之一。

除此之外，早在1959年，哈佛大学考古学家张光直就曾根据出土的早期考古资料论证，黄河流域前石器文化当中有一个尚未显出差别的“汉藏南岛综合体”。他认为这个群体从新石器时代起，开始向中国南部移民的活动，分化出“汉藏群”和“南岛群”。难道这依然是个巧合？

四、来自基因的答案

越来越多的发现似乎在暗示着，在远古时期，东亚语言的确是从一种最古老的“母语”分化发展而来。但是由此产生的疑问却更多，如果存在这样一种假说的话，那么，这个“母语”的起源地到底在哪里？内部这种千差万别的语言又是从什么时候开始分化？它们之间的亲疏远近如何？这似乎又完全超出了语言学目前所能解释的能力。

同时，语言学家内部反对这种假说的声音也从来没有停止过，每当支持东亚同源的证据多一分，似乎就会出现更多的相反意见。

1999 年，一个偶然的机会，潘悟云看到了一篇文章。这是一个生物学家介绍分子人类学家们关于东亚人群起源的最新观点。在这篇文章中，遗传学者用 DNA 证实，东亚人群是距今 4 万年左右由非洲迁徙而来，然后从南向北迁徙分化，最后形成东亚大地丰富的民族。而此前，学界的普遍看法是，东亚现代人是由本土直立人、智人连续进化而来。

潘悟云马上联想到，这与语言学家争论的东亚语言的问题息息相关。“同源”、“自南向北”这两个来自 DNA 的结论，居然和之前语言学界的那个东亚语言同源的假设一致。

早在 1859 年，达尔文就曾在《物种起源》中写到，“如果我们拥有一份完备的人类谱系图表，那么人种的形成序列将为全世界使用的各种不同的语言提供最好的分类。”而这句话，现在听上去，就好像是在为分子人类学家们今天所做的工作做注解。

随后不久，一篇从分子人类学角度更加详细地论述东亚人群起源和迁徙的论文出现了。在这篇文章中，学者们认为，东亚族群的祖先最初达到了东亚南部，在约 20000 到 40000 年前开始分化，一支自越南进入中国，并沿海岸线向北，成为百越和东夷的先祖，其中一个亚群在北部湾一带就转而南下，最终成为南岛语族的先祖。

而另一支则自云南穿过四川一直到达黄河中上游盆地，成为汉藏羌的祖先。其中一个亚群在约 8000～6000 年前左右向东向南扩展，最终成为华夏族群的先祖。而另外的一些亚群则掉头向西南发展，最终成为藏缅语族的祖先。

尽管这个来自基因的迁徙路线也仅仅是一个草图，但那些在语言学界长期悬而未决的难题似乎都能得到合理解释了。

例如，为什么差异巨大的东亚各个语系之间，却存在千丝万缕的联系？按照基因图谱来解释，那的确是因为他们拥有共同的祖先，但由于早在数万年前就开始分化，所以才会呈现出迥然相异的面貌。

而曾经长期存在归属争论的苗瑶语和侗台语看上去也各自有了结论——苗瑶语族群是约 1.5 万年前从北上过程中的汉藏羌那一支分化而来，最终达到了中国中部。而侗台语则是从沿海岸线北上那一支中分化而来，自然会与南岛语系有更紧密的关系。

那么汉语呢？那支从古汉藏羌分化而出，沿黄河流域而下的亚群所讲的语言就是上古的汉语吗？显然没那么简单！还记得有一支沿南中国沿海一直上行达到山东的族群吗，他们成为东夷部落的先祖，而东夷部落的一部分沿黄河流域上行。最终两个族群在中原地区遭遇，在这其间，甚至还不可避免地遇到了从南方北上而来的部分苗瑶族群，以及从北方南下而来的部分阿尔泰语系的族群，他们征战并相互融合，无论是族群还是语言。

语言学者李葆嘉是这样描述这个复杂的过程的，“原始的华夏汉语就是一种伴随着多种文化撞击整合为强大中原文明的历史互动过程中，所产生的多元性，层叠性混合语言。”

而这就是为什么语言学家们在汉语中，既能与藏缅，又能与苗瑶、侗台、甚至与南岛、阿尔泰都找到亲缘关系的原因。

第二篇

灾难改变中国

举全国全民之力拯救每一个生命，帮助每一位受苦者。这是汶川地震带给我们的另一种震撼，人们由此发现：中国变了。

受灾者的坚韧，同胞间的守望相助，志愿者的奋不顾身，救援行动的迅捷有力，都让世界以及自己眼前一亮，彰显出一种继往开来的新的民族气质。

但这种变化，并非突如其来，而是长期以来国家发展和社会进步的厚积薄发。从这个意义上来讲，灾难改变了中国，中国也改变着灾难。

中国是一个灾难频发的国家，《中国救荒史》于20世纪30年代的研究显示，我国历史上水、旱、蝗、雹、风、疫、地震、霜、雪等灾害，自公元前1766年（商汤十八年）至纪元后1937年止，计3703年间，共达5258次，平均约每6个月强便有灾荒一次。

灾害是自然之力作用于人类社会的产物。每一次大的灾难，既是对政府和社会的一次大考，在历史的很多关口，也可能偶然或必然地改变历史的走向。

1644年，在李自成和满族双重压力之下，一场鼠疫摧毁了北京明军的大部分战力，为明朝覆亡添压了一根稻草。在另一些历史关头，灾民们铤而走险沦为“盗贼”，甚而揭竿而起，也成为改朝换代的一股力量。

这种变化或许具有偶然性，它来源于自然的异变，但常常也是人类社会危机爆发的导火索。所以，天灾与人祸常被并提。

而在另一个方面，灾难也可能是国家和社会变化的印证或是推手。1911年，在付出数万人的生命为代价之后，一个叫伍连德的剑桥医学博士

◎ 伍连德

主导了东北大鼠疫的防治工作，他们在东北建立的防疫系统，是中国第一个现代化的防疫系统，它也促使“中国数千年来哲学的医学，一变而为科学的医学”。

历史进入现代，人类社会的变化节奏加速，中国的每一步变化也在对付灾难时得到体现。50年代，毛泽东以《送瘟神》的诗句，以政治家兼诗人的气质，推动防治血吸虫的全民战争，“六亿神州尽舜尧”，开创了中国运动式救灾的高潮。而到“文革”末的唐山地震，封锁消息，拒绝外援，一切靠政府和军队的“自力更生”，也显现出这种救灾体系的诸种缺陷。

此后，中国进入一个崭新的时期，开放与改革，推动着每一个领域的变化，这种变化也在一次次灾难中得到呈现和推动。1998年的长江洪水，触发了中国对于发展模式的反思，政府启动“天保工程”，保护环境、可持续发展成为主流意识，进而推动了“科学发展观”的成形；而2003年的SARS之疫，对于中国的推动更是我们所共同见证。

而这一次地震，更让我们见证了中国的变化，政府的变革，公民社会的发育，以民为本思想的生根，新的民族气质的培育等等，以至于有媒体以这样的标题作评：“震出一个新中国”。

一、老鼠：压垮明王朝的一根稻草

1644年的中国，正是明清交替。历史舞台上有三位主角：明朝皇帝朱由检、农民起义军闯王李自成、清朝的摄政王多尔衮，或许还应加上一位，明朝的辽东总兵吴三桂。其实，还有一位主角一直为人们忽略：小小老鼠。

1644年，农历3月15日，闯王李自成率大顺军抵达北京城北郊的居庸关。这里是北京城的最后一道天险，然而关隘却无人防守，明朝总兵唐通出降。3月16日，大顺军到昌平。昌平的巡抚何谦逃走，总兵李守𬭚自缢。大顺军乘势焚毁了明十二陵的享殿。17日，他们已经到达了阜成门外，将北京城包围。

这时的李自成，令一位投降了自己的明朝太监杜勋入城，要与崇祯皇帝朱由检谈判。在17日的夜里，杜勋向北京城头用箭射了一封信，说明他要见皇帝，太监王承恩将他用绳子系了上来。杜勋告诉崇祯帝，李自成开出的条件是：割西北疆土给他，他另立为王，此后他将不奉诏，不入觐。另外，再给银两100万两犒军，他就可以暂退河南。

◎ 崇祯皇帝自缢图

接下来发生的事，人人皆知：李自成的队伍势如破竹，在3月18日攻破北京城，朱由检仓皇出逃，吊死在故宫后景山的一棵老槐树上。

历史在此留下了疑团：以李自成的实力，打败眼前的明朝军队已经根本不是问题，又何必开出“西北王”的谈判条件？如果朱由检真的答应了他的条件，他还真退兵不成？

就在李自成进军北京的路上，二月里，他曾在宁武关与明朝军队有过一场激战。那一仗，明朝守军不过几千人，李自成的人马有几十万，但明军守将周遇吉拼死抵抗，大顺军还曾经中了明军的计，一下子折损几千人。最后李自成用人海战术，前仆后继以数万人的代价，才拿下宁武。

惨胜之后，李自成心有余悸，前面的关隘还有很多，都这样打还受得了？不如先班师回西安吧。不料就在他们想退之时，忽然又收到明朝大同和宣府的总兵的降表，于是又改变计划，决定继续向北京进发。

所以，或许也可以这样推论，连李自成自己都没想到，北京城拿下得如此轻易。他在宁武关遇到的只是一员总兵官的部队，那么防守京城的，岂不是明朝最精锐的御林军？

“老鼠‘消灭’了明朝”

然而，1644年3月李自成所面对的北京，实际已是一座疫病蹂躏的鬼城。后人在讲到明末清初改朝换代的这段历史时，往往都注重讲政治大势，军事攻防，历史学家们很少有人关注到这场发生在崇祯十六年（1643年）北京城的惨烈大疫。

1997年，上海交通大学历史系的曹树基教授在他的论文《鼠疫流行与华北社会的变迁》中，提出了明末华北地区流行的大疫实际就是鼠疫，在2006年他与李玉尚合写的《鼠疫：战争与和平》一书中，又对此观点进行完善补充，明确提出：“老鼠‘消灭’了明朝”。

曹树基的史料根据，大部分来自华北一带清朝末年的地方志。根据他的勾勒，这场大疫，是从崇祯六年到崇祯十七年间流行，发源地大致在山西的兴县，然后到大同，再到潞安。接着，鼠疫传到陕西的榆林等地。崇祯十四年时，大疫传到河北大名府、顺天府等地，那里的地方志上，都有“瘟疫，人死大半。互相杀食”的记载。崇祯十六年，也就是北京城破的前一年，北京也发生大疫。

为何判定北京的这场大疫是鼠疫？曹树基查到的地方志记载和明人当时的笔记，人们称这场大疫为“疙瘩瘟”、“疙疸病”，这实际是对腺鼠疫患者淋巴结肿大的称呼，而当时的传染性之烈，“死亡枕藉，十室九空，甚至户丁尽绝，无人收敛者。”有一个叫吴彦升的官员，刚准备去温州赴任，他的一个仆人死了。他命另一仆人去棺材店买棺材，久久不见回来，竟然死在棺材店里。有一对新婚夫妇，婚礼之后，夫妇坐于帐中很久没有出来，打开帐子一看，夫妇两人死于床的两头。只有鼠疫才能有如此烈性威力。这场鼠疫，发生在北京城破前一年的二月到九月。

台湾的著名明史专家邱仲麟，于2004年在《明代北京的瘟疫及帝国医疗体系的应变》一文中，对北京的这场大鼠疫有更详细的描述。到崇祯十六年四月时，北京每天死人上万，以至于城门都被运出的棺材堵塞。沿街的小户居民，十之五六死去，死在门口的最多，街头连玩耍的孩子都没有了。有一个统计数字，这场大疫夺走20万北京人的性命，而北京城当时的人口，估计在80万到100万，也就是说，每四到五个北京人中，就死掉一人。“堪称是一场超级大瘟疫”，邱仲麟写道。当时的北京城里盛传种种白衣人勾魂的流言，一到晚上，民间整夜敲击铜铁器驱鬼，“声达九重”，官方也没法制止——这是怎样的一座鬼气森森的城市！

◎ 明朝在瘟疫打击下，难再现此等消闲娱乐之事

这时候，政府还能做点什么？当时的皇帝似乎已经顾不上这事。虽然在崇祯十六年二月疫情就爆发了，直到了七月，驸马巩永革上疏说，请皇帝“轸念孑遗，亟赐拯救”，这时朱由检才下了一道谕旨，拨银两万两，令五城巡城御史收埋死尸，再拨一千两银子给太医院，医治病民。然而病人、死人太多，这点银子杯水车薪，根本不够用。

即使贵为宫廷官宦，也不能幸免鼠疫的肆虐。当时有位叫张真人的法师来北京，刚出宫不久就被皇帝叫了回去，命他施咒诵经来驱逐病魔，但死亡的人仍不见少。开始宫中每死一人，还能得到四千钱的抚恤，后来，连这个钱也没了。

可以想象，这时驻在北京的明朝军队怎能幸免于瘟疫。邱仲麟写道，当时在北京的明朝军队，名义上说有十来万，大疫过后，少了一半。他引的一位明朝遗民张怡的说法，当时李自成的队伍杀过来时，能上京城城墙上防守的军人，连一万人都凑不齐。不过，明朝的军队向来腐败，驻京城部队吃空额的现象由来已久，也就是说，原来到了军队发饷的时候，还可以叫许多百姓来顶替领饷，比如，叫来许多小商贩或衙门班役来充场面，但现在百姓死得人太多，连顶替点名的人手也找不齐了！

不但是士兵、小贩、雇工大批倒毙，北京城连叫花子都找不到了。当时的守城将官低声下气求人来守城，“逾五六日尚未集”，朱由检下令让太监三四千人上了城墙。到了李自成兵临城下时，北京内城上五个城垛才有一个士兵，而且都是老弱病残，“鸠形鹄面，充数而已”，三月十七日李自成已经到了西直门时，京城还没什么像样的防御，而士兵们每天只有百余文钱去买粥充饥，怎能抵挡李自成的精锐之师？

有史料说，当时的明朝军队打仗时，士兵躺在地上不肯动，军官“鞭一人则一人起”，可是这个起了那个又趴下，说他们是军心涣散也罢，全无斗志也罢，或许，这都是一群半死的病人。

邱仲麟在这里也同意曹树基的看法：崇祯十六年的大鼠疫，间接造成了北京的沦陷与明朝的灭亡。

战争与病菌

但是，这里仍有疑问。首先就是，李自成的队伍攻进一个大疫之城，他们自己难道不会被传染？下一个问题就是，那么清军呢？李自成仅仅在北京待了42天，接着是另一拨改朝换代，清朝人进来在北京建都，他们不会感染上大疫？

曹树基对此的解释是，李自成进城的时刻恰逢其时。正好到这个时候，北京的腺鼠疫已经基本平息，而肺鼠疫，因为天气转暖，还没能流行开来。

这里要解释一下腺鼠疫与肺鼠疫。一般人们都知道，鼠疫是一种由老鼠传染的烈性传染病。具体说，是由老鼠身上所带的跳蚤，将鼠疫杆菌传染给了人。这是腺鼠疫。腺鼠疫的显著特征，就是淋巴结肿大溃烂。而肺鼠疫，常常是由腺鼠疫转化而来，表现为剧烈胸痛、咳嗽、吐血。肺鼠疫的厉害，在于它是人与人之间的传染，已经不需要老鼠作为中介，类似SARS。但是肺鼠疫的流行一般都是在冬天，需要在气温低的条件下。

“每一种疾病，有每一种疾病的机理。腺鼠疫的流行，到了老鼠和人都死到一定程度时，它就会平息下来。这个时候李自成来了。如果李自成早几个月进来，他们也会被鼠疫消灭掉，不过，到最终清军还会进来，这个大趋势不会变。历史的演变真是非常有意思。”曹树基说。

在这个1644年的春天，李自成进北京又退出北京的前后，从曹树基研究的史料上看，在天津及南方，继续流行鼠疫。疫区一直伸延到了苏州、杭州。从症状的描述来看，既有腺鼠疫，又有肺鼠疫。

今天，人们可以在网上看到关于鼠疫与明末清初历史变局的各种假说。有人说，李自成的部队后来与吴三桂及清军的决战之所以大败，就是因为在北京已经感染了鼠疫，丧失了战斗力。到后来，李自成屡战屡败一溃千里，就是这个原因。而清军，占领北京后又迟迟不南下，听凭南明建立流亡政府抵抗，也是这个原因。

对此，曹树基并不敢认同。“李自成进北京后，应该鼠疫对战争是没有直接的影响了，后来发生的那些都属于政治史了。至少从史料上来说，没有李自成及其部将士兵染病的记载。”

“这一点确实比较诡异。从历史记载上看，李自成的部队经过的地方，都变成了疫区，发生了大疫，但是确实没有李自成部队本身受感染的记录。”

关于战争与疾病的因果关系，曹树基的合作者李玉尚曾写过一篇论文，讲述太平天国战争时，霍乱的流行怎样对这场战争发生影响。

在同治元年七月，太平天国战争已经到了决战时刻。清军一方，曾国藩的部队本来已经形势大好，满以为可以一举拿下南京。不想，一场凶猛霍乱使得“士卒十丧四五”，死去的人数以万计，有时军中病人连侍候服药的人都没有了。

“这个时候，正是太平天国一方大举反攻的好时候。可是，霍乱同样也袭击了他们的军营，使得他们也无力进攻。这样，战争进入了僵持。本来预计马上会结束的战争，又拖延了三年。”李玉尚说。

这是最典型的疾病直接影响战争的事例。而李玉尚的论文和结论，最有说服力的证据，来自曾国藩的书信。

在以往，人们只关注明末清初的政治斗争和军事战争，在正史中，关于这段历史时期的疫病记载不但少而且相当模糊。曹树基说，他做这段研究时，看了大量地方志，而邱仲麟的研究，大量历史资料是来自明人的笔记。

如果我们仔细去对应战争的轨迹与疾病的轨迹，仍会发现许多对不上的地方。或许，疾病流行本身的规律我们还没有悟透；或许，是因为当时的记录者也好，后世的阅读者也好，目光早已被那改朝换代的大事变所遮蔽，已经无暇关注到在翻天覆地的狂飙之中，那藏在人间角落里的小小老鼠。

人与鼠：战争与和平

但是事情还没有完。鼠疫最初是怎么发生的？为什么明末的几场大鼠疫，都是从山西开始的？曹树基开始注意到，自明清以来，山西长城口外地区的自然环境发生了巨大的变化，也就是说，从这时候开始，有大量的汉人迁入，大片原来的牧场被开垦成农田，这里的生态环境变了。

历史记载，大批汉人进入塞外是在明嘉靖年间（1533～1534），大同边卫发生变乱，许多汉人逃往口外投奔蒙古俺答。他们还大肆招徕汉族逃民在那里耕田。也有记载说蒙古俺答也从内地掳掠汉人过去，从事农活。

本来在草原上生活着大量的老鼠。它们中也会有携带鼠疫杆菌的病鼠，“但是只要带菌老鼠的种群小到不足以传染流行，就没关系。在草原上一般就是这个情况。”曹树基说。但是，如果大量的人过去，改变了这种关系，情况就不同了。这时，人与鼠接触的机会就大大增加，特别是在发生旱灾的情况下。

据鼠类专家的研究，一旦发生旱灾，老鼠会到处去找食物，其中不少就窜到了人类的集中居住地。而因为它们吃不饱，会导致体质变弱，这时它们身上带的跳蚤会格外多，干旱使鼠洞内温度相对升高，又促进了鼠疫杆菌在跳蚤体内的繁殖。

这时的老鼠对人就相当危险了。可是恰恰这时，人们——受了旱灾的饥民们，偏偏要到处找老鼠。他们需要刨鼠洞里的粮食充饥。可以想见，这时人们带回家的，不仅仅是老鼠们存下的粮食，更有老鼠们身上的跳蚤、和跳蚤们所带的鼠疫病菌。

查一查明朝末年的历史记录，关于灾荒特别是旱灾的记录触目惊心：万历十年、十五年、四十五年，都曾发生瘟疫，也都是大旱之年，崇祯十四年之后，是连续四年的大旱，瘟疫也一直延续到明朝的灭亡之后。旱灾发生后，灾民们会四散逃荒，使得瘟疫也随之四处扩散，而像北京这样的都城，一旦感染瘟疫，又会随着它向外辐射的条条官道，把病菌传到帝国的四面八方。这还是在不打仗的情况下。一旦旱灾、瘟疫和战争同时出现的时候——这正是明朝末年的情形——这个社会就开始崩溃了。

如果没有战事，或许明朝政府还可以集中精力去应付灾荒。但明朝末年的时候，明王朝面临着强大的外敌入侵。为了应付辽东防务的沉重负担，于是加紧对社会摊派苛捐杂税，这又导致社会矛盾激化，激起一轮又一轮的民变。战争，又导致灾荒和疫病的后果成倍扩大，无法收拾。

1644 年，一年中中国出现了三个皇帝，北京人有四分之一被鼠疫夺去生命。而据曹树基估计，明末的崇祯年间，死于鼠疫流行核心区即山西、直隶、河南三省北部的疫死人口，要占到这三个省总人口的三分之一。

灾荒、疫病、战争，1640 年代的中国，这几种因素相互影响，相互作用，使得神州大地生灵涂炭，山河破碎。据学者统计，明清易代之际，因非正常死亡，中国的人口减少了约四五千万。

资讯：中国灾难史

远古时期至周朝以前，那时，又正值地质史上最近一次冰河期的结束。

大地回暖，气候湿润，地形复杂，江河无水路，百川无堤防，沼泽无障碍，故遇暴雨，洪水横流，泛滥成灾。因为文字还处在“甲骨文”时期和汉字成形时期，即使发生了自然灾害也无史料可查。即使发生了各种自然灾害，人类也是蒙昧无知，无所认识。仅有对“洪水”和“猛兽”的直观认识而已。

到了春秋战国时期，管仲所著《管子》一书，其中《度地》篇中已提到水、旱、风、雾、雹、霜、疠(疫病)、虫等害。

在我国两汉、新莽、魏晋、南北朝时期，旱、水、虫、饥、雹、风、疫、地震八灾骚扰。据史料记载，在西汉至南北朝这785年当中，共发生水灾162次，平均每4.8年一次；旱灾179次，平均每4.3年一次；风灾50次，平均每15.7年一次；蝗灾87(其中螟灾7次)，平均每9年发生一次；饥馑56次，平均每14年发生一次；雹灾52次，平均每15年一次；霜灾24次，雪灾15次，冰灾1次；地震241次，平均每3.2年一次；人疫46次；牛疫5次。

隋、唐、五代十国(附辽)“八灾”加重和种类增多。共发生旱灾170次，水灾163次，虫灾55次，雹灾39次，霜冻18次，风灾31次，疫灾19次，牛疫7次，地震61次，旱灾引起的饥荒17次，不明原因的饥荒56次，水灾引起的饥荒2次，雪灾11次，鼠灾5次，山摧4次，兔灾1次，其他灾害2次。

二、清王朝“战痘”300年

小小的天花病毒，始终是大清朝的心腹大患。“战痘”的成功，奠定了清朝稳固江山的基础；而固守祖宗的“人痘”防治法，不接受被欧洲人发展出的“牛痘”疫苗，则成为清王朝气数丧尽的象征。

1649年——正是清王朝入主北京的第五年。春节刚过，北京城里一片恐慌。并非是又有敌方的军队打过来，而是天花（俗称痘疫）爆发了。消息在坊间迅速流传，京城百姓乱作一团。正月三十日，摄政王多尔衮下令，北京户籍居民中未曾出痘者，以及无北京户籍的生人（不论出痘与否），按朝廷避痘制度“约定带出二十里外”。

对于老百姓来说，这不啻是场灾难。后人在京城巡视南城御史赵开心1645年的一份奏折中，看到这样的叙述：稍有发热或生疥癣等疮的百姓无不被驱逐。贫苦百姓被赶到城外，无居无食，往往将年幼体弱的子女抛弃道旁，任其饿死。

老百姓们被驱赶，皇族大臣们则四处躲避。

顺治皇帝早早跑到城外的南苑避痘去了，留在城里的贵族们也一个个深宅紧闭，战战兢兢等待瘟疫早点过去。

尽管重重设防，天花病毒却防不胜防。

农历3月18日，顺治帝的亲叔叔豫亲王多铎在经历了天花病毒数十天的折磨后，终于咽下了最后一口气。这位被后来的乾隆帝赞为“开国诸王战功之最”的杰出将领当时年仅36岁，正值壮年。如此强健且拥有最好医疗条件的豫亲王尚且难逃天花病毒的魔爪，天花疫病危害之大已不难想象。

天花，这个可怕的幽灵，一直盘桓于清王朝300多年的统治期间。

天花来了

就在多铎死前的三四十年，他的满族祖先们还不知道天花为何物。

事实上，祖祖辈辈生活在白山黑水之间的满族人（当时称为建州女真）原本没有天花这种疾病。他们世代生活的东北地区天寒地冻、地广人稀，天花病毒很难存活与传播，直到明朝末年中原地区仍流传着“北虏（包括蒙古和满族在内的北方少数民族）不出痘”

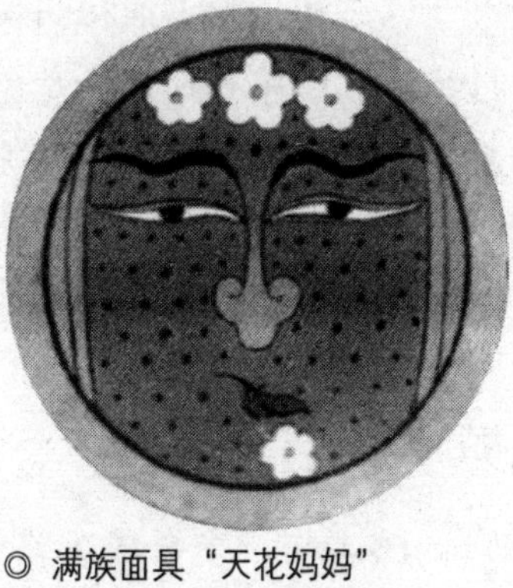

◎ 满族面具“天花妈妈”

的说法。可以肯定，是中原的汉人带来了天花病毒。

明朝末年，关内大批破产农民移民辽东，与建州女真杂处其间。他们带来了中原地区先进的农耕技术和中国传统文化，同时也带来了肆虐中原的天花病毒。它不仅通过接触感染，甚至通过飞沫、尘土或者带有病毒的空气传播，传染性极强。

这种不受欢迎的病毒其实也非中国原产。据考古资料证实，它源自北非的古埃及，公元前1143年去世的埃及法老拉姆西斯五世是迄今为止发现的最早的天花病人。大约在公元前250年，天花病毒辗转由匈奴传入中国。一千多年的天花肆虐，中原汉人虽已积累了相当丰富的防治经验，但仍有高达百分之三四十的死亡率。

刚接触天花的满族人对这种病毒则完全没有抵抗能力，染病者死亡往往十之八九。

为防天花，满族人制定了一套严格的"避痘制度"。他们的第一招，是逃避。比如，遇有痘疫流行，满族人一般都不前往公众场所。即使遇到重大的国家庆典，如正好发生天花疫情，即使是皇族，只要是未曾出痘的，都可以回避缺席。比如1631年正月，皇太极长兄大贝勒代善第五子巴喇玛染天花而死，皇太极、代善与诸贝勒们，就没敢亲临治丧。

其次，是隔离。满洲治下的八旗军民一旦患上痘疫，即被强行驱逐远离都城。满族人对皇族的规定尤为详尽，已出痘和未出痘的皇族不得共聚一处。凡是未出痘者患病，须九日后方可探视。

入关前，为了消耗明朝国力，皇太极曾不断派出精锐骑兵绕过山海关抄掠河北山东等地。为避免感染天花，皇太极总是尽可能拣选已出痘的贝勒，同时，还尽量避免在天花疫情容易爆发的四月至八月出兵。尽管每一次进攻都那么小心翼翼，努尔哈赤的两个孙子——名将岳托及其弟弟玛瞻仍然在抄掠山东途中感染天花英年早逝。

顺治之死

1644年，李自成攻陷北京，辅佐幼帝的摄政王多尔衮下令进军山海关。接到派遣令的和硕肃亲王豪格尚未出痘，抱怨道：“（这）难道不是有意要致我于死地吗！”

入关那年，顺治皇帝七岁。这位出生于关外、六岁登基的幼帝，自小已见众多皇族亲友被天花夺取性命。然而他一直未曾出痘，入关后又必须居住于天花流行的北京，于是他的一生不得不处于高度戒备中。

清入关之前就有的查痘制度，到进了北京城后，更为严苛。当时痘疹几乎每岁必发，查痘的对象从八旗军民扩及京城住民、出洋贸易者，以及来京外藩。一旦发现症状，即进行隔离，强行驱逐患痘居民远离都城，或谕令未出痘外藩不必来京。

效法皇太极，顺治也为自己在南苑和西苑各建了一处避痘所。但凡有一点风吹草动，便急忙奔往避痘，这样的情形仅正史记载的就有五次之多。

但天花却总不放过他。

1660 年，顺治最宠爱的董鄂妃感染天花死亡。三四个月后，又一场天花疫情在京城蔓延，深陷痛苦之中的顺治竟然忘了出城避痘——这一点倒是与民间传说中那个情深义重的年轻皇帝形象相符。

24 岁的顺治感染了天花。

顺治染上天花后，自知不起，召来他的亲信大臣拟遗诏。

1661 年正月初七，顺治诏令大赦天下。半夜子时，终生避痘的顺治因为天花而病逝。

而他在临终前，选定了自己的继承人。

“战痘”成功，开创清朝鼎盛时代

一位皇帝不幸因天花而毙命，另一位皇帝却幸运地因天花而即位。

在考虑继承人的时候，顺治帝比较喜欢次子福全，想立为储君，而孝庄皇太后则坚持立第三子玄烨。

玄烨也是从小就跟天花打交道，在他刚刚出生不久，就被送到西华门外的避痘处（后改建为“福佑寺”）避痘。尽管层层设防，处处小心，不到两岁的时候，玄烨还是染上了天花。值得庆幸的是，在乳母孙氏的悉心

◎ 清·康熙画像

照料下，玄烨终于从天花死神的魔掌中挣脱出来了，虽然在他的脸上留下了点点麻点。

立福全还是立玄烨？病中的顺治帝决定派人去征询他一向敬重的德国传教士汤若望的意见。结果，汤若望力主立玄烨为储君，理由很简单，但在此时却无可辩驳——玄烨出过天花。

于是顺治皇帝遗命，立不足 8 岁的爱新觉罗·玄烨继承皇位。他就是清朝第一位“麻子皇帝”康熙。

清王朝立储的考虑，实际与当时的中国民间观念是相通的。在当时民间甚至有俗语说：“生了孩子只一半，出了天花才算全。”——可见天花危害之严重，也可见，当时天花的危险，主要是针对孩子。有研究者估计，如果孩子得了天花，有三分之一的人活不下来，而活下来的，则都对天花有了免疫力。

天花究竟杀死了多少中国人，至今没有确切统计。但是，从世界的范围来说，医学史上的一个估计，是 1.5 亿人。其中，最著名也最典型的例证，发生在 1519 年。当时对天花大都已有抵抗力的西班牙人在征服美洲印第安人时，把天花带到了这块“新大陆”，令数千万人口的印第安人几乎灭绝，最终只剩下一两百万人。

天花在美洲大陆上肆虐，发生在清朝入关前的 125 年。看来，八旗官兵们对天花的抵抗力比印第安人强不到哪去。顺治皇帝的八子六女，因天花八岁前死亡者有皇子四人，皇女五人，超过半数以上。

八旗以外的汉族百姓同样惨遭天花蹂躏。当时来华的西洋传教士

Dyer·Ball 记录了山西疫区的惨况：由于没有有效的治疗方法，百分之五十到六十的感染者只能坐以待毙。更可怕的是，气候温和的南方地区是天花病毒的温床，汉人都视其为瘴疠之地，畏痘如虎的满族人哪里敢去统治？

康熙认识到，天花已经成为清朝统治的严重威胁，必须积极应对。

康熙在太医院下专门设痘诊科，广征名医，在北京城内设专门的“查痘章京”，负责八旗防痘事宜。他还兴建了历史上最有名的避痘所——承德避暑山庄，作为皇族幼童专门的庇护地。康熙十七年，皇太子胤礽出痘，当时正值吴三桂等三藩叛乱的紧要时刻，但康熙为护理太子，竟然连续 12 天没有批阅奏章。

太子出痘期间，候选知县傅为格照料有功，被提升为武昌通判。两年后他奉召进了京。这个傅为格，后来成了防治天花史册上的一个关键人物。

傅为格懂得种痘之术——这正是当时一种先进的天花治疗方法。

这种起源于南方的民间种痘法，又叫吹鼻种痘法，最早起源于明朝隆庆年间，一般有两种方式，一种叫旱苗法，一种叫水苗法。所谓旱苗法，就是把天花患者的痘痂取下磨成细末，加冰片、樟脑吹入种痘者鼻中；水苗法则是把患者痘痂用人奶或水稀释，植入种痘者鼻中。种痘法使种痘者轻微染上天花症状，然后出天花，再通过中医精心护理，使他们安全渡过天花期，种痘者就会对天花具有免疫力。

尽管这种“种痘法”并不能保证百分之百的成功，甚至可能导致病人死亡，但康熙仍然命傅为格在皇子们中开始种痘试验。从此，皇子种痘防天花也作为制度正式确立下来。

由于种痘，自康熙二十年以后出生的 20 位皇子有 17 位健康长大，而此前的 15 位皇子长大成年的仅有 7 位。

随着种痘法在宫中的成功，康熙帝开始了大规模地推行天花预防工作，把它从宫中推广到八旗百姓，直至漠南、漠北、蒙古大草原等北方边境。

此后的一百多年，宫中很少再传出关于天花的消息。满族人四处避痘的仓惶日子暂告一段落。

“战痘”的成功，开创了清朝的鼎盛时代。从 1661 年到 1697 年短短

30多年，心无旁骛的康熙相继平三藩、收台湾、抗沙俄、平定噶尔丹，稳定了清王朝在中国的统治。

不信牛痘只信“人痘”

种痘法在中国的成功引起了外国的注意。

那时，深受天花危害的并不仅仅是中国人，欧亚各国每年都有数以百万的人被天花夺走生命，行之有效的天花预防技术为世界各国渴求。

1688年，俄国医生来北京学习种痘及检痘法。18世纪，此法又由俄国传至土耳其。英国驻土耳其大使夫人孟塔古1718年返英后，在国内大力提倡种痘，从此人痘接种在英国盛行起来。

人痘接种在世界各地的传播拯救了数以千万计的生命。但是，这种方法即使在最理想的医疗条件下，仍然会有2%的死亡率，严重的时候甚至会造成将近一半的种痘者死亡。

幼时也种过人痘的英国乡村医生詹纳偶然发现，牛也会得一种类似天花的“牛痘”，但病情会比人得天花平稳很多。而挤牛乳的妇女很容易传染上牛痘，一旦得过牛痘后就不会再生天花。詹纳由此得到启发，想到这可能是牛痘使他们对天花产生了抵抗力。1796年5月14日，詹纳首次从正在患牛痘的挤奶女孩手上，沾了一些痘浆接种在一个八岁的未患天花的男孩手臂上。六周后詹纳特意给这个男孩接种天花痘浆，结果这个男孩安然无恙，证明他对天花有免疫

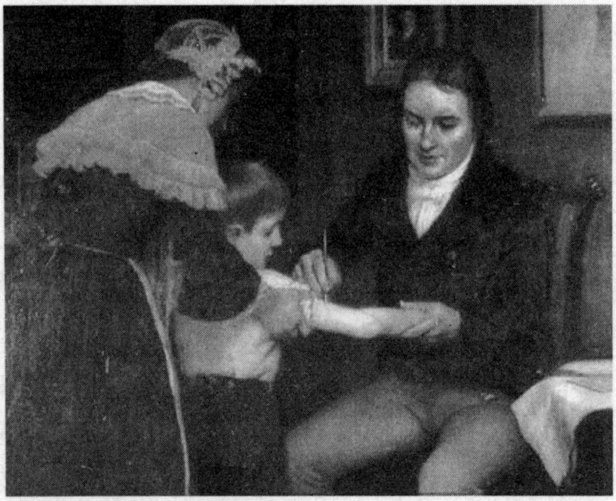

◎ 1796年5月14日，英国乡村医生爱德华·詹纳正在为詹姆斯·菲普斯接种天花疫苗，其来源是感染牛痘的萨拉·内尔莫斯的手上的脓疱。约1915年由欧内斯特·伯德绘。

力。比人痘法更加安全有效的牛痘接种法由此面世，并不断完善。

约十年后，葡萄牙医生哈威脱将牛痘疫苗从马尼拉带到澳门。此后，东印度公司的英国医生亚历山大·皮尔逊，又把牛痘疫苗由澳门带到广州。从中国传出去的人痘接种术，经过改良成为牛痘接种法，在世界转了一个大圈子之后，又回到了它的故乡——中国。

已经有人痘接种经验的中国百姓对更安全经济的牛痘接种法表现出空前欢迎的态度。许多地方官员也参与了牛痘接种的推广，他们在许多地方成立了种痘局，为老百姓免费接种。1815 年，广州成立种痘处。1828 年，北京设立京都种痘局。牛痘接种迅速在中国大地上推广开来。

但是，也许是由于某种奇怪的大国心态作祟，宫廷的御医们对源自西方已在民间流行的牛痘接种法充耳不闻，仍旧抱着祖传的人痘接种法为皇室贵族种痘。另一方面，天花的威胁也已经大大降低，御医们也因此日益懈怠。嘉庆以后，皇子种痘制度变得形同虚设。

咸丰帝在两岁时，种痘险些失败，虽经御医精心调理保全性命，可在脸上却留下了无法抹平的麻点，成了继康熙之后的第二位“麻子皇帝”。

御医们仍然无意、或者不敢改进已经落后的人痘接种。

1874 年 10 月 30 日，咸丰与慈禧唯一的亲生儿子，19 岁的同治皇帝被确诊感染了天花。面对同治越来越严重的病情，慈禧太后只会率领文武大臣，依照祖上传下的规矩，在宫内外“供送痘神”。

同年 12 月 5 日，满身疮痍的同治皇帝在一片求神拜佛的喧嚣中，凄惨地告别了人世。而他驾崩的养心殿，恰恰是 113 年前顺治皇帝命丧天花的地方。

◎ 养心殿

历经两次鸦片战争的清王朝，此时已是气数将尽。

尾声

建国之初，一些西方人士曾经断言，天花等瘟疫，是新中国难以解决的问题之一。

1950 年 10 月，新中国全面推广牛痘接种。经过 11 年的努力，1961 年 6 月，中国最后一名天花病人胡小发痊愈出院。自此，天花在中国彻底灭迹。

1979 年 10 月 26 日，联合国世界卫生组织在内罗毕宣布，全世界都已经消灭了天花病。此后，天花病毒只保留在 8 个实验室中，供研究之用。

三、霍乱年代的城市华洋冲突

当 1843 年上海开埠，西方人看到中国人糟糕的卫生习惯时，他们脑子里或许就是这样一幅霍乱时代的惨痛记忆。而西方人针对中国人生活方式的影响却接连遭遇了流血。在霍乱的年代，之于欧洲人的记忆是变革，而之于中国人却是冲突。

西方对于中国人卫生习惯的抱怨由来已久，在这一点上法国人仿佛尤其在乎。早在 1346 年克雷西战役前，法国人就粗鲁地称入侵的英军，是不穿裤子的军队，因为后者频频地蹲下随地大小便。后来领教了中国人的卫生习惯之后，法国人的抱怨更加多了。

起初这种抱怨只停留在表面，但在一些中外关系的关键年份，这种抱怨有时候就会成为流血事件的导火索，或者是反帝爱国运动的开端。

上海的最初映像：霍乱！

1843 年，上海开埠。

◎ 19 世纪的苏州河

一位当时的法国人这样描述："进入上海小镇，用扁担挑着敞开着的木桶的男子便迎面而来。他们是大粪搬运工，沿着固定的路线穿过城市。倘若跟随这些掏粪工，你会发现，他们走到附近的沟渠两侧，将木桶里的污物哗啦一声倒入敞舱驳船或另一种船舶里，污满为患时，船只便被牵引到乡间的稻田里。废物被胡乱倒进水中。沟渠之水少有流动，至少还不足以清除绿色淤泥，改变浑浊发黄、满是污秽的水质。可就在这条船旁边，人们正舀水来饮用和烧菜做饭咧。"

初来乍到的西方人，对中国人的生活状况，充满了担忧。不久，这种担忧就化成了现实的危机。

1850 年夏天，上海遭遇了一场传染病的侵袭。一份英国传教士的医学报告记录，这一年的 5～7 月，上海人被一种怪异的肠道传染病所困扰，多人死亡，几乎所有居民都在戴孝。这一年，上海刚刚开辟了通往伦敦的航线。

12 年后，西方人才弄明白这种怪异的肠道传染病是什么。1862 年 6 月，一艘名为"千岁丸"的日本帆船载着 51 名一心想打通对华贸易之路的幕府官员和商人，从长崎起航来到上海。然而，他们中的一些人还未见识他们心目中的“西洋”上海的繁华，就上吐下泻起来，不是菌痢，而是霍乱！三天内，连续有三名倒霉的日本人一命呜呼。

然而上海的厄运并未就此停止。第二年，霍乱肆虐之势不仅未见减弱，相反愈加凶猛。租界也笼罩在瘟疫之中，外侨中不少人死亡，其中包括外侨中的一位显赫人物——江海关总税务司，英国人德都德。西方人发现，中国的霍乱和中国的卫生状况，正威胁着他们的安危。

19 世纪的西方人对于霍乱，有着最为惨痛的记忆。

在那个世纪的早些时候，霍乱曾经长久地折磨着欧洲，这片大陆的人均寿命只有 28 岁。19 世纪的头 50 年，被欧洲人称为霍乱的年代。

那是 1829 年夏季，之前在印度大陆肆虐并传播的霍乱在欧洲复活，向东、向西、向北沿着贸易路线和宗教朝圣路线迅速地向欧洲人口密集中心推进。

1830 年，霍乱传到了莫斯科，它带走了 3000 名士兵和数万平民的生命。1831 年春天，它到达了波罗的海沿岸的圣彼得堡，又轻易地跳到芬兰、波兰，然后向南进入匈牙利和奥地利。差不多同一时间，柏林出现了霍乱，紧接着汉堡和荷兰也报告出现了病情。欧洲大陆到处报警，霍乱遍及法国、比利时、挪威、荷兰。

1832 年春天，德国著名诗人海涅正在巴黎，他描述了霍乱到来时的可怕情景：“3 月 29 日当巴黎宣布出现霍乱时，许多人都不以为然。他们讥笑疾病的恐惧者，更不理睬霍乱的出现。当天晚上多个舞厅中挤满了人，歇斯底里的狂笑声淹没了巨大的音乐声。突然，在一个舞场中，一个最使人逗笑的小丑双腿一软倒了下来。他摘下自己的面具后，人们出乎意料地发现，他的脸色已经青紫。笑声顿时消失。马车迅速地把这些狂欢者从舞场送往医院。但不久他们便一排排地倒下了，身上还穿着狂欢时的服装……”

1831 年 8 月份，疾病进入英国。之后又跨过圣·乔治海峡，来到了爱尔兰，从那里它渡过大西洋一直传到加拿大和美国。

在大西洋彼岸，美洲人早已得到了警告。霍乱首先在加拿大的魁北克省和蒙特利尔登陆。1832 年 6 月 26 日，纽约市的一名爱尔兰移民带着霍乱病症死去。不到一星期，他的妻子和两个孩子也相继死去。尽管纽约市立即采取了严格的隔离检疫措施，但霍乱还是以纽约州为中心向四周扩散：它通过伊利运河到达美国中西部地区，又乘着内地的马车和海岸线边的船只到达新奥尔良，并夺去新奥尔良 5000 人的生命。底特律出现霍乱后，密执安州伊普西兰蒂的当地民兵竟向来自底特律的邮车开枪。在随后的两年中，霍乱时起时伏，夺去上千万条美国人的生命。

致命的习惯

霍乱在欧洲肆虐了差不多 30 年。到了 1849 年，英国人终于发现，蔓延的疾病和被污染的水以及糟糕的生活密切相关，尤其是在破烂不堪、居住拥挤、卫生条件极差的城市环境中，疾病会更迅速传播。

这一切迫使政府必须提供和改变公共服务。

1845 年英国的一份官方报告首先建议各地要有单一的公共卫生主管机构，负责有关排水、铺路、净水、供水等工作，并且要求主管当局规范新建筑物的兴建准则。1860 年之后，英国开始实施一系列改良贫民窟的计划。同一时期的法国，在拿破仑三世统治下，1853 年开始了由奥斯曼（Haussman）主导的巴黎重建计划。

这时的欧洲人来到上海时，发现这座城市的气质和伦敦颇为相似。不止是因为这两个地方有着同样的湿润气候，还因为这里，与伦敦同样有着一条安静且不洁的河流——在伦敦是泰晤士河，在上海就是苏州河。19 世纪的五十年代前的工业化为泰晤士河带来了大量移民，也带来大量生活、生产污水，整个伦敦市区臭气熏天。经历了霍乱时期的镇痛，英国人终于下定决心治理这条不洁的河。

刚刚发生过的惨痛教训让欧洲人对于糟糕的生活习惯时刻充满着恐惧和不安。他们在苏州河看到上游倾倒污物，下游舀水、做饭的不堪景象，到了后来，霍乱引起了侨民死亡，他们不得不采取点行动了。

1874年，一场与其说是早有预谋的事件，不如说是西方人对于中国人生活习惯的不满的集体爆发。在中国人看来，那是外国人对于中国领土早有预谋的一次侵犯。

◎ 创建于1797年的上海四明公所

冲突的诱因是与法租界毗邻的四明公所。创建于1797年的四明公所是宁波人的同乡会馆及公坟，位于上海县城外西北侧紧邻护城河处。旅沪的宁波人死后大多停棺公所，再择机运回家乡安葬。随着时间的推移，公所内浮棺厝厝，每到夏季，臭腐蒸发，长久以往，无疑是传播疾病的巢穴。这让住在旁边的法国人头疼不已。

当时的法国公使曾不止一次向上海道台抱怨：以大都市之上海而论，在距黄浦滩一里之内，即可嗅得腐败尸体之恶味……

而那时上海道台的态度却暧昧不清。一方面，宁波商人是上海势力最大的商帮，在当地政界举足轻重；而另一方面，"以商制夷"的外交策略，也让那些政府官员甘愿退居二线。

于是，在屡屡抗议无效之后，法国人决定修筑一条穿越四明公所的道路来迫使其迁出租界。四明公所早在1862年就被划入法租界内，法国人打算采取以城市化的进程来扫除眼前中国人的陋习。

事实上，欧洲人来到上海以后，也是这个城市近代化运动的开始。外国人在上海老城厢的旁边建立起了一座"近代化的新城"。1860年以后，这座由外国人控制的城区在继续扩大它的规模，并将西方的观念、制度以及制造业引入中国。起先中国人对于这种现代化的进程，还乐意接受。但这一次，事情却因涉及了中国人极为看重的身后事而起了变化。宁波人的同乡会自然反对筑路计划，这里放着旅沪打拼的宁波人尸骨，随意搬迁就是对祖宗的不孝，就是死无葬身之地。

他们向法租界公董局（即法租界工部局）提议，将道路稍为向北迁移，并且愿意承担筑路费用。但法国人的真实目的并不是修路，而是要克服可怕的习惯和习惯背后的致命疾病。

5月3日下午，300多名宁波人在四明公所门外与法国巡捕发生冲突，随后冲向路政工程师佩斯布瓦的住宅，后者向人群开枪，打死了一个中国人。这时，事态扩大到华洋冲突的边缘。宁波人包围了公董局，焚毁了法国人房屋40多间，法国水兵上岸镇压，打死华人数名，伤20多人。

法国领事和上海道台都不愿意引起更大的麻烦，于是最终法国人做出了让步，放弃了这项筑路计划，但四明公所内的阴影始终缠绕在他们心头。

又过了24年，法租界的发展突飞猛进，四明公所已经成了都市里的坟场，令人侧目。不发生疫情的时候，一切都好办，到了传染病爆发的当口，这里就注定又成为冲突的焦点。

1898年，上海发生了鼠疫，死人无数。法租界公董局重提筑路一事，再次与宁波同乡会发生冲突。这一回，法国人率先打算与宁波人谈判。法国人找来了宁波人虞洽卿，后者当时是洋行的买办，精通英语，很会办事。法国人提出愿意以高价收购四明公所的土地，他们希望虞能够从中沟通、斡旋。法国领事白藻泰是个精力不佳的老朽，他没有想到眼前的这个宁波小伙子最终把给他耍了。

虞洽卿当晚就在四明公所召集了宁波商人开会。他的打算是先稳住法国人，然后发动全城的宁波人抗议，让他们措手不及。

很明显，双方的谈判最终破裂，之后引发的冲突导致了5个宁波人死亡。

宁波同乡会一面开追悼会，一面发动大家不再为法国人服务。虞洽卿说："凡是为法国人服务的宁波人和其他中国人，你们的工资由我们四明公所出，不要为他们干活，直到法国人向我们赔礼道歉为止。"

那时候的上海是宁波人的上海。他们人数众多，而且充斥于各行各业，不少握有实权。怀着淘金梦的宁波人几乎控制了这个城市的服务行业，比如当时的洗衣大王沈洪赍，后来他一声令下，全上海的洗衣人，就都不给法国人洗衣服了。

《新闻报》和《申报》刊登了法国人为争买四明公所地皮造成流血事件的新闻。随即，学生和商界都起来响应，打出的口号是“中国的土地上不许法国人杀人。”接着，宁波人发起游行示威，游行队伍紧紧围着法国领事馆。

黑压压的人群，高举着石头，领事馆的玻璃窗于是就都碎了。中午时分，法国领事馆里的中国厨师都不见了，法国人只得啃面包。晚上断水、停电。第二天，厕所也没人打扫了。送去换洗的衣服，店主一听是法国人，立马摇头。

法国人改变中国人生活习惯的努力再次触礁。

最后谈判是双方都做出让步：法国人答应保留四明公所，中国人承诺不再往那里放新尸体。

“虎疫”成灾

中国人的卫生习惯显然不是一两次民族主义的冲突能够改变的，好在四明公所事件之后，上海的中国人开始决定试着自己把上海建设得像租界一样了——这更多的是出于对于洋人租界发展的遏制与反弹。

在这期间，洋人对于中国人的卫生影响还是潜移默化地进行着。

1870年，即将上任的公共租界卫生官爱德华·亨得森博士号召在上海来一场接种牛痘的运动，他甚至得到保守的上海道台的支持。

但是，来自民间的反应却是寥寥。

中国人对于西医还充满恐惧。无奈之下，公共租界的工部局祭了“杀手锏”，他们公告，愿意接种的小孩每人将得到300文的赏钱！此后，愿意接种的华人才逐渐增多。

而至于传染病消息的来源，向来是让洋人们头疼的一点，很长一段时间里，租界当局掌握传染病信息，全仗有限的死亡报告——中国人向来不愿意把自己家的丧事，去大白于天下。1932年，公共租界流行霍乱时，工部局不得不规定，每报告1例霍乱，酬银1两。

而这一年，霍乱在全国大规模爆发。庆幸的是上海有洋人建立起来的微弱卫生体系，在其他地方，那一年的霍乱，就是“虎疫”成灾。

那一年的中国不太平。头一年，“九一八”事变，转年1月3日日本人攻陷锦州，东北沦陷。月底，“一二八”事变发生，日本向中国南方重镇上海发动进攻，国民党军队发动第一次淞沪抗战，至3月14日双方停止军事行动。至此，除了东北的抗日和江西的“围剿”，中国大部分地区战事停息。即将席卷全国大部分地区的瘟疫于此时悄然登场。

这次霍乱对于中国的打击，怎么形容都不为过。

此前，1928年至1930年的酷旱，1931年的大水，已致使全国饿殍盈途，到了1932年，霍乱夺去了许多吃不饱肚子的人的性命。

这个国家的卫生体系，此前尚未建立。作为“新政”的一部分，1905年清政府倒试图建立过一套从中央到省级的卫生行政系统，甚至州县的卫生事业也有专人负责。但由于随后清朝迅速覆亡，这些措施还来不及实施。

因为没有成形的卫生体系，全国的死亡人数没有专门的统计。国民政府海港检疫处兼办的中央霍乱局的估计是，霍乱侵入23个省，312个城市，病者10万人以上，死亡约34000人。

这个估计略显保守。8月15日《大公报》称“关中虎疫已蔓延四十二县，死亡数有报告者达二万二千余人，西安日死百余人”，9月6日《大公报》称山西死于霍乱者已达万余。8月10日《大公报》报道“洛阳疫炽，死者万人”。

按照《大公报》的说法，仅陕西、山西两省加洛阳一地死者已达四万二千人以上。

中国的霍乱年代降临，情形与上个世纪的欧洲惊人地相似，人们在黑暗时刻对于灾难的描述也如出一辙。

在山东，“哭声遍野，吊旗飘飘，棺木售空，因惧传染，无人敢任葬埋”；

在江西，“棺木出售一空，死亡逃避，乡村已断人烟”……

1843年，当上海开埠，西方人看到中国人糟糕的卫生习惯时，他们脑子里或许就是这样一幅霍乱时代的惨痛记忆。而西方人针对中国人生活方式的影响却接连遭遇了流血。

如今，位于黄浦区人民路830号的四明公所只剩下一座牌坊，淹没在周围的大片楼宇之中。它之所以留存到今天，是因为它作为反帝爱国运动的纪念地被存进了历史。

“19世纪的世界病”——霍乱

霍乱是由霍乱弧菌引起的急性肠道传染病，发病急、传播快、波及面广、危害严重，常经水、食物、生活接触和苍蝇等传播。作为世界卫生组织确定为必须国际检疫的传染病之一，霍乱在19世纪之前，只是印度、孟加拉历史悠久的地方疾病。进入19世纪之后，由于轮船、火车以及新兴工业城市的出现，霍乱开始肆虐全球，7次在全球范围内流行，其中有6次是在19世纪，因此也被称为“19世纪的世界病”。

据历史记载，霍乱共有7次全球性的大流行。第一次始于1817年，止于1823年，疫情到达欧洲边境；第二次大流行起于1827年，止于1837年，疫情分三路穿过俄罗斯到达德国，又从德国被带到英国东北，1832年再被爱尔兰侨民传到加拿大，并在同一时候到达美国；第三次大流行时间特别长，从1846年延续到1863年，到达北美并波及整个北半球；第四次大流行起于1863年，止于1875年，是通过一艘从埃及开往美国的航船流传开来的，疫情到达了大多数经常流行的地方；第五次大流行起于1881年，止于1896年，其流行广泛分布于远东的中国和日本、近东的埃及以及欧洲的德国和俄国；第六次大流行起于1899年止于1923年；在这百年间，霍乱的6次大流行造成的损失难以计算，仅印度，死者就超过3800万人。

1961年，霍乱又开始第七次大流行。这次起于印度尼西亚，然后传到亚洲其他国家和欧洲；1970年进入非洲，百年不见霍乱踪影的非洲从此深受其苦。世界卫生组织统计说，2001年非洲霍乱患者占了全球的94%。

20世纪90年代初，霍乱重返西半球，从秘鲁向外传播至临近的国家。

霍乱带来的革命

霍乱给人类带来了种种不幸，但欣慰的是它也推动着人类文明的进程。正是霍乱病的发作，引发了欧洲在供水和排污方面的一场思想革命，并波及美国及全世界。

1832年，霍乱在英国平息以后，人类开始对其进行理性的研究，英国医生约翰·斯诺发现，伦敦霍乱的大量病例都是发生在缺乏卫生设施的穷人区，他追查到伦敦霍乱爆发的根源，是一条叫布罗德街的街道上一台已经被污水污染的水泵，因为霍乱死亡的人数可以以水泵为中心画一圈，这就是著名的"斯诺的霍乱地图"。

约翰·斯诺的发现最终导致伦敦修建公共供水设施，建立起了大规模的伦敦供水网，全部配备压力和过滤装置，从而引发了整个欧洲的公共卫生运动。之后，这一运动又在"新大陆"美国重复，之后又波及到日本、中国等亚洲国家，以及全世界。供水和排水，是城市卫生的大型工程，是19世纪技术和社会上最有意义的里程碑之一。

四、灾难见证的中国之变

在中国，以二十世纪五十年代为分界线，存在两类不同的救助体系：以"社会"为主导的民众自治；以"政府"为主导的国家动员。八十年代后，民间的救助体系在一次次的灾难后一步步兴起，终于在汶川大地震中，全面浮出水面。

人其实是十分脆弱的，面对自然灾害，大地震、旱灾、洪涝灾害，会有人失去生命与家园，会有一些家庭极度贫困、无法维持生存，有时也难以避免传染性疾病的爆发。人类所能做的只是利用其社会道德和制度所支持的救灾、救济、救助体系，将灾害的损失控制在最低水平，给遭受灾害者提供必要而及时的帮助。

在中国，以二十世纪五十年代为分界线，存在两类不同的救助体系：在此之前，不论是王朝时代，还是民国时代，发生突发性灾难时的救灾、救济、灾后重建，及对贫病孤寡的日常救助，都是由“社会”主导的。这些活动的组织者，在王朝时代是传统“士绅”，进入现代以后则是“绅商”。国家确实也承担着救灾、救济之责，在发生重大灾害时也会提供资源。但具体的救灾、救济事务，由士绅或绅商负责组织、管理。这基本上是一种自治性救助体系。

二十世纪五十年代始，国家理念发生了根本变化。国家权力伸展到社会的方方面面，“社会”不复存在了，国家之外不存在任何民众自愿组成的组织，只有国家有能力筹集资源。一旦发生自然灾害，出现疫病，或有人陷入特殊的困境，政府就是唯一的救助者。处于困境中的民众，惟有指望政府来救助。那么，这样一种国家全面控制的救助体系有效率吗？

国家动员的优与劣

从表面上看，这样的国家救助体系在应对自然与人为灾害、帮助民众方面的效率应当是很高的。因为，社会只有一个权力中心，政府支配着全社会的所有资源，只要确定了救灾、救济、救助的任务，这个单一的权力中心就可以举全国之力，动员人力、物资、资金等各种资源，以极高效率应对。

在一定程度上也确实如此。集中的国家权力构造了一整套国家动员式救助体系，这个体系以政治运动的方式相当有效率地动员全体民众，致力于改善公共卫生、从事救灾、提供救济等。

以公共卫生为例，自上世纪五十年代以来，全国各地政府都组织民众每年定期开展群众性突击灭鼠活动、灭蚊蝇活动，消灭臭虫也成为大大小小的单位和居民家庭内部除害工作的重头戏。到 1958 年，以全面消灭老鼠、苍蝇、蚊虫、麻雀为基本任务的“除四害”运动达到高潮。党政部门通过红头文件进行层层动员，全民参与其中。透过这种安排，公共卫生事业转化成为政治运动。而在当时的环境下，一项事业一旦以政治运动的方式进行，其效率是惊人的。

历史上十分著名的消灭血吸虫病运动，也是通过政治运动的方式进行的。1956年2月17日，领袖发出了“一定要消灭血吸虫病”的战斗号召。一场轰轰烈烈的群众运动就此展开。根据新华社的报道说，中共余江县委领导全县人民，勇敢地提出了“苦战两年消灭血吸虫病”的计划。在治疗工作上，以革命精神打破常规，大胆采用新法治疗。陈旧的三月疗法、二月疗法、20天疗法，都为新的三日疗法和二日疗法所代替，没有药品，用土办法；病床不够，就化整为零，深入社、队、组、户进行治疗。经过一场根除血吸病的战斗后，余江人民大大发扬了敢想敢做敢独创的共产主义精神。他们对干部说：“今后只要共产党和毛主席发出号召，你们扶梯子，我们就敢上天。”

以政治运动的方式从事公共卫生事业、救灾等活动，具有特殊的优势，即可以迅速动员大量资源，整个社会甚至可以停止正常活动为此让步。但是，优势其实也是劣势。基于政治视角选择的目标，很可能有严重偏差。比如，血吸虫病并不是全国性的，也不是危害最大的疫病，但国家基于政治考虑动员全社会在这方面投入大量资源，分散了本应用于公共卫生其他

◎ 成车的麻雀被作为战利品送上除“四害”的展览会

领域的资源投入。“除四害”运动中全民动员消灭麻雀，也已被证明是一场生态灾难，但在政治运动中是无人敢于异议的。

同时，从政治角度对救灾、救助的成果进行总结，以证明某项政治命题，也会产生严重误导后果。1958年，闻知江西余江县消灭血吸虫病的喜讯，领袖写了一首《送瘟神》。这首诗借助宣传与教育体系流传全国，全国两三代民众以为，中国已经成功地消灭了血吸虫病。其实，血吸虫病并未被消灭。虚幻的胜利感妨碍了各级政府后来投入必要资源用以防治，而为后来的疫病再度发作埋下祸根。

政治支配救灾、救助过程，当然也会拒绝外部世界的帮助。唐山大地震之后，政府基于自力更生的政治考虑，拒绝外国援助，未能把灾难的损害控制在最低限度。

同时，国家动员式救助体系是国家全面控制社会的制度结构的一个组成部分，这种制度结构的一般性特征，比如信息控制，也显现在救灾、救助过程中。唐山大地震发生之后相当长时间，全国民众不知道具体伤亡情况。而在自上而下的权力体系中，权力控制的信息渠道极容易出现严重梗阻。1960年前后，很多地方发生饥荒，但各级政府也相互隐瞒，导致政府未能采取任何有效救济措施，造成大量人口非正常死亡。

因此，国家动员式救助体系有某些突出的优势，但其劣势同样非常突出。现在有人称赞五六十年代公共卫生状况改善的成就，但这成就恐怕主要还是得益于现代医学技术的扩散。至于国家动员式救助体系在严重自然灾难后提供的救助及日常救济，可能也不像人们想象的那样美好。

救助体系转型之痛

这种高度集权的国家动员体系，存在效率衰减的趋势。到七十年代，国家全面控制社会的体系就开始松动了。国家动员式救助体系的优势开始衰减，很多时候无法正常运转。

但此时并无替代性力量兴起。因为，国家动员式救助体系是存在于一个政府全面抑制民间社会发育的制度框架内的。而没有组织的民众，即使充满了同情心和仁爱之情，也不可能在救灾、救助、救济领域发挥什么实质性作用。

因此，人们看到，七八十年代，社会整体的救灾、救济、救助体系，呈现出疲软无力的状态。社会无力，而政府又使不上劲了。不过，九十年代中后期以来，情势发生了很大变化：社会正在发育，并逐渐充当救灾、救济、救助的主角。

孟子说：人皆有“善端”。民众向来就有同情、仁爱之心。但在八十年代之前，却不存在某种制度渠道，让人们自发地表达自己的这种仁爱之心。一直到八十年代以后，才开始有这样的机会。媒体不再只是在灾难之后宣传救灾的成就，而是可以对正在发生的灾难本身进行一定报道了。民众可以看到突发性苦难了，而一旦看到这种情形，大多数民众都希望给予一点帮助。同样是在八十年代之后，随着国家控制经济的体系松动，民众个人的财富增加，也有帮助他人的能力。

因此，从八十年代后期开始，逐渐出现了民众给灾区积极捐款的现象。这种捐款最初是由“单位”组织的，甚至直接就从工资里扣掉了，这种做法现在仍见之于国有部门。不过，九十年代以后，包括民营企业、合资企业在内的私人企业部门迅速成长，大量人口已不在传统的“单位”体系内。这些私人企业和个人表达爱心，采取了直接自愿捐款的形式。新闻媒体与演艺界组织公益义演，成为一种新现象。

这种社会捐助活动第一次形成规模，是1998年长江流域大洪灾之中。正是从这个时候开始，“社会”开始在救灾、救助活动中登场。借助新闻媒体的报道，灾难、救灾、救助，成为当时最重要的公共议题。普通民众和企业的同胞之情、仁爱之心被唤醒，人们通过各种形式来表达自己的心情。

不过，这一时期，社会更多的只是从精神上鼓励灾区民众，并捐助钱、物，却没有直接到现场参与救灾、救济、救助。因为社会缺乏这种能力。民众尚没有组织起来，社会上确实出现了一些NGO组织，但其力量十分薄弱。人们甚至没有想到，自己可以充当救灾、救助的主体。也正因为社会缺乏组织，所以，2003年发生“非典”之时，整个社会立即陷入过度恐慌之中。人们不知道该怎么办，只好回到家中，在可怕的孤独中等待政府来安排一切。

自那之后，民间社会的组织化程度迅速提高了。新世纪以来的整个经济、社会、观念环境，促成了社会的发育。首先，民众有了自觉意识，自由、权利、民主成为常识，自治成为一项主要的政治诉求。其次，包括企业家在内的民众已经能够支配相当规模的资源。第三，很多领域都出现了职业性的社会活动家，能够进行社会资源的组织动员。第四，出现了一批新锐媒体，它们为民众的自治提供了舆论支援。尤其是网络论坛出现，建立了一种比较自由的沟通渠道，有时候，一个网络社区就是一个松散的公益组织。

在这样的背景下，NGO组织纷纷成立。有些是合法的组织，有些则是松散的共同体。他们活跃于社会的各个领域，包括积极参与日常的公益活动、地方性灾害的救助、救济活动。于是，南方大雪灾之救灾、救助场景，就完全不同于1998年的洪灾了。

面对汶川大地震，新近成长起来的民间组织全部动员起来，以各种各样的方式参与救灾、救助。原本松散的公益组织迅速提高了其组织化程度。面对大地震后的景象，无数普通而平凡的民众在一夜之间变成了具有公共精神的公益人士。他们涌入灾区，并且迅速地组织起来，或者加入既有公益机构，或者自发地组成新的公益组织。这些公益人士和公益组织几乎与政府同时抵达灾区现场，参与救灾、救济、救助的一切环节的活动。

过去若干年中逐渐成长的民间社会、公民社会、市民社会在汶川大地震中全面浮出水面，并将在救济、救助过程中迅速地成长。原有的国家动员式救助体系还在发挥作用，但在它之外，兴起了另一个救助体系。这个体系的运作机制不同于国家动员式救助体系，它以民众的自愿参与为基础。它的效率未必低于国家体系，又具有国家体系不可能具备的优势，比如，它可以向受灾民众、向救助对象提供个性化的援助和精神支持。在汶川大地震现场，这两个体系整体上进行了有效的分工合作，乃是受灾、受难民众之福。

当然，这个民间自我组织、维系的救助体系，不是一个新现象，毋宁是历史上正常社会状态的一种自然回复。其实，与一百年前、三百年前相比，现在的这个民众自我救助体系还远不够成熟。这个体系的成熟，既有赖于民众、尤其是企业家、知识精英的道德自觉，锤炼自治技艺；也需要政府为民众的自治开放出更大空间，把民间社会视为社会治理的合作伙伴。

第三篇

闯关东

1929 年，美国人拉铁摩尔来到中国东北。除了广袤无垠的黑土地，他看到的是一股巨大的移民浪潮，那一年，有超过 100 万人自山海关以南蜂拥而至，其中至少有 60 万人定居在此。

这位长期研究中国边疆问题的学者当然知道，这只是移民潮中的一小部分而已。仅仅在 10 年之间，自中国内陆省份到达这片被称为“关外”土地上的移民，就超过 600 万人。而在近 20 年之内，东北的人口，已经因为移民而增加了一倍。

◎ 1938 年 8 月 15 日，黄河花园口决堤后逃难的人们

实际上，这股移民潮早在拉铁摩尔到达东北时，就已经绵延持续了数个世纪之久——从17世纪中叶开始，三百年间，至少有3000万移民通过各种途径到达了东北。

拉铁摩尔将之与美国著名的“西进运动”做了对比，显然，发生在中国东北的这股移民潮，无论是历史，还是规模，以及形成原因的复杂程度，都要远远超过美国的“西进运动”。但至少有一点，两者是共同的，那就是都彻底改变了移入地区旧有的风貌。

就在这股移民潮开始之前，东北广袤的土地还处于半沉睡状态，除了南部辽河下游的河谷地带得到了有限的农耕开发之外，西部的草原以及东部和北部的森林，还和亘古以来的原始风貌相差无几。

那时候，要进入这片沉睡的土地，最便捷的途径有两条，一条是沿着渤海沿岸狭窄的平原地带，通过山海关向北，一直进入辽河平原的腹地。另一条则是从胶东半岛下海，直穿渤海，抵达辽东半岛。

由于政府的“封禁”政策，在17世纪中叶至19世纪中叶，长达两百年的时间里，通往东北的陆上交通都是处于半封闭状态，而无法忍受中原地区水、旱、虫、兵各种天灾人祸的农户，不得不以“闯”的精神，或从陆路出关，或从水路渡海，抵达关东。

应该看到，在近代以前持续二百年的移民潮，除了将东北南部更加“汉化”之外，几乎没有更大的影响。而真正改变东北的决定性因素来自近代，这就是——铁路。拉铁摩尔描述它是“整个中国体制中所没有过的经济与政治力量的新产物。”

的确，自从20世纪初期铁路开通后，伴随铁路而来的，不仅仅是各方的殖民势力，还有其背后的近代化工业生产模式。自下决心搭乘北上列车去闯关东的那一刻起，数以千万计的移民们，所要诀别的，不仅仅是熟悉的家园，同时还有延续千年的农耕社会。

自此，去往东北的移民们，不得不在这块近代工业化程度最高的土地上，忍受着殖民化最严重的压榨。不用再去反复叙述，只要稍稍了解一点发生在这块土地上的苦难，就知道其间的艰辛。在这样的大背景中，移民们的命运只能伴随着整个区域的命运而沉浮。

发生在这三百年间的故事早已成为往昔，但这次移民潮所带来的影响却持续至今，闯关东的历程，不仅仅造就了一个新的地域群体——“东北人”，还深刻影响了东北人性格的形成。

从更广阔的历史图景来看，闯关东只是恢宏的中国移民图卷中的一页。填四川，走西口，下南洋，建三线，民工潮……几千年来的一次次移民潮，书写了中国的历史，也蚀刻出中国的现实地理。

一、三百年关东潮

自 1653 年的数百年来，闯关东的热潮不断冲破各种有形无形的障碍，绵延不已。源自流民自身渴望生存的意志和希望，无疑是移民潮最顽强的生命力，但政府的政策导向，又往往将移民潮真正推向高峰。

招民垦荒

1644 年，清王朝入主中原，百万满人有 90 多万“从龙入关”，此时的东北“沃野千里，有土无人”。而中原地区由于战争，人口急剧减少，土地紧张的局面得到缓解，气候寒冷的东北对关内农户并没有太大的吸引力。

但要守卫这块“龙兴之地”，就必须驻军，而驻军就需要有军粮。无奈之下，1653 年，顺治皇帝开出了史无前例的优惠政策来吸引关内人去东北。那时候，对于移民东北的农户，政府不但每人每月补助一斗粮食，还规定，每开垦出来一晌土地，另奖励六升粮食，如果能够号召他人随行，还授予官职，招到“五十名以上，文授县主簿，武授百总”，“六十名以上，文授州同、州判，武授千总”，若是到了一百名，“文授知县，武授守备”。

如此优渥的政策激励，使“燕鲁穷氓闻风踵至”，短短十五年后，仅奉天、锦州两府人丁就增加到 1 万 6 千余，较顺治朝增加 3 倍多。

可惜，这段“官情民愿”的关东移民蜜月期很快戛然而止。经过十余年的垦殖，辽东地区得到一定程度的开发，关外生产的粮食已经能够满足当地驻军的需要。为防止关外民人过多侵害满人利益，康熙七年（1668年），清廷宣布《辽东招民开垦条例》作废，禁止汉人移民关外。

自此，移民关外已属非法，“燕鲁穷氓”再去关东，就只能“闯”了。

封禁

自华北各地出发，经山海关，进入东北腹地，原本是一条通畅的“移民之路”，但现在却变成了充满血腥和悲壮的求生之旅。严苛的封禁政策，成为横亘在“闯关东”者面前的一道无形却真正强大的“关隘”。

早期出关民人在东北各地很受欢迎。各地驻防八旗士兵，绝大多数把土地租给民人。在出关汉民的努力耕耘下，关外大片土地被开垦出来。特别是盛京地区，因为距关内近，气候条件好，耕地超过了一千万亩，成为关外粮仓。

反观中原地区，由于人口急剧增长，人地矛盾益发突出，加之自然灾害频发。关外流民的生活状况通过商旅或书信传回关内，使更多的贫苦百姓对东北地区充满了向往。

1715年，山东登州府门楼村周德新、周德纯兄弟正是在此背景下，踏上了漫漫的关东之旅。他们是幸运的，虽然没能赶上清初招民开垦的好年景，但是他们到达的旅顺夏家村还有大片土地可以开垦，更重要的是，这个时候朝廷对闯关东的移民还处于不鼓励也不驱逐的放任自流状态。经过数十年的努力耕作，繁衍生息，周家不但在夏家村立足，而且日益壮大。

东北辽阔的土地渐渐得到垦拓，关内流民也通过各种途径“闯”到关外。在此形势之下，1740年，乾隆帝发布了全面封禁令，不仅严禁关内民人移民关外，还要求已经移民关外的民人要么就地入籍，要么返回关内。从此，山海关只允许商人往来贸易，凡出入山海关者必须持有原籍或贸易地给发的印票，验票放行。

山海关关防紧闭，迫于官府的封禁和辽东日趋密集的人口，流民由陆路出关绕行其他长城关口，开始经锦州、广宁、开原，冲破奉天省的边界，流入吉林省，形成流民北上的大趋势。

另有大量流民不得不改走海路。相当一部分人从现在的旅顺、金州及大连海岸上岸，然后北上寻找肥沃的土地，而这也成了后来通过海路闯关东者的偷渡“金三角”地区。

乾隆帝全面封禁的结果就是闯关东的目的地由辽宁逐步扩展到吉林。除部分在“金三角”地区定居外，绝大多数因为官府的查禁在偷渡地短暂停留，而后直接北上吉林。

流民越来越多，甚至一些早期到达大连、旅顺等地定居的村民，也开始继续往北迁移。1776年，周家兄弟的孙辈后人周成文，带着自己的妻子曲氏，离开周家兄弟已经定居了61年的夏家村，迁移到北边的另一个村子，繁衍生息，最后周姓竟成了这里的主要姓氏，这个村子干脆就叫周家崴子了。

流者自流

在乾隆全面封禁52年后，有过一段延续达11年的“弛禁”。

1792年，华北大旱，大批灾民汇集山海关，直隶总督庆成奏请由山海关副都统德福“分别查验”，逐一放行。面对蜂拥而来的灾民，德福担心严厉查禁会激起民变，于是奏请朝廷，准许“无业平民出关觅食”，只需“询其籍贯，注记册档放行”。乾隆皇帝批准了德福的奏请，火速传谕，通令山海关对灾民一律放行。并斥责墨守成规的总督庆成“贫民携眷出关者，自可籍资口食，即人数渐多，断不致滋生事端，又何必查验禁止耶”。

随后，乾隆五十九年（1794年）、嘉庆二年（1797年）、嘉庆五年（1800年）连年大水，嘉庆六年（1801年）又遇河堤决口，迫使乾隆五十七年的弛禁令延续11年之久。

嘉庆执政的第八年（1803年），中原灾情稍有缓解，嘉庆皇帝便迫不及待地重申对东北的封禁令。为了防止汉人借经商务工之便滞留不归，嘉庆帝严格要求各处关防对“携眷出口之户概行禁止”。

然而，强大的人口压力一直是华北农民闯关东持久而旺盛的推动力。从1661年至1753年的92年间，山东人均耕地面积从10亩多下降至7亩，1766年至1887年，人均占有耕地始终在两三亩水平上徘徊。人多地少，丰收之年尚难解决温饱，遑论灾荒之年。

因此，虽然嘉庆时期对民人出关垦荒的禁令，一次比一次强硬，所采取的措施，也一次比一次严密，但事实上，终嘉庆一朝，闯关东依然是禁者自禁，流者自流。据统计，吉林一地，到嘉庆十六年（1811年）民人33025户、307781口，较乾隆朝增加1.5倍。而黑龙江一地，嘉庆十三年（1808年）有民人26207户、136228口，是乾隆朝的3.7倍。嘉庆帝严苛的封禁，不但未能阻止闯关东的大潮，反倒使更为偏远的黑龙江成为新的移民目的地。

大趋势

嘉庆禁令在其儿子道光帝时被冲开决口，咸丰年间掀起大规模移民高潮。

那时清朝社会危机四伏，天灾人祸、内忧外患。1833年记载的一次山东地区黄河洪灾描述“黄流东趋，一片汪洋，灾民荡析离据”，利津有些村庄“死伤居民甚重，有一家全毙者，有淹死仅存数口者，有房屋倒塌压死者，惨苦情况不堪言状……已救出数千口，唯无安身之处，大半露宿荒郊”。

1855年，黄河在兰考铜瓦厢决口，夺大清河入渤海，一时间，河南、河北、山东诸省灾民遍野。与此同时，太平天国运动和捻军起义席卷大半个中国，难民们纷纷逃亡关东。祸不单行，北方的俄罗斯不断入侵，不仅割占中国大片领土，而且大肆渗透到东北三省，企图通过事实上的殖民，进一步割占这片土地。

内忧外患，开禁已成必然之势。咸丰十年（1860年），黑龙江将军特普钦数次上奏，要求“解禁”。清政府顺势宣布“移民实边”，广招汉民，出关开垦。据《黑龙江省志》载，1861年，呼兰、巴彦等地相继被开垦。呼兰由民人杨继明押预保，朝廷放荒200万垧（东北地区多数地方1垧合15亩）。1868年，王常厅所属的皮信沟和淳水泉存底，村民佃户一次认领荒地25万垧。

1878年，清政府解除汉族妇女移居关外之禁，关内汉民更是携家带眷涌进东北。更多的流民不仅来经商务工，而且定居下来。

“移民战”

20世纪二三十年代，闯关东潮迎来一个高峰。

民国建立之后，中国进入了全面军阀混战时期。中原地区更是惨遭荼毒的主战场，加上数次大灾，百姓大批流离失所，再次把求生的目光集体投向东北。

东三省被奉系首领张作霖掌握。而此时，处心积虑的日本也一直酝酿向东北实施移民计划。他们的算盘是：通过大量的移民，使大和民族成为东北的主体民族，从而从根本上同化满洲，实现统治。

◎ 1925年，张作霖在天津

尽管张作霖的统治得到了日本的支持，但他却不希望受到日本控制。为了对抗日本的移民计划，他采纳了王永江的建议，有组织、有目的地从山东、河北甚至河南、安徽等地以每年三百万人口的速度向东北大量移民，这个数量，远远超过那些俄罗斯、日本和朝鲜等地的国外移民。

张作霖自觉从关内移民的数量到底有多少，没有准确的统计。不过，张作霖、张学良父子在统治东北时期，大力发展工矿商业等，使东北的经济状况大大优于关内平均水平，确实从客观上为关内流民来东北创造了更多更好的机会。

但这样的情势并没有延续多久。很快，“九一八”事变发生。事变之后，日本执行向东北大量移入日本人和朝鲜人的大陆殖民主义政策，公布了针对华北移民的《取缔外国劳动者规则》，并严加限制移民入关；关内民众也不愿去东北做亡国奴。已经移民的商民，也相继扶老携幼转回故乡，“凡由大连进口之轮船，无一艘不告人满”，出现移民回流潮。

抢夺劳工

也正是由于日本人的殖民政策，这个时期的关东移民潮呈现出又一个变化。事变之前，移民流向北满者多，且多为务农；事变之后，移民流向转变，多分布在南满的城市和工业区，劳务移民增加，超过一半的人在矿山和工厂中当苦力。

1937年“七七事变”爆发后，伪满政府鉴于东北劳动力不足、产业开发五年计划的进行以及向北边开拓，急需大量劳力，重启移民之门，但那时关内民众已经不是自发自愿闯关东。伪满政府实行了可耻的强掠劳工措施。

据统计，1936年到1945年的10年间，日本从华北诱骗、贩卖和抓捕的劳工总数约达到704.7万人，随行家属223.7万人，其中96%以上被运往东北。

山东仍然是日本“抢掠劳工”的重灾区。

民国时期山东移民东北的第二个高峰期之所以出现在1939年到1943年，除了战乱、旱灾，日本到山东招骗劳工也是一个很重要的因素。灾难加剧了恶性循环。1940年左右，山东惠民县流民闯关东者多为被招骗的劳工。临朐县的人口更从1939年的38万骤减到1942年的20.7万人。

为诱骗劳工，招工者描绘了一幅幅美景。后来被招去铁矿矿工的刘宪明兄弟，1940 年时正流落青岛街头，父亲和两个妹妹先后死去，兄弟俩走投无路。招工人对他们说“活不累”，“吃的是大米白面，住的是洋楼，一天挣 2 元，愿意长干长干，不愿意发了财六个月就可回家”。兄弟俩以为找到了出路，报了名，“头几天确实好，吃的是细粮”，到了大连就吃的是窝窝头，“从大连坐的火车是闷罐，人和行李分车装，车上了锁”。

在河北人李向荣的记忆里，招工的经历更为凄惨。1935 年，他被骗到吉林修路，劳工们“必须像牛一样低头干，稍一抬头，就乱棍抽打”，吃的是“发霉的棒子面窝头”，住在“临时搭的窝棚里”，至于工钱“始终谁也没摸到”。更有人丢掉性命，日本人拿一根大鞭子，看谁不顺眼就上去狠狠地抽一顿，有的工人就被活活打死。

1936 年，日本政府把向中国东北移民确定为国策，计划时间排到 1956 年，这一国策的核心内容被确定为 20 年内向中国东北移民 100 万户，即 500 万人。日本政府的如意算盘是，20 年后，100 万户日本移民经过繁殖可达 1000 万人，占东北总人口 1/5 以上，一旦实现这一目标，便可在伪满洲国建立起以“大和民族”为指导核心的“日本的秩序”。

这些移民来的日本人，基本上不开垦荒地，而是将中国人的良田霸占，然后把一部分中国农民变成他们的佃户，一部分赶到穷乡僻壤开荒。1941 年，一个日本“开拓团”来到方正县土地最肥沃的伊汉通乡，放火烧了老住户分散在各处的房子，逼迫他们迁走。正值寒冷的初春，在此居住的 2000 多中国农民被赶到县城西部的山区，无处居住，约一半的村民冻死。

一直到战争结束，闯关东的移民们的悲惨境遇才得以改善。

北大荒

历史总是充满戏剧性。

和闯关东几乎同样充满沧桑感的词，还有下南洋、走西口，几百年来，这几个沉甸甸的词，记录着生活在中原地区的百姓四面突围、谋求生路的历史。

大规模的人口迁移，一种是迫于生计的流亡，一种是政府政策性的移民。自 1653 年的数百年来，主动招抚也好，被动流亡也罢，这股闯关东的热潮不断冲破各种有形无形的障碍，一直绵延，其源自流民自身渴望生存的意志和希望，无疑才是移民潮最顽强的生命力，但政府的政策导向，又往往将移民潮真正推向高峰。

时光流转。在战乱中建立起来的新中国，一方面，人口急剧增长，人地矛盾突出；另一方面，灾荒频仍，中原地区的土地再次不堪重负。一次新的、也是距今最近的关东移民高潮，在政府的号召和鼓励下掀开。

这就是开发北大荒。

人迹罕至、冰雪覆盖的北大荒下，埋藏着肥沃的黑土。政府号召关内的人们主动到关外进行“垦荒建设”。据资料记载，1956 年，仅山东省就组织了 10 余万青年开赴黑龙江。

这年的黑龙江林甸县，突然被从山东济南历城地区响应开荒号召而来此开荒的山东人填充得满满当当。当年 4 月至 5 月，该县“接收山东省 13836 名青年志愿垦荒队员来本县垦荒，分别安排在 5 个区 55 个新村。”依据当时的军队编制，这些新村被统称为某团某连。

两年后，山东省肥城汶阳公社的汪锡禹一家五口人也成了响应“号召”的典型，坐上火车，踏上了移民关外之路。一辆密不透风的闷罐车把他们带到了黑龙江的安康，不久，汪锡禹一家又坐上了一辆马车，也来到林甸县的新村。此时，这里已充斥着熟悉的山东乡音，汪锡禹一家迅速地适应并安顿下来。

◎ 中国劳工被集合点名的场景

这样的“闯关东”，已经少了些悲苦况味，多了些激情梦想，甚至还夹杂着荣誉。

1978 年，北大荒移

民垦荒运动结束，东北大地已经不再是闯关东之初的蛮荒之地，而是中国的工业中心和名副其实的“北大仓”。持续三百多年的大规模关东移民浪潮也暂时画上句号。

◎ 当年开发“北大荒”的场景

关东路

不管有没有封禁令，关东之路一直难走。

几百年来，多少闯关东的人一辆推车，或一根扁担、两个箩筐，前挑幼子、后挑家当。一肩挑起全家的希望，一步一步跋山涉水向东北。

大连一直是海路“闯关东”的一个重要中转站。从关内渡海到大连的人甚至有一个专门的称呼——“海南丢”。从海上到大连，不知多少人葬身海底，像周家兄弟能安然抵岸者，十之一二。

今年76岁的刘文忠，老家在山东省蓬莱市小濠岛村。1893年秋天，由于蝗虫灾害，庄稼颗粒无收，刘文忠祖辈们一家的生活终于再也无法支撑。刘文忠的爷爷决定要带着全家老小出来逃荒。一家8口人划着小舢板出海。

船行不久，海上骤起大风，小舢板整整在海上漂了两天。快要漂到旅顺的岸边时，又袭来了一阵巨浪，一家8口人中的6个人在一刹那间就都被海浪卷走了，只剩下刘文忠父亲和姑姑被海浪卷到岸边，活了下来。在当地好心人的照料和收留下，才得以幸存。

李统信一家要幸运一些。20世纪始，从山东到大连、营口、旅顺逐渐开放定期轮船。李统信一家在1939年去大连时，坐的就不再是周家兄弟和刘文忠当年那种小舢板，而是一艘叫“大连丸”的日本轮船。由于没钱，李家人只能挤在最低层的下等舱。船舱里弥漫着晕船者的呕吐物和大小便混杂的臭味儿，仿佛公共厕所，这味道让李统信终身难忘。

从海上抵达大连的山东人，少部分人留了下来，更多的人仍无以为生，只好继续向北。自 19 世纪末开始至民国，东北兴建起数十条铁路。遍布东三省的铁路亦成为关内民众闯关东的交通首选。据统计，整个民国时期，东北共建成 20 余条铁路。铁路沿线日益成为流民最钟爱的落脚处，并促使关东移民沿铁路线往纵深发展。民国时期，300 多万移居黑龙江的关内流民，在铁路沿线和松花江沿岸，建立了数以千计的居民村屯，开垦 400 余万垧地，增设 30 个治，初步形成以松嫩平原、三江平原、松花江流域和牡丹江域的主要产粮区。

只有少部分走陆路的人从山海关直接坐火车到东北，七成以上闯关东的人，为了省钱，都是先走海路到大连，再从大连坐火车北上。

大连往北的铁路已四通八达，这给那些有经济能力的人省了很多脚力，但他们往往得按照盘缠的多寡，决定火车那头的目的地。据 1930 年日本人做的一份调查，多数闯关东者所带路资不足 15 日元。他们兜里可怜的一点盘缠，多半是借高利贷而来，要不就是卖房卖地，或者亲友救济。以同时期花费计算，若先走较便宜的海路，如从青岛坐最廉价的三等舱到大

◎ 当年的“满铁”实际在日本人的控制下

连，耗资约 3.4 日元，上岸后若转乘火车，从大连到奉天的车票是 6.16 日元，到吉林 13.2 日元。一般来说，等他们买完火车票，这些流民的兜也就空了。

为吸引客流，“满铁”挖空心思，特别值得一提的是，从 1908 年开始“苦力皆靠货车运送”。“满铁”将北满的农产品运至大连，回程的空货车即用来运送关内移民，获利巨大。

很多人连这样的货车也坐不起。1928 年 6 月，日本人小泽茂一在大连遇到一名李姓寡妇，她们一家 7 口所携旅费在山东即被败兵所劫，一路步行讨饭到青岛，幸得邻居伸援手买船票到大连，寄住在一小店。他们向店家借 9 元派人去旅顺找在矿坑工作的长子，因延时未到，店主竟要求他们卖掉 8 岁的女儿还钱。

求生的欲望，就是这样紧紧吸引着成千上万中原百姓前仆后继的脚步。他们像扑火的飞蛾，明知前途凶险，仍然忍悲含泪，一路向北、向北，甚至直抵最北端的黑河，直到找到活路。

多年以后，著名编剧、祖籍山东的大连人高满堂感叹：“坐飞机从大连到黑河，只不过是两三个小时，但一百年前，我们的祖先却跋涉了一年、两年甚至许多年，才到达了这片黑土地。在飞机上俯瞰关东大地，多少亡灵长眠在这里……”

寻根

在长达三百多年的闯关东移民潮中，一波一波的移民不断地涌向东北。但是，他们很少只身闯关东，往往以家庭或村组的亲友为单位集体行动；他们也很少去完全陌生的地方，往往去投靠先期已在某地落脚的亲友。新移民变成老移民，而老移民又为再来的新移民指引方向，提供方便。新旧移民之间甚少冲突，更多的是相互帮扶、融合。当时东北各地都有类似同乡会的“锅伙”组织，是当时闯关东的老乡合伙做饭的地方。有穷苦的家乡人来了，“锅伙”总仗义地给个吃饭的地方，还帮着找工作。若有人发迹了，也不忘给“锅伙”凑点儿份子。

这些来自中原地区的移民，对乡土和宗族有着深切的认同感，那是他们的根。

根，是埋藏在移民血液里的基因密码。哪怕他们已在东北生活数十年，繁衍数十代，哪怕那些移民后代根本就在东北土生土长，他们仍然记得，根在关内。一份族谱，一个地名，一首辈分排序诗，就是他们寻根的钥匙。

祖籍山东济宁、现居北京的许兰武，讲述了一个令人动容的故事：大爷爷早年闯关东，死前留下遗愿，要落叶归根，葬到家乡的土里。孝顺的伯父于是将大爷爷的遗体，从漠河一直背回了老家。

对周家兄弟的第12代嫡孙周纯官而言，时间将在1989年的那个瞬间永驻。那年，他费尽周折地从山东族人的手中找到一本族谱。发黄的册子上面，一行字迹让他激动万分："康熙五十四年，周德纯、周德新兄弟，渡海北上，定居旅顺双岛夏家村。"

二、一个村庄的向北之路

一个传统村庄不断向北的离乡背井之路，也是它身后的那个帝国江河日下、由盛到衰的失控史。

迁移是变态

康熙五十四年（1715年），山东人周德新和他的弟弟周德纯，漂洋过海，一路向北，来到辽东半岛。他们期望着在这里开拓新的生活。对于这对兄弟来说，前面的天地，充满一切可能，有广袤的土地、黄金和他们想要的一切。

但是兄弟俩上岸后，眼前却是赤地千里和荒无人烟，自唐朝薛仁贵征东以后这里一直就是猛禽走兽的世界。后来，老大周德新向他的后代们回忆起这段经历的时候说，一开始他们兄弟就后悔了，但是已经没有回去的可能了。第一天夜里，他们就失去了一个一起从船上下来的山东弟兄，据说是被狼叼走的。和他们一起从船上下来的山东人究竟有多少至今已不可考，但最后生存繁衍下来的唯有这哥俩。

兄弟俩身后是一块经营了几千年的拥挤土地，那里安土重迁，安贫乐道，坚守儒家传统，更是孔子的故乡。那块土地古称为鲁，意即器内有鱼。而周氏兄弟之前的生活从来就和鱼无关，那里还是典型的农耕社会，靠天吃饭，坚持“七十二行，庄稼为王”的传统。

他们最终艰难地留了下来，四周是渤海湾送来的湿冷海风。他们生活在荒郊野外，开荒种田、驾船打鱼、自给自足。

这一年，就在他们登陆的地方——旅顺口，清政府正式设水师营屯兵，同时奖励移民垦荒以供养水师。在民间奖励移民垦荒，每人一个月给一半口粮，开垦耕地一垧，给种子6升，每百户农民借给耕牛20头。

为了开发辽南，早在清顺治十年（1651年），政府就颁行了对移民十分优惠的《辽东招民垦荒则例》。条例中规定：凡能够招到100人丁来辽东的，不管其过去从事何业，也不管其身份是官是民，一律“文授知县，武授守备”；对招来的移民，全部编入旗籍，计民授田，发给耕牛和种子。

即便如此，跨海开荒的山东人起初依旧有限。周氏兄弟应该是其中最早的一拨。

山东人是传统的，正如费孝通在《乡土中国》里描述的那样，在传统中国里“世代定居是常态，迁移是变态”。

对山东的农民来说，只要有一线生机，他们决不愿抛离故土，远走他乡。

哲学家刻塞令考察山东农村的时候，曾对中国人这种安土重迁的生活态度有过生动的描述，他说：“这里的人，无论生死，都轻易不肯离开祖遗的田地一步。照他们的行动看来，正仿佛是人属于土，并非是土属于人；他们无论人口怎样增多，总是居留原处；至于他们唯一的自存方法，就是利用他们继续加勤的工作，来苛索自然所赐的吝啬的礼物；等到死后，他们就同入他们的母胎——土地，而更永久性地继续住在那里，所以这些祖遗的土地，同时也就是他们的历史，更就是他们的备忘录。”

也许，社会学家和哲学家只是描绘了一个常态下的乡土中国。当农民们离乡背井求助郊野，不断地把迁移当作唯一选择的时候，并不是传统“乡土中国”的变异，而是其身后帝国的日益消沉和趋于失控。

山东从来都是个农业大省，到了康熙朝，这里又成了一个人口大省，人口超过 1000 万，占全国的十分之一。

周德新带着弟弟从山东蓬莱门楼村走出来的时候，他们身后的农村正变得危机四伏。

那里土地兼并日益严重起来，大量田产归入大地主、大商人和官宦之手，农民多数沦为佃农。

据《清实录》记载，为此，康熙皇帝曾经 4 次到过他们那里，对此谙熟。他指出，山东省与别的省不同，田野里劳动的百姓，大多是给有地产的人家佃种。“丰收年景，尚能维持；一遇灾荒，佃户遭殃”。

尤其是在蓬莱，当地隶属登州府，本来就是山多地少。当时，山东省人均耕地有 7 亩，而在蓬莱，人均耕地已经不足 4 亩。

如果不是渴望温饱，周氏兄弟也不会跨海北上。

自周氏兄弟之后，山东农民的向北之路由点及面，从人多地少的登州府，到土地肥沃的鲁中平原，再到自古富庶的鲁南。山东的农民为人类学者创造了一个壮举。他们仿佛突然抛弃了安土重迁的传统，开始不断地流迁。直至 1949 年，期间的二百余年，也是山东人不断向北的流迁史。据统计，此间踏上东北背井离乡的山东人，陆续有 2500 万之众。“可以算是人类有史以来最大的人口移动之一”。

从表面看，只是那些农民们不断地向北，再向北，丢弃历史的一个简单过程。而其背后确是一个帝国不得不面对的消沉史。

于是，1715 年。这个简单的年份，对于周氏兄弟是个去与留的抉择；对于“乡土中国”的山东人来说是个向北求索的开始；而对于那个古老的帝国，无疑是个转折。

向北之路

这是公元1715年的中国。从数目字上看，这个帝国的一切指标正迅速地向上飙升。正在成为伏尔泰赞誉中“举世最优美、最古老、最广大、人口最多而治理最好的国家”。

农业上，不论是当时的人口数量，还是耕地面积，都远远超过了以往的历史时期。康熙五十年（1711年），全国人丁数已达2462万，这只是纳税男丁的数目，实际的人口已然过亿，这其中山东的人口占到了十分之一。第二年，政府又宣布取消了新增人口的人头税。这个帝国第一次感受到了人口的压力。

从手工业看，当时也有了相当程度的提高。生产规模扩大，手工作坊、手工业逐渐增多，这个帝国开始安于一切生活资料的自给自足。在南京，这个著名的丝织产地，已经有了上万的产业工人，山东济宁已经初具百货聚集地的规模，“客商货物，必投行家。”至19世纪初，全世界十个拥有50万以上居民的城市，中国就占了六个。

在国际流通市场上，中国人唯一认可的货币——白银，相当于现在的美元，是绝对的硬通货。由于茶叶已经成为欧洲人无法替代的时髦奢侈品，大把的白银正源源不断地流向中国。

源于这个古老帝国一向习惯万事不求人的自给自足，之后的很多年，英国对华贸易的逆差几乎耗尽了他们的白银储备。

从任何角度审视，1715年的中国，经济形势正是一片大好，而且如果不出意外还会越来越好。

而这一年，仿佛也是另一个起点。山东农民的日常生活水平并没有持续越来越好，而是自此逐年下降。

根据周氏家谱的记载，康熙五十四年，旅顺设水师营，屯兵500，为的是护卫京畿。官府招垦移民，供养水师，只接受青壮年男丁。当时登、莱二府响应的移民颇多，由于此二地，山多地少，人烟稠密。周氏兄弟所在的蓬莱县，“丰年之谷不足一年之食”。大家都觉得上东北，吃饭不费事，就都走了。

当时，山东人口已经超过一千万，平原地区人均占有耕地为7亩，维持生活尚可。

但就在10年后，进入雍正朝，政府在山东开始实施“摊丁入亩”，取消人头收税、以土地为唯一税基，刺激了人口的增长和土地的开垦，自此彻底旋开了人口激增的阀门。在之后40年的时间里，这片土地上的人口激增了1倍多，达到了2500万。而耕地的增量却少得可怜。到了1766年，山东省的人均耕地已不足4亩，仅够温饱，靠天吃饭的农民已是命悬一线。

中国人口激增的这40年，也是英国完成工业革命前期准备的40年。

1764年哈格里夫斯发明了“珍妮机”，使纺织效率提高了40倍以上。在中国，越来越多的纺纱工人进入苏杭，他们每日可以手工产纱五六两，高的可达十两。

5年后，瓦特发明了蒸汽机。100年后，我们知道了它的意义。

乡村斜阳

1715年，周氏兄弟在旅顺口上岸，选择了一个看上去平静的避风港安家。自此开荒种地，驾船打鱼，生活迅速自给自足起来，不几年，兄弟两个先后娶了媳妇。

此地因之得名周家崴子。崴子在东北土话里，即为避风港。

崴子前有条小河，每到下雨的时候，海水涨潮，河泽里就满是鱼。刚来的时候，当地还有一些零星的朝鲜人，都是当年唐朝征东以后，留下的老弱病残。那些人在这里平静地生活着，与世无争，俨然一个世外桃源。

当地流传这样的民谣：棒打獐子，瓢舀鱼，野鸡飞到汤锅里。足以见得当时这个地方的富足。

周氏兄弟人丁兴旺，之后还为这里带来了养蚕技术，周家崴子一副关内山东乡村男耕女织的传统经济图景。

与周家崴子隔海相望的山东蓬莱门楼村，是周氏兄弟的老家。当时全村耕地仅有2000多亩，人均2亩多，已经达到危险的边缘。

蓬莱自古地下蕴藏金矿，当地官民主张招商开矿，但遭到了朝廷的坚决反对。“今若举开采之事，聚集多人，其中良顽不一，难以稽查约束，恐为闾阎之扰累。况本地有司，现在劝民开垦，彼谋生务本之良民，正可用力于南亩，何必为此徼幸贪得之计，以长喧嚣争竞之风”。

开矿求商的要求被彻底遏制，农民们只有不断地在土地上精耕细作寻求最大的所得。到了 1799 年，中国的耕地已经超过了 10 亿亩，粮食产量则增至 2040 亿斤。当时，根据马戛尔尼使团的估计，中国的粮食收获率已经高出英国。麦子的收获率为 15:1，而在欧洲居首位的英国为 10:1。全国人口已经达到了 3.13 亿，占全世界 9 亿人口的 1/3。这其中山东省的人口超过了 3000 万。

那时候蓬莱门楼村的主要作物还是小麦和花生。种地就靠一头毛驴积攒的土肥。一亩地一年收成 100 多斤。

小麦自己留着，花生拿着去集市换回些生活的必需品。当时村里去赶集，都是在烟台。一般都是晚上赶着小毛驴装两麻袋花生，往烟台走，80 里地，一昼夜一个来回。

登州府由于土地不宜，植棉业始终不发达，但民间纺织却相当普遍。农民们从集市上换回鲁南平原的廉价棉花，收获完结的时候，小的老的都去织布，家家户户都有织机。虽然集市上同样有成匹的土布，但这里的农民更愿意相信自家手工。这种家庭制造的，笨重而结实的土布，一般能够经受两三年的穿用，当时城里已经有了英国人的洋布，但根本没有任何市场。

一位英国殖民主义者对中国农民的这种严谨颇为吃惊，他说，世界各国中，也许只是在中国可以看到每个富裕的农家都有一架织机，这是值得注意的。生产者所费的虽只是原料的价值，但付出的却是所有农闲的时间。

事实上，这并不是中国乡村富裕农家的表现。在鸦片战争前夕，这只是中国传统经济模式的最后一抹斜阳。

18 世纪末，英国领事在商务报告书中说，起初，洋布在中国市场上销售，“民间并不喜用”。但到了后来，情形迥非从前。洋布价钱日益低廉，中国农民开始发现这种外国货物，比他们自己的手工劳作便宜得多。及至后来，无论通都大邑，穷乡僻壤，衣土布者不过十之二三，衣洋布者，已有十之八九了。

起先，这种贸易还是处于微妙的平衡状态。到了1782年，英国人的鸦片运到了中国，这种均衡自此被打破。

战争移民

1840年，周氏兄弟的后代已经在旅顺繁衍了三代，人口已达60人。

以他们最为自豪的农业为例，那一年，他们千年耕作的方式基本没有任何变化，村里人均粮食200公斤左右。而在英国，每个农场都有一部蒸汽机，人均粮食已接近1000公斤。

1840年，第一次鸦片战争爆发，它为中国塞进了合法的鸦片，更重要的是，为洋货带来了占领中国市场的条约保护。

不久，山东烟台开埠。根据《天津条约》规定，洋货在口岸缴纳2.5%的子口税即可畅通无碍，“至于民间土货，则逢关纳税，遇卡完厘”。这就使本已脆弱的土布在竞争中尽失优势，并导致耕、织结合的生产经营方式分离，农产品的商品化，农民日益与市场联系起来。自然经济开始解体了。

蓬莱门楼村距离烟台80里，最先受到冲击的即是这里。烟台开埠后，鲁南的棉花全部销往了江浙，集市洋布充斥，质优价廉。自家的织机自此瘫痪，女人们自此无所事事，奔向土地。

烟台开埠10年，蓬莱门楼村农民的生活出现转折，家里已经不是男人去耕地，为了生计，他们不得不另谋生路。

正如翟克所论述的：中国农民缺乏耕地，因此一家之生活实不容易维持，幸而中国的农民生活程度低下，而农民兼有副业，如织布、纺纱与养蚕都可以增加农民之收入，使他们得以维持其生活，资本主义侵入中国农村后，就把中国农民的原有副业掠夺了，于是农民就入不敷出。农村被无形中破坏了，大家不绝逃亡，农民离村尤重。

另谋生路的山东人走向哪里？当时门楼村里流传民谚，“富走南，穷进京，死逼梁山，下关东。”

往南走没有乡土基础，只有不断北上。根据池子华的《中国流民史》，1840年，山东的田赋率普遍高于东北南部4倍左右。地租，东北一般在土地收益的三分之一到七分之一。而山东的地租一般都在土地收益的一半左右。山东的粮价也大约比奉天贵五分之一。由于东北田税、地租、粮价皆低，致使“山东流民闻风而至者不可抑遏”。

如果说自然经济的解体对流民产生一种推力，那么中国近代工业化的发生发展，则对流民的向心流动产生一种拉力。

1843年，清政府决定加强辽东半岛海防建设，大招移民。

之后的40年，与蓬莱隔海相望的旅顺成为中国近代史上发展最为迅速的城市。

1879年，清政府决定建旅顺军港和加强旅顺口、大连湾的海防。同时，在旅顺北八里修建龙引泉水源，使旅顺成为中国第一个有自来水的城市。

清末，以李鸿章为首的洋务派开发旅顺口，并将大连湾地区纳入辽东沿海防御区加以“固边”。围绕海防建设，又出现一次移民活动。这次移民尽管规模不大，却是旅顺移民史上带有选择性的，移民素质最高的一次移民。由于修建炮台工事和旅顺大坞，急需一批技术工人，清政府旅顺工程局便从山东威海、天津等地招募来一批能工巧匠，其中有木工匠、泥瓦匠、铁匠、建筑师、机械手等。他们大多有一技之长，有一定的文化基础，智商高，头脑灵活。这些技术工人很快成为旅顺大坞建设和旅顺至大连湾36座炮台建设的技术骨干，由清政府发给工资，成为中国第一代产业工人。

灾荒

1855年8月1日，黄河在河南铜瓦厢决口，滔滔黄水一路北折，夺山东大清河道入渤海。一切外力的因素都没有这块土地的自行崩溃给当地农民造成的伤害大。

铜瓦厢以东数百里的黄河河道自此断流，原本穿苏北汇入黄海的大河迅即化为遗迹。这是黄河距今最近的一次大改道。河决之后，黄水将口门刷宽达七八十丈，一夜之间，黄水北泻，豫、鲁、直三省的许多地区顿被殃及。

这次黄河改道，受灾最重的还是山东省。1855 年 9 月 2 日，山东巡抚崇恩向朝廷奏报：造成颗粒无收的村庄有 1821 个，灾情九分者有 1388 个，灾情八分者有 2177 个村庄，灾情七分者有 1001 个村庄，灾情六分者有 774 个村庄，六分以下者不记。

也就是说，灾情在六分以上的村庄就达 7161 个。那时候，山东是我国人口密度最高的省份，如果每个村庄按 200 户人家、每户 5 口人统计，山东受灾六分以上的重灾区难民就逾 700 万人。

这受灾的 700 万山东人几乎都瞬间涌向了东北，一时间达到了山东人闯关东的第一个人流顶峰。

根据《周氏家谱》记载，那时候，山东蓬莱门楼村的人几乎走尽。村子里留下的唯有老人和寡妇。有能耐的年轻人走得越北，都跑到了海参崴，没能耐的就去奉天、辽阳。

改道之前，黄河是阻止太平军和捻军北进的一道天险，也是清军防守的重点。捻军在黄河以南的苏北肆虐，对于黄河以北的山东无法染指。改道后，捻军北进再也没有不可逾越的屏障，山东遂成为捻军活动的主要区域。

之后，山东响马四起，成了土匪和灾荒的世界。

殖民地

与山东隔渤海相望的辽东，虽没有饥荒，却处于刀兵之中。

1897 年，沙俄率领军舰闯入旅顺口。第二年，正式向清政府提出租借旅顺口、大连湾和修筑南满铁路的无理要求。同年 3 月 27 日，清政府与沙俄在北京签订《旅大租地条约》。从此，旅大为沙俄统治达 7 年之久。

沙俄为了加强殖民统治，在大连地区建立“关东州”，以旅顺口为首府，实行总督制。

1898 年 9 月，沙俄开始修筑旅顺至哈尔滨铁路——中东铁路。同时开始在大连建港。

1899 年 7 月 31 日，沙皇尼古拉二世宣布“达里尼港”为自由港。并决定在该港附近建设一个城市，城市的名字称“达里尼”（俄语意为远方的），即如今的大连。

中东铁路和大连港的建设，需要大批劳工，这些人只有在临近的山东招募。

据沙俄民政部 1901 年的调查统计，当年旅顺总人口 29240 人，其中中国人 18580 人，其中包括招募来的民工五千多人，俄国人 8632 人。

1904 年 2 月 8 日，日本人突袭旅顺口，在中国的土地上爆发了日俄战争。日俄两军争夺旅顺口的战争，长达 5 个多月，到 1905 年 1 月 2 日，以俄军失败而告终。之后，开始了日本统治大连的时期，前后 40 年之久。

日本在大连取代沙俄以后，一方面进行以掠夺资源为主的经济建设，一方面大批招募劳工。直至九一八事变后，东北沦陷，胶东更成为日本人掠夺劳工资源的通道。

到了 1907 年，东三省人口已达 1445 万人。统治者也在一定程度上认识到，移民，增加人口是抵御侵略的有效“实边”手段。

清政府最后的那几年，从山东到大连的渤海上再度热闹起来，每年大约有 100 万的关内人通过海陆或者陆路涌向关外，达到了闯关东人流的最高年份。

据 1904 年 4 月 8 日《北华捷报》的报道：“旅行中最令人注意的事，为步行到北方去寻找工作的大批苦力。其中很多是往满洲去的。我们当中最老的一位旅行家，在这条道上来往已有二十五年之久，在他的记忆中从未见过这样多的人步行流徙。本报记者曾耐心地数过两次，其结果如下：三十五分钟之内走过了二百七十人；又二十分钟内走过了二百一十人。这两个数目是在不同的两天分别数的，可以作为每天旅行人数的一个合理的平均数。”

“海南丢”

到了1938年，抚顺的周家崴子村已经有60户人家，400口人，周姓占到了80%。

一路向北，山东人经济上的危机得以解除，但在文化上却遭遇了断裂。

周氏兄弟的后代已经不把自己当山东人了，他们越往北走口音越硬，他们的第十代孙有些甚至走到了大兴安岭，根据家谱记载，此去一年多后，他们的口音就变了。

但是他们也没法拿自己当东北人对待。南下的东北人把他们当海南人，即渤海之南。北上的山东老乡把他们当北蛮子。

他们处于关内、关外的夹缝之间，口音不硬不软，处境不尴不尬，这也是他们300年后依旧保持周姓聚居的原因。

再到后来，南来北往的人给了他们一个确定的称谓，“海南丢”。意即从渤海南边过来，丢失的后代。

日子久了，这个起先贬义的称谓，已经成了周家后代怎么也甩不掉的记号。到了上世纪80年代，给丢失的自己找个确定的记号成了这个乡村的老人唯一的夙愿。

他们不断地跨海寻亲，找到了蓬莱门楼村，甚至找到了自己最初的远祖。

在他们的家谱中这么记载：“明朝洪武的时候，山东人口凋零，当地倭寇猖獗，为了屯边，朝廷先后两次把山西洪洞农民迁入山东。当时不服从不行，几乎是被押解来到了山东。到了山东沿着海岸驻扎下来，一住就是800多年。到了清朝，人口日益增多，日子吃紧，有些能耐的，就跨海来到了这里。”

那一年，正是1715年，周氏兄弟漂洋过海，一路向北。

三、杨子荣闯关东

在戏剧和小说中，杨子荣是个孤胆英雄，深入虎穴，屡建奇功。而他也是一个闯出来的英雄。

1969年，美国人大卫在北京中南海礼堂看过革命样板戏《智取威虎山》后，激动地对周恩来说，"这就我们西方的英雄佐罗"。他是在说《智取威虎山》的主人公杨子荣。

据说，大卫当场就提出了一个要求，要见一见这位英雄和他的家人。那时，这位英雄人物的故事在中国已经家喻户晓。通过小说《林海雪原》和戏剧《智取威虎山》，他的形象广为传播。但，人们对现实中的英雄原型，其实了解得并不多。

1947年2月6日，就在这位孤胆英雄做出后来国人津津乐道的英勇事迹——只身进入匪穴，活捉绰号"座山雕"的张乐山等25名土匪后的17天，他就牺牲在另一场剿匪战斗中。

在那个动荡年代，除了留下姓名杨子荣、家乡在胶东半岛，年龄31岁外，人们对这位英雄之前的事迹几乎一无所知。杨子荣牺牲的海林县，当地民政局也曾多次派人寻找杨子荣的家人，但均无下落。

而在1969年的这次演出之后，周恩来特别指示，无论如何一定要找到杨子荣的家人，了解他的身世。按照这个指示，第38军、东北烈士纪念馆、海林县民政部门再次组成了联合调查组，奔赴胶东展开调查。历经波折，调查组终于揭开了杨子荣的身世之谜。

◎ 杨子荣

杨子荣，原名是杨宗贵。杨子荣是他参军时用的名字。1917年，他出生在山东省牟平县圩峡河村一户典型的胶东贫苦农家。父亲会泥瓦手艺，母亲一边种地，一边卖针头线脑，家中还有哥哥、姐姐、妹妹。

杨宗贵4岁那年，家里已经饥寒交迫，无法度日。就在这年秋天，全家人决定闯关东另谋生路。一家老少先是来到东北安东（今辽宁丹东）。然而，在安东的日子并不如意，父母一天到晚拼命干活，也难以维持一家人的温饱。

于是，杨宗贵的父母决定各领几个孩子分开活命。杨宗贵的父亲和姐姐留在安东，母亲则带着他和哥哥、妹妹回老家。母亲很要强，尽管生活困苦，还是省吃俭用地供他读了4年书。

1929年，12岁的杨宗贵在母亲的安排下，只身闯关东，投靠父亲。开始父亲让他去上学。两年后，家里实在艰难，他到了姐姐做工的螺丝厂干活，以补贴家用。但是杨宗贵三年学徒期刚满时，却因为厂子效益不好裁员，而被赶出工厂大门。祸不单行，父亲因劳累过度，病死在安东，杨宗贵孤身一人在安东继续闯荡。

在安东，他像多数闯关东流民一样，采过石头，伐过树木，过着社会底层艰辛的苦日子。到1935年，杨宗贵已经18岁。他又到鸭绿江上当船工，做着顺水放排、逆水拉纤的繁重工作。也正是孤身闯荡安东的这段时间里，杨宗贵熟识了东北各种行帮的种种规则。

直到1940年，24的杨宗贵才离开安东，到鞍山采矿厂当矿工。矿区的生活也是极其艰苦，不仅劳动强度大，还随时有生命危险。最不能容忍的是日本监工经常打骂矿工。有一次，他不忍看到日本监工鞭打自己的工友，夺过皮鞭为工友出气。最后自己也无法在矿山呆下去了。在工友的帮助下，杨宗贵离开矿山，回到了山东。这一年，他26岁。

从12岁离家，杨宗贵整整在东北闯荡了14年。这14年的生活积累，使他熟悉了安东地区的人情世故、乡风民俗，积累了相当的社会经验。

1945年9月，杨宗贵以“杨子荣”为名参加八路军。从此，这个改名“杨子荣”的关东客，开始了他后来的传奇人生。

四、东北人为何都是活雷锋？

在东北流传着这样一条谚语：人帮人，亲上亲。这是东北重要的地域文化的一个总结，而这恰恰是闯关东人留下的性格形态的基础。

历史经过了千百个春夏秋冬，许多事情已经被人淡忘了。认真地想来，一个历史事件就影响到一个地域人的性格这未免有点夸大，但仔细一思考，这种联系又不无道理。闯关东作为中国历史上四次人口大迁移非常重要的一次，其实不是一下子完成的。清顺治（1644 年）年间，逐渐强大起来的东北满族入主中原，统一中国，建立大清，从而把东北作为它的发祥地保护起来，这样中国出了个“关里”和“关外”的概念。

为了进一步保护自己的“龙兴之地”，清政府又加修了柳条边，防止中原人越“边”跨“关”进入东北。但是，到了道光和咸丰年间，由于战争紧迫，加之中原连年天灾，迫使一些破产农人不顾清政府的条文戒律，纷纷出关闯入东北从前的“禁地”，而清政府这时也无心或疏于对边关的把守和管理，终于使“封禁”政策变成一纸废文，于是从那时开始数以千万计的中原人来到东北谋生，历史上称此为“闯关东”。

接纳

事实上，在道光和咸丰年之前，早已有中原的流民不顾朝廷的清规戒律纷纷闯进“关东”，相比后来大股，他们是小股，已经同东北一带的土著和先民融合在一起，生存在一起了。他们的迁移成功和生存历程都已经和正在对今天东北人的性格产生重要的影响。

在东北流传着这样一条谚语：人帮人，亲上亲。这是东北重要的地域文化的一个总结，而这恰恰是闯关东人留下的性格形态的基础。谋生路上的“帮”来自于求生的一种本能，你帮了我，我就会忘不掉你，一种最初的人性关系便产生了。这是一种地域关系，甚至产生了蔑视血缘的历程。

由于双方处于同一个境地中，这使得荒寒的北方在需要“人”的时候以最大的热情接纳了他们，而他们——闯关东者也把落脚的希望实现了，这是一种互为的希望和企盼。与此同时，中原文化中的“义”又起到了至关重要的作用，“滴水之恩当涌泉相报”的思想，使得后来者对先期到达东北并开荒占草又接纳了他们的人表示出无比的感恩之心。于是有了“回报”的愿望。

东北人接纳关内人的行为引发了关内人对东北地域的向往，他们渴望了解东北人的性格。于是，大量的发了不义之财回到关里反而遭到报应的故事出现了。在这里，亲情和血缘发生了巨大的冲突。一种理论——有血缘关系的人反而不如“同乡”、“同行”、“老乡”信得过，这种实践观念促使中原人越来越习惯于遵守接触同乡和朋友的观念，发挥这种观念，终于促成了“友情”高过了“亲情”的客观历史真实，也为东北人性格的最终成因打下了深厚的基础。这是东北独特的文化遗产，别土无有，别土不生。

歌颂同乡同行在危难中接纳对方的真诚行为，彻底展示出迁移者广泛探索东北的生存渴望和生存心理，人们甚至已不管这些是否是一种理想主义的猜想。而这种情感和渴望其实是任何一种迁移者的一种异地感。异地感是一种孤独的创业者的一种真实的信念。

在北方，在那大荒片子之中，在夏季墨绿的老林子里，在冬季呼啸吼叫的老北风中，人的异地求生的艰辛被充分地普及开来，人不能不去渴望一种真诚的接纳，而这种真诚的接纳感又与本来想遇到人和见到人的东北地域民族的一种心理相合，于是一种重要的历史性格产生了。

虎与傻

中原闯关东人对“恩人”恩情的回报，往往是“看行动”。我们今天叫“捞干的”。于是语言成了多余。这个信条在东北人的性格中产生了重要的影响。

在东北，曾经有这样一个故事。一对朋友，不是亲哥俩而是邻居。一个在山里打猎，一个在屯里种地。二人平时一见面就是在一起默默地饮酒，从来没有过多的言语。一次，屯里种地的得了重病可能要死，山里的送来一口棺材，外形很粗糙。儿女们觉得爹就死一回，这样憋憋查查的棺材样子又不好看，就弃在草垛边了。后来爹好了，没死。棺材就被压在草垛下了。半年后的一天，山上打猎的回村，二人又是坐下默默地喝酒。提起种地的得病没死，打猎的才说，那棺材是他用长在悬崖上的“风交木”做的，那树三百年才长到碗口那么粗。别看棺材样子不好看，可有防腐作用。为了给朋友办丧事，猎人特意杀了两口野猪装在里边，看看坏没坏吧。种地的朋友说，孩子们懂个啥呀。于是二人扒开草垛，拉出棺材。一股凉风升起。虽然半年过去了，里边的两口野猪肉竟然上着白霜。种地的和山上的朋友二人又坐下，默默地饮起酒来。

这是典型的东北人性格的写照，不表白，不张扬。可也有人认为这是一种迂腐的性格，“三杠子压不出个扁屁来”，但事实上，更多的人所喜爱的正是这种不表白自己，却特别能为别人着想而去实际地干一件事的东北人。

这种性格的基因是以实际行动去回报对自己有恩的人。当这种性格遭到抵触或者挑战时，东北人往往立刻跳起来，以理抗争，同时要回面子。东北人爱面子，比爱他们的生命还重要，这是一种全力维护自己思想主旨的一种愿望。这是面对强暴的一种勇猛的抗争，这时，东北人那种不怕艰苦不怕死亡和威胁的“虎”劲就上来了。

东北人的“虎”和东北人的“傻”这两种看似决然不同的性格往往奇迹般地统一在东北人身上。“虎”在今天，完全是一种贬义词，二虎巴几，虎拉巴察，都是对人的不聪明、“笨”的一种形象的概括和描绘。但是从前的“虎”的原意在东北却是指“勇”，指此人办事勇敢，不计后果。特别是在朋友遇到危难时，东北人敢于“两肋插刀”。因此黑土地上出了许多“关东响马”。虎是一种为了别人勇于献身并付出的最高境界最直白的冲动，是这里大大方方，明明白白的性格，因此又被说成了“傻”。现在的意义上的“傻”是缺心眼，不会办事。但东北人从前说的“傻”是指这人“实在”。“傻人好忘己”（东北民俗学家王兆一语），而一个人只有丢掉了自己，才能奉献别人，奉献社会。我们说，“虎”与“傻”都是东北人的一种性格美德，是人世间最为质朴的情感，而这恰恰是中原文化与东北地域文化相融合产生出来的一种复合性性格特征。

东北人为什么都是活雷锋?

东北人性格的特征又与“东北”的地理环境有重要的关系。比如长春一带，那时正是驿站和交通要道，从中原到这里的“流人”、“闯关东者”都要经过这里，首先就是要接待来者。接待的人往往会表现出一种热情，这为人的性格留下了最初的形态。接待就是接纳，长此以往，一种行为和一种思想便会传承下去，这形成了东北人最初的行为规范并深深地融入到人的思维中去。这种主动、热情、好客、接纳表现在驿站、旅店、客栈接待人的职业行为之中，还有更重要的一点是从前东北的荒寒和人烟稀少。本地人渴望遇见人、见到人，这已经为遇见来者的行为准备了接纳的条件。

人在荒凉的无人地区遇见人往往都亲切，这是生命与生命自然的接触所产生的必然结果。然后就是互相的帮助，一同来生存，这就是友情。如果是异性，结合在一起，这就是亲情。接下来就能产生同情，形成一种超乎以往或异地的亲情，并传承这种“风俗”或“习惯”，这便是地域的性格。这种性格形成的地域原因，已得到诸多专家学者，特别是文化人类学专家的总结和肯定。如著名的文化学专家余秋雨先生在他的《山居笔记》中说到，最能产生亲情和友情的地域就是“东北”和“海南”。因为这两个地方在历史上都是“流放”罪人的地方。

从前的“流放”制度，其执行并不排斥亲人或友人的陪和送，因此就发生了“陪流”和“送流”。所谓陪流，是指有的人陪着被流放的人一块去流放；所谓的送流，是指一些人跟着被流放的人一块去送他。而这种陪或送，有的一陪两三年；有的一送上千里。这就无形中加大了人与人之间的友谊和友情。因此一到分别，更加难舍难分。而在流放中的人，一旦见到人，就更加渴望相聚，渴望接纳或被接纳，这使这个地域中人的情感得到了特殊的存在升华并发展，于是终于形成了东北是一块“最具人情味”

的土地这个事实。

事实上，在汉唐时期，东北就有汉族在这里繁衍生息。加之后来的流放之人，闯关东之人不断地融合，这使得当地的肃慎、勿吉、女贞等土著族人也都具备了待人的真诚与热忱，并终于将一种接纳不同民族不同地域人的习惯和行为延续下去并形成了一个地域所共有的性格，直率、热忱、接纳、勇于助人，不把奉献看得太重，包括对金钱看得过轻，在危难时发财见面分一半，这一切的一切，都在这片土地上天经地义地形成了，也终于有了“东北人都是活雷锋”这样的思想行为上的总体概括性结论。

统观东北人性格的形成和定型，与流人制度，与闯关东的历史，与东北的地域史、自然史和文化史都有相关的联系，是综合条件形成的一种结局，并不能也不可能单单是“闯关东”一个过程的结果。但是从东北历史的条件来说，闯关东是东北人性格形成的重要原因之一，也是中原文化，儒家文化综合因素相融合形成的结果。

今天我们总结和探索这种性格的成因，也是在深入地挖掘中华民族文化的重要成因和特点。保护一种优良的文化，弘扬一种鲜活的文化，为传承民族精神，发扬民族精神提供动力，并促使全民族保护我们的民族文化，共建和谐的社会和多民族共有的精神家园。

五、关东的江湖

闯关东的流民来到东北后，除了部分从事农垦外，还有很多人加入各种行帮，他们往往和老乡或熟人通过“结拜”的方式凝聚起来，从事淘金、放排、采参、狩猎等行业，还有不少人干脆“落草”，成为关东刀客。这些纷乱而传奇的行帮，构成了一幅色彩斑斓的关东江湖图景。

组织

每个行帮都有一套比较完整的组织，分工明确，尤其是土匪。

据苏辽撰写的《民国匪祸录》记载，大股的土匪又称“溜子”，组织严密。其总头目叫“大当家的”或“大掌柜的”，内部呼为“大哥”。其下有二掌柜。再往下有“四梁八柱”，四梁分里四梁、外四梁，合起来称为八柱。一般匪徒称“崽子”。

里四梁指的是炮头、粮台、水香、翻垛的。炮头是执法行刑的，他必须“管直”（枪法准），在和敌人交锋时，能在关键时刻一枪定夺大局。粮台管粮食和蔬菜的储备、供应以及饮食安全。水香负责分配岗哨。翻垛的是溜子里的参谋长，天文地理知识丰富，善占卜，懂谋略。

外四梁指的是秧子房掌柜、花舌子、插签的、字匠。秧子房就是票房，是关押人票的地方。其掌柜负责催票和撕票，大都心狠手辣。花舌子巧言善辩，负责给苦主家送信、讲价，相当于公关。插签的，也有叫稽查，主要负责勘察打劫的目标、路线，相当于侦察兵。字匠即文书，负责与外界的文字交道，有的字匠还会刻印、模仿他人笔迹等。

由于各个溜子规模不等，所以这八柱也有互相兼任的，或省略的。有的溜子因马匹众多，又专设“马号”，主管马匹车辆等。

淘金行里，管家是总负责人，要求德才兼备，有威望，在大的金行里要投票选举。如夹边沟的关东金王“韩边外”。往下分别是大柜、内柜、牌头，大柜住在金场旁的木房子里，是现场负责人，相当于项目经理。外柜负责外联。牌头是保安队长。把头具体组织金工淘金。筐头、炕头、斗倌、伙计等都是最基本的劳动力。

在放山行里，把头是领头人，是这一行里的主心骨，行规要求他处处超人。要有识别“山宝”的能力，搭眼一看，就知道此地是否有人参，要有识别方向的能力，要懂的山里的规矩和习俗，要有威信。边棍是二把头，负责照顾好伙计。腰棍是一般伙计的统称。初把，也叫“雏把”，不成熟，一般排在后面。留守看窝棚的，叫端锅的。

在山上干活的木把，叫木营。木营里，领头的叫大柜，下分二柜、大把头、斧子头和趟子头。斧头领人伐木。趟子头则负责把木材运下山，他手下有无数个工人，叫爬犁伙子，日夜从山上往山下运木材。

等木材一下山，就该由山下的木把负责送了。掌柜一看江水开花，就派出“打扮人”带着大洋，到排窝子里去招聘放排的人。掌舵的叫头棹，下有二棹、三棹。最苦的是驴子，也叫“小打”，往往由一些年轻力壮的“生荒子”担任，像拉船的纤夫一样，拖木槽子逆流而行。

活动

东北民俗学者曹保明统计，晚清至民国期间，整个东北能叫出号的匪帮，有 3000 多股。当时的东北土匪，大体可以分三种。第一种是纯土匪，即红胡子。这种匪多则数百，少则十余，主要勾当是砸富户、抢买卖、绑人票、打官兵，其间烧杀奸淫，无恶不作。1915 年，吉林省浑江县匪首“冰上飞”在抢劫时，发现一个老太太手上戴着金戒指，但撸不下来，便用刀砍下老人的手指一道拿走。第二种是武装土匪。这种土匪大多有政治背景或目的。或为报复社会，或为报复官绅；有的借土匪发展势力，希望招安做官；有的投靠日军，为虎作伥。第三种叫棒子手。这种土匪没有枪械，仅以木棒劫道；人数少，有时 1 人，有时数人，时聚时散。他们打劫对象多是单身行人、小户人家。

对中原一带的穷人来说，到关东山淘金是迅速致富的捷径。当年，吉林的珲春、桦甸一带有金矿，桦甸有许多诸如“金银壁”、“老金场”、“金沙河”、“尾沙河”等等地名，可见这里的出金盛况。

为了能找到富矿，在每年除夕之夜，把头要请阴阳先生看星相，看四周的山林里哪里有亮光，来年就要冲着哪个方向“拉沟探矿”，求得“爆头”、“出富矿”。为了提前去探矿，天刚微亮就出发，生怕落后。

长白山盛产木材，而大量的木材运输主要是靠水路，从事木材的生产与运输的人，成为木把。木把的活动主要有两个，一是上山伐木（山场活），二是江河流送（放排活）。当年，从事木把的主要是“两山两河”（山东山西河北河南）来闯关东的人。每年一立冬，就由保人领着这些人上山，投到“木营”（山上管理木材的衙门）掌柜的门下，立下生死字据，便开始伐木。

他们住的地方叫“大房子”，两头开门，四面漏风，屋里能容纳上百号人。早上两点多，把头喊“起来——”，木把们就得赶紧爬起来，只听见大伙匆忙往鞋里絮乌拉草和穿大袜子的声音，没等一半人穿好，把头就喊“吃饭——”，吃的是苞米面的大饼子、盐豆子和萝卜条汤，还没等吃完，把头就手握开山斧催了。木把们一个接一个往外走，嘴里还嚼着饭，稍有人慢一点，把头开口就骂，举手就打。

伐木得找好方向，等树一叫炸（倒前发出的咔咔声）先喊一遍，给人找方向，树一倒再喊一遍，告诉人已经消停了，这叫“喊山”。树一倒下来，林子里雪雾弥漫，枯枝乱叶横飞，有很多木把都因躲避不及，惨死在冰冷的木场上。采的树木，砍掉枝桠之后，要拖到树林旁的冰道上，用牛爬犁拉到江边的“排窝子”，等到江水开化后流放。

当时，长白山的“排窝子”不下上百处，分为“南流水”和“北流水”。南流水从今浑江的望江楼起排，经过九九八十一哨，放到今辽宁省的丹东市，这叫“赶南海”。北流水从今抚松县起排，一直放到吉林船厂。这两条木材运输线不知道葬送了多少木把的生命。

这些放排的木把，多是闯关东来的散户，在临江的地方找个小村子住下来，专等放排。每年到了四、五月份，“打扮人”（招收放排人的把头）进村了，像挑选牲口一样，先看这些木把的体格、皮肤、牙口、腿脚，然后讲价。

无论是在山里，还是在江上，木把的性命随时可能被葬送。一首《木把苦》唱道：“冰天雪地把活干，到死光腚见阎王。”生动地道出了木帮艰难而悲壮的生活历史。

行规

几乎所有的行帮，都把祭祖活动当作重要的行帮规俗来执行，以昭示本行的历史久远和有祖可尊。除了祭祖外，入帮的有“保人”和“引见人”。保人在这个帮的掌柜面前要能说上话，有信义。在淘金、狩猎特别是匪帮中，极重视这一条。而入帮见掌柜，统统要备“四盒礼”。尽管这四盒礼的具体物品不相同，但必须要凑够。

老把头“孙良”，在早期被挖参、木把和狩猎行共同供奉为祖师爷。因为这几个行帮都经常在山林里活动，生存环境基本相同。但到了后来，孙良仅仅是挖参行的信奉神。

淘金人供奉的老把头是山东人孙继高。孙继高从小到关东淘金，后来腿疼冻死在长白山里，死后成神，专门保护淘金的。每年的三月十六日是老把头的生日，那一天，所有的金班都要停止生产一天，像过节一样，集合、上供。酒肉果子都用红布遮掩着，排队来到神笼前祈祷。个别身体不好或者家里有灾难的，还要单独说些悄悄话，求得老把头的照应。祈祷后，大伙一块儿回去喝酒。头三杯酒不能喝，要一杯一杯地倒进林子里，算是敬老把头，然后才能端杯动筷子。

淘金人，还大多信奉南海观音菩萨和关羽武圣。在东北一带的几个大金场，都有工人们集资修建的“关帝庙”。矿工们以“义”为核心，靠“义”来交往，对付大自然和恶劣势力。

据说，因为山神忌讳女人不干净，所以金矿和淘金的河边往往是女人的禁地。关东最大最有名的金把头是韩边外，此人原名宪忠，后改名效忠，原籍山东。清道光年间随父亲来到东北桦甸的木其河子。韩通过种种手段占领了整个夹皮沟，人送绰号“韩边外”。韩就规定所有出金子的地方不许女人前往，自己的妻子也不例外。

由于在山里活动，挖参的把头规定，所有动物、植物都有一种“别名”，这些名称表明了人们对自然的崇拜。比如老虎叫山神爷，蛇叫钱串子，象征着发财、吉祥、有喜，行语中又称“练子”。

木把到山里干活，不许随便说话，怕冲撞了“山神”。也不能随便吃东西，怕咬了“风水”。晚上睡觉一律头朝南，开山斧和各种工具要排齐，放在炕梢，鞋尖要冲着门外。

木把们最重要的信奉，是木排在江上运行时的规矩。上排前，先要在排窝子里烧香，杀猪，供拜水王，即龙王。然后杀鸡，把鸡血滴进碗里喝血酒。一旦起排，不能说不吉利的话，尤其是“翻”字。比如，吃鱼如果要翻过来，就说“划过来”。管筷子叫“顺子”。

这些习俗对放排人有很重要的精神作用。当时，北流水从抚松放到吉林船厂，就要经过六六三十六个哨口，什么“抽水洞”、“老恶河”等，每一个都足以要人命。

挖参的进山后，先找个地方搭“老爷庙”（把头庙），然后把头领着大伙齐刷刷地跪下，祭奠老把头，希望老把头能给一些“宝物”。一般的祭奠仪式是这样的：包上糖饺子供上，点香烧纸，“索拨棍”齐刷刷地排一遛，把头带头磕头，说：“老把头，俺们爷们就要进山了，求你保佑太太平平的；多拿棒槌多拿宝，回来杀猪买猪头，再来给你上供。”这时，弟兄们一起说：“上山挖棒槌，下山捡鹿角！”说完了，拍拍膝盖上的土，开始放山。

生存法则

各种行帮混杂在东北，难免发生冲突，这时候，有枪有武力的匪帮，就占据了绝对的主动地位，而那些以经济生产为目的的行帮，如木把、淘金、采参等，则成为“弱势群体”。

匪帮最愿意光顾的是淘金客。淘金帮里，把头到小打（资质最浅的），都等着“分包”这一天。“分包”就是劳金，每人一份金沫子。手里有了金子，最犯愁的是如何带出去。当年，各个出金子的地方外围的路口、山口都有土匪把守。金把头要早点“下底”，摸好主要路口是哪位大爷负责，先打通关节，这叫“上疙瘩”。

而大多数淘金人不愿意把自己辛苦淘来的金子白白送出去，就独闯“关卡”。有的把金子藏在猪肠子里，吞进肚子，等过了卡再便出来。有的藏在葫芦里，插进肛门。但不少淘金子却最后让金子“药死”，尸抛荒野，被人开膛破肚，从肠胃里翻扒金子。更有闯关东的淘金人，为了把金子带回老家，就宁愿死去，让其他弟兄把金子装在他的肚子里，再把他的尸体送回家乡。有一首歌谣唱道："出了山海关，两眼泪涟涟；今日离家去淘金，何日才能把家还？一把金沙亮闪闪，得拿命来换。"

但匪帮也并非逢人就抢，一些匪帮有严苛的规定。比如，喜丧事、邮差货郎、走村行医、算命摇卦、鳏寡孤独、大车店、棺材铺等，是不可以抢的。民国初期，著名的马胡子、绿林报号"白马张"甚至曾亲自约束部下，要求不但不能对洋人动手，还要暗中保护，"免惹无谓的外交事件"，算得上是有"国际眼光"的土匪头目。

匪帮之间，也严格按照江湖规矩相处，恩仇分明。每股土匪都有绿林"报号"，也就是对外的名号，土匪相信"没有外号不发家"，所以哪怕一两个人的小匪帮也要有个报号。路上相遇，各股自报家门，是仇人，捉对厮杀；是友帮，相安无事。抢劫时，也向村民报号，一则颇有"好汉做事好汉当"的气概，二则也借此扬名，吸引人前来投奔。

一些大的匪帮，已非简单地靠抢劫为生，而是掌控地方，带有一定政权性质。东北沦陷期间，东北老金沟金矿一个叫王瑞义的人，报号"扫北"，此人当时掌握了鄂伦春游猎武装，和抗联、各路山林马贼以及日伪军警都有联系。他以信奉关帝为名，广泛结交各行任务，兼管皮货、烟土、黑枪、黑弹的走私，还开采沙金，成为老金沟矿乌拉嘎金沟的地方势力。

正是在国家政权控制力下降甚至丧失的空档，各类行帮逐步坐大，而随着国家控制力的重新恢复，行帮们以及他们所生存的关东江湖则风消云散。

第四篇

商品战争：华洋冲撞 100 年

2005 年圣诞节，美国财经记者萨拉·邦乔妮突然发现，自己被无所不在的中国制造的商品包围着，从电视到网球鞋，从圣诞树上的彩灯到地板上的洋娃娃，从 DVD 到自己脚上穿的袜子……她清点了一下自己收到的圣诞礼物，发现来自中国的占了 25 件，而非中国制造的则只有 14 件。如此众多的“中国制造”让她产生了一个大胆的想法——尝试过一年没有“中国制造”的生活。

◎ “中国制造”风靡圣诞节

但她很快发现，要在生活中离开“中国制造”，会把自己搞得十分狼狈：一双意大利进口童鞋要68美元，而类似中国鞋只需10美元；跑遍小镇也买不到一盒非“中国制造”的生日蜡烛；如果不选择“中国制造”，孩子们几乎没有玩具……邦乔妮最后得出结论：“没有中国你也可以活下去，但是生活会越来越麻烦，而且代价会越来越大。以后10年我可能都没有勇气再尝试这种日子了。”

邦乔妮也许并不知道，在她开始实验的100年前，她的先辈们早已尝试过一种类似的“实验”，那就是“在十年之内，拒绝任何中国工人”。这项“实验”的发起者是美国国会，而实验的支持者，包括了当时的总统西奥多·罗斯福。中国工人不应该与我们自己的工人竞争，“廉价的劳工也就意味着廉价的公民资格”，这位总统傲慢地说。

那时候，中国劳工显然没有如现在的“中国制造”一样对美国如此重要。普通美国人甚至不会感受到抵制华工带来的任何影响，反而为更多的工作机会而暗自高兴。但美国人依然为此付出了代价。1905年，记者们发回消息称，在中国的数个城市发生了激烈的抵制美货行动。这一次，美国人自己尝到了因“抵制”而引发的抵制滋味。

新英格兰的纺织业主抱怨，中国的抵制将使其一年的损失达2000万美元；美孚石油公司也惊呼，抵制会给美国石油业带来灾难，估计每月的损失可达25000美元；英美烟草公司的销售额下降了50%；美国面粉在中国也失去买主。

这几乎是中国人第一次大规模地运用非暴力的经济行为抵抗外来者。抵货所带来的效果不仅限于经济领域，更重要的，在缺乏其它有效手段的时刻，中国公众的不满情绪通过抵货得到了宣泄。

正因为如此，从1905年开始，中国人开始越来越频繁地动用起“抵货”这个武器：1905年华工问题，1908年查处日本走私船，1915年“二十一条”，1919年“凡尔赛合约”，1925年“五卅惨案”，1931年“九·一八事变”，1932年“一·二八事变”……

凡是类似的历史关节点，每当民族主义情绪高潮，中国大小城市都会爆发猛烈的抵货浪潮。以至于美国记者埃德纳·李·布克早在1931年就称，中国是“抵制活动的老手”。

但正如众多历史研究者所指出的那样，抵货尽管成为中国人一种常用手段，但从其效果来看，从来没有达到过发起者的初衷。

1905年抵制美货，虽然短暂地限制了美货的消费，但却让日本和德国厂商的市场得到了扩大，而在抵制结束后，美货销量反而因前段时间的压制而成倍增长。

一份1909年至1929年的日本对华出口的统计也表明，日货出口最高额反而发生在抵制日货最激烈的1919年和1925年。这一悖论表明，抵货行为引发的后果远远比公众想象中要复杂得多。

历次运动的模式往往是，学界和商界会短期内因民族主义情绪而在抵货问题上结盟，但随着运动的深入，商人们开始无法承受损失，而因货物短缺和物价上涨而引发的民众不满，也加剧了学生和商人们的矛盾，原本目的在抵制帝国主义的抵货运动，大多最后演变为“爱国学生”与“奸商”，“国货拥护者”与“走狗”之间的内斗。

即便是抛开此种情绪化的矛盾，从抵货的实践操作中，也有种种无法化解的技术障碍。1928年，国民政府曾经颁发了“国货”标准，标准分为复杂的七等，“国人资本，国人经营，完全本国原料，国人工作”为第一等，是最纯正的国货。依次往下，到“国人资本，国人经营，完全为外国原料，国人工作；或者是国人资本，国人经营，完全外国原料，外国技师”则为第七等，是最低档次的国货，在第七等之外，则为外货。

标准制定后，困难接踵而至——对执行者来说，他需要有大量的人力物力对全国大小企业的资本股份、经营管理、原料来源、技术来源和劳动力组成，进行复杂的甄别和鉴定，而企业的状况每时每刻都会发生变化，这样的工作似乎需要永无止境地持续下去，否则就无法区别国货和外货，从而抵制外货就成为一句空谈。而对企业来说，要想进行“国货”认证，就需要将企业的一切内部商业机密毫无保留地告知政府部门，而这样的认证过程不过是增加了政府认证部门“巧取豪夺”的机会而已。国货认证也正如大多数抵货运动一样，以不了了之而结束。

这样的结果，让长期研究中国民族主义和消费主义关系的牛津大学历史系副教授葛凯不得不遗憾地说："考虑到国货运动面临的巨大障碍，认为它是个失败的观点就非常容易理解了。"

当然，抵制活动也并非一无是处，它"为中国人提供了一个表达民族主义和反帝主义的有弹性的平台。在这个平台上，中国人以不同的方式获得表达自己情绪的权利。"而历次的抵货运动，也渗入到中国人的消费观念当中，以至于当今中国人的消费行为，依然时常会受到民族主义情绪的左右。

当然，这种抵制外来者的情绪和行为也并非中国独有。从美国早期的排斥华工，到 20 世纪 80 年代，日本人控制美国财富地标洛克菲勒中心后引起的美国人抵制日货争论，再到亚洲金融危机时，韩国学生掰断日本铅笔以示爱护国货。抵制行为始终与民族主义情绪相生相伴，但正如历史上给出的那些结果一样，所有因抵制而生的行动，无不是以最后和解而收场。1943 年，富兰克林·罗斯福在给国会的信中，提到"国家和个人一样，也会犯错误。我们要有足够的勇气承认过去的错误，并加以改正……通过废除《排华法》，我们就可以改正一项历史性的错误。"近 40 年后，他纠正了他叔叔西奥多·罗斯福的错误。

再回到开头那个美国记者萨拉·邦乔妮的故事，她做这个实验的目的并不是要抵制中国货。她想说的是，"在一个全球紧密联系的时代，友好而没有偏见的生活是多么重要"。

一、1905 年：抵制初潮的民间热度

强烈的爱国热情一般总比成本的损失更重要，但事实证明，抵制却并不长久。

1773年，出于对中国茶的抵制，北美大陆发生了波士顿茶党事件，虽然那些要求民族独立的美洲人，抵制的目的不真的是中国茶。但中国人的商品却实实在在地引发了一系列连锁反应，自此成为一个标签，打在这个国家独立的起点。

如果我们站在全球化贸易的角度看待美国的独立，我们会得出这样一个结论：为了维护当时全球贸易的平衡，英国人和那些要求民族独立的美国人打了一场持久战。最终的结果是，美国独立了，美国人也自此抛弃了喝茶的习惯。

差不多一百年后，又一次针对中国的抵制发生在美洲大陆的西岸。

1882年，出于对加州华人移民的抵制，美国国会通过了《排华法案》。这一次真的针对中国人的抵制，同样引发了一系列无法预想的后果。特别是到了1904年，当美国国会永远驱逐中国移民的辩论传到中国的时候，中国人愤怒了，决定抵制美国货。数年后中国爆发了民族、民主革命。另外，对于美国而言更重要的是，自此在中国人心目中，美国不“美”了。这个阴影长久不去，中国人不但坚持不吃美国面粉不吸美国烟，而且在之后每次爱国热情的抵制当口，都拿美国货说事。

这不怪中国人。就连老罗斯福总统后来都不得不承认，是美国人的愚蠢造成的后果。

和波士顿茶党事件一样，中国人抵制美国货的深层目的并不真的是美国货，他们反对的是更广泛的帝国主义，他们要为捍卫中国的尊严而干一场。只不过，当时中国人手里的办法不多。而义和团式的排外，造成的严重后果只有中国人自己去买单。

到了1905年，中国人需要一种比义和团式排外来得更老练、更成熟的手段。他们准备争取一次不太大的胜利，哪怕是经济领域的微弱抵制，来鼓励当时国内爱国热情的飙升，针对美国货的抵制适逢其时。

大洋彼岸的抵制

1905年的夏天，美国总统西奥多·罗斯福在给女儿的信里，沾沾自喜

◎ 西奥多·罗斯福

地炫耀着自己的外交本领。他说，他让日本人和俄国人媾和了。

此前一年，日俄在中国的东北为了各自的利益打得不可开交。在46岁的西奥多·罗斯福看来，他完成了一次史无前例的壮举，成功地介入了一次国际争端，让中国东北安静下来。是他将日本人俄国人拉到了谈判桌跟前，帮他们重新划分在中国东北的“势力范围”。而当时的国际舆论也一致赞扬罗斯福，并且因为他成功调停了日俄战争而把1906年的诺贝尔和平奖颁给了他。

他的女儿当时正在远游中国，他等待着在女儿的信中听到来自中国人的致谢——至少在他看来，中国人应该感谢他。但事实恰恰相反，当时的中国人并不买账。

1905年的夏天，罗斯福的女儿艾丽斯在中国经历了一场噩梦。她收获的并不是中国人的感谢，而是愤怒。在艾丽斯畅游中国的旅途中，中国人正在热衷于一场针对美国货的抵制运动。

显然当时的中国人和美国总统并不在一个精神世界。罗斯福看到的是外交的胜利，而在中国人眼里，只有来自大洋彼岸的排华。

美国人的《排华法案》从1882年开始，到1905年已经有20多年了。

起初，美洲华人的种种不幸并没有引起大洋彼岸中国人的强烈反弹。

当时，中国政府也一厢情愿地认为，《排华法案》只是限制华工，而不是禁止其他身份的华人，因为美国政府保证过对已经在美国合法居留的华人给予最惠国民待遇。

但事态发展到后来，不仅华工遭排斥，上等华人也屡遭骚扰和侮辱。1903年，中国驻美武官谭锦镛被旧金山警察侮辱后自尽。消息传开，中国人，尤其是知识阶层，很难再把美国排斥华工当作移民们自己的事。

尤其到了1904年，面临大选的西奥多·罗斯福为赢得西部的支持，表示赞成国会制订新的排华法案。

在中国人看来，正是这个年轻的美国总统的轻率行为把他们推向了愤怒边缘。而事实上，在当时的历史条件下，伟大的西奥多·罗斯福总统依旧无法超脱种族主义和民族优越感的局限。

老罗斯福支持限制华工入境的理由很鲜明，“低劣的”劳工不应“与我们自己的工人竞争”，而且，“廉价的劳工也就意味着廉价的公民资格”。但另一方面，他又主张允许知识分子来美，“扩大对中国的贸易，更能从精神上掌握中国”。

这种用心并不局限于当时的经济实惠，而是展望美国在华的长远利益。从美国方面说，可谓眼光远大；而在中国人眼里，就是阴险地抵制。

于是，艾丽斯的中国之旅注定充满了荆棘。她在给父亲的回信中描述了当时在广州城遭受的一幕。

那是由一幅漫画引起的。为了表示对这个美国姑娘的不友好和抵制，反美的报纸刊登了一幅漫画，名字叫《乌龟抬美人》。在1905年的夏天，这副漫画风行广州城。意思再简单不过，就是讽刺那些伺候美国总统女儿

◎ 漫画表明多种反华势力在鼓动排华，在他们眼中，勤劳、智慧的中国人抢去了本该属于白人的大量就业机会。

的轿夫，都是乌龟。这在中国，差不多是对男人最为严重的讽刺。结果，果然没有一个人来抬美国总统的女儿。艾丽斯把遭遇的一切，写信告诉了远在美国的父亲。

虽然在此之前，来自中国的抵制声音始终不绝于耳，但唯有这一次来自女儿的真实描述，让西奥多·罗斯福真正开始关心，中国到底发生了什么？

1905年的中国之变

1905年的夏天，在中国到底发生了什么？

在此之前，美国人在两国关系中从来收获的是友好，而这是他们第一次听到了“说不”的声音。

在美国人看来，1905年，是中国的一个转折点。那一年夏天，日本人战胜了俄国人，这件事情正发生在中国探索未来去向的时候。对所有中国人来说，日本的经验指出了一条新的路子。

中国人那时候对于日本模式的羡慕之情，远远大于日本对中国做了什么。在中国人看来，日本瞬息间变成了一个现代化国家和世界强国。它令人注目地改变了国际关系，因此它值得钦仰。

在北京的政府看来，日本完成了崛起，但却没有抛弃先前的传统。他们对日本的立宪政体非常感兴趣，准备如法炮制。

在南方的革命党人眼里，则从日本的经验中学到了更多的东西。民族主义者看到亚洲人终于可以战胜西洋人了。前提是，必须万众一心地去铸造民族精神。

革命党人在日本的崛起中看到了中国人的不团结。1905年8月，经过十年零碎的、不协作的行动之后，革命党人的各个山头开始联合起来，成立了中国同盟会。

这个机构成了之后几年里，革命党人夺权的主要工具。

1905年，中国政府对于美国，也开始表现出了失望情绪。此前，在他们看来，美国没有帝国主义的腐败、堕落，美国人的意图是诚实和公正的，而且是时刻准备帮助中国的。他们长期企求通过美国人，来解决中国在国际上遇到的难题。因此，在遭遇庚子之乱时，光绪皇帝率先想到的是，给罗斯福总统写信求助。

然而，真实的情况恰恰相反，当中国政府发现，每当需要美国人国际援助的时候，他们总是采取消极态度。美国高谈阔论式的友好并不能给中国带来任何好处，罗斯福总统也并不真的关心中国人的反应。

政府的微妙态度当时似不可查，而表现在年轻人身上，却是从之前的美国梦转向了更为实际的效法东瀛。那一年，包括蒋介石和鲁迅的一批年轻人，都选择了东渡日本。

明眼人都看得出，美国已经在这一年失去了中国。于是，这一年五月，上海商人关于抵制美货的号召，迅速赢得了中国人的广泛支持。

商人发起的运动

1905年5月，中美关于《限制来美华工条约》的续约谈判移至北京。这个条约已经存在了10年，作为美国《排华法案》的补充，中国人之前始终找不到强烈抵制的理由。而这一次，谈判桌移到了北京，国人试图通过来自社会的声音给谈判桌上的局势施加一些影响。

4月底的时候，成立不久的上海总商会收到北美华商的告急电报。后者期望发动国内民众的力量，以抵制美货迫使美方改变政策。5月初，上海的媒体开始为抵制造势了，《时报》大声疾呼，中美工约的签订，事关全国之荣辱，人人有切肤之痛，合当策群力以谋抵制。

这些无疑促进了国内商人集团的觉醒，他们终于看到，美国的排华政策不止是针对劳工，还将针对商人自己和知识分子。在5月10日，上海总商会的商董会议上，这个先前保守、谨慎的商人组织作出了抵制美货的决定。会后，商会通电全国，以两月为期，迫使美国政府改良禁约。

起初，上海商会的商人们没人愿领衔向全国21埠发出通电，因为他们很少相信抵货运动真的能够如期开始。后来，福建商人曾少卿挺身而出，领衔通电全国。

上海的消息传出，很快引起了一些美国人的关注。美国亚洲协会最先作出反应，该会主席约翰·福尔德在5月16日给罗斯福总统写了一封信，建议尽快修改美国法律或订立新约，允许工人以外的华人自由进入美国，以避免中国人对美国的抵制继续升级。

对于中国人的抵制情绪，罗斯福在女儿艾丽斯来中国旅游之前，了解得并不真实。罗斯福起初只是采取一些常规的步骤，一方面制止虐待在美华人的现象，一方面压服中国人的反美情绪。他感到美国的威望在中国面临危险，他不愿看到中国人以不敢施加于英国、日本和俄国人的办法来对付美国商人。他明白，在亚洲，美国不敢反对俄国和日本，但是对于中国，则有现成的炮舰政策。早在1905年反美骚动期间，亚洲舰队就停泊在上海附近，为美国公使的抗议提供强大的后盾。

6月份，汉学家柔克义受罗斯福委托来到北京就任驻华公使。虽然他是个中国通，对中国的历史了如指掌，但他依旧是个美国商业利益的坚定捍卫者。

此时，抵制运动的热情正席卷中国。柔克义于6月3日在北京见到了外务部大臣庆亲王奕劻，要求他代表的政府明确表态，制止这场针对美国人的抵制运动。奕劻是个对于内政外交没有多少创见的末代权臣，他对于这个国家正在发生的一切束手无策。清政府的态度模棱两可，他们一方面试图利用这种沸腾的爱国情绪向美国人施压。而另一方面，他们对于此类自下而上的运动，缺乏把握、畏之如虎。

很多官员，包括梁诚、伍廷芳和山西道监察御史张学华都积极地投入到了1905年的反美运动中，主张利用民气与美国周旋交涉，反对政府干预抵制活动。而事实上朝廷的外交策略并不取决于以上这些人，还有另一个实权派在这个时候来到了北京。

1905年7月1日，大清国直隶总督兼北洋大臣袁世凯乘火车北上京都。此前一天，军机处王文韶出缺，徐世昌入直，这个帝国迎来了袁世凯时代。

出于对中国东北局势的审时度势，这个未来的实权人物觉得中国不能失去美国。之前是为了抵制俄国，而之后，是为了抵制日本。

袁世凯的态度是鲜明的。他在天津时，就指示巡警总办压抑抵制风潮。在他动身北上之前，也曾传谕天津商会，“何必私自为此举动”。就在袁世凯到达北京的当天，他上奏清政府，请饬各省严禁抵制美货。而他的意见并没有被关注，政府的骑墙派还在观望。

7月，在中国主要商埠，特别是华中、华东和华南地区，抵制美货运动已形成高潮。事态的发展激化了美国国内的不安情绪。新英格兰的纺织业主抱怨，中国的抵制将使其一年的损失达2000万美元；美孚石油公司也惊呼，抵制会给美国石油业带来灾难，估计每月的损失可达25000美元；英—美烟草公司的销售额下降了50%；美国面粉在中国也失去买主。

罗斯福此时倒很理智，承认抵制“应归咎于我们自己的错误行为和愚蠢举动”。他甚至收到一份机密报告，得悉英、德两国故意在中国制造反美情绪，排挤美国势力，以收渔人之利。他担心出现更糟的局面，但除了继续迫使清政府出面进行镇压外，他又别无他策。可是清政府不仅不理会美国的要求，反而寻求订立新的条约。这种态度使罗斯福“非常不满”，他说自己比历史上任何一位总统对美国人的态度都要强硬，但仍无法使国会同意“给中国人公平待遇”。

抵货运动的民间转折

到了7月份，上海商人的抵货运动到了两月时限，是该兑现之前诺言的时候了。但在真正抵货运动展开的时候，中国的商人却遇到了运动成本的真实难题。

1905年7月18日，上海商界、学界召集市民大会，宣布抵货运动开始。大商人们签字不订美货，老百姓们高呼保证不买、不用美货。

起初，群众的抵货热情空前高涨，连妇女儿童都加入了抵货运动的行列，许多店家和市民登报保证不买卖美货，一些存有美货的小本零售店也表示愿意将其存货暂时束之高阁。但不久，现实的问题就出来了。强烈的爱国热情，让所有的参与者都失去对抵制成本的估算，时间一长，矛盾立显。

现存的美货怎么办？即将源源不断到来的已订美货又该怎么办呢？抵制遭遇的成本不是一个小数目，据美国驻上海领事估计，当时仅上海一地的存货价值就高达八百万美元。可以想象，对这些存货的处理必将直接影响到商人们的抵货热情。

对于大商人而言，他们是这些存货的直接所有者。如果不卖，他们将付出惨重代价，特别是那些专营美货的大商人，更是面临倾家荡产之虞。因此抵货运动发展到7月20日，在一次商人们的集会上，对于抵货的手段，商人们的意见出现了分歧。

一部分大商人请求得到政府和商会的帮助，售出那些手中的存货，要求"疏通"。所谓"疏通"就是要出售现存美货，与抵制、不用美货的初衷显然是矛盾的。与大商人不同，小商人们抵制态度鲜明，立场坚定。他们明确指出，流通就是破坏抵制，就是开时局的倒车。

双方的意见根本谈不拢，社会上，抵制的热情越来越高；商界，大商人的利益无法补偿。如此一来，运动的参与阶层出现了分化，大商人率先退出了运动，甚至暗中破坏。他们干脆请求政府镇压这场运动。上海名绅马相伯等人就曾打电报给两江总督周馥，要求清政府镇压反美抵货运动。

对这一点，美国人也看到了，他们最初认为，运动是由有直接利害冲突的商人推动，且得到清政府的默认，但到8月以后，他们认识到，运动的推动者已不再是商人们了。8月26日，柔克义向美国政府报告说，运动的主要推动者已经是"无责任感的学生"了。

8月31日，北京政府的骑墙派停止了观望。他们与美国达成默契，前者答应迅速扑灭反美运动，美国则允诺修改排华法。政府的明确态度对于抵制运动无疑是一个不小的打击。此后，大多数商人退出抵制阵营，运动转由学界中人领导。

罗斯福抓住这个机会在国内进行说服工作，但是效果不大。美国国内当时的排华势力在国会中占据着优势，而且控制了商工部。总统罗斯福的努力充其量只是治标之策，而且就连罗斯福自己如果不是总统，也对华人充满着偏见。

对于这一点，当时明智的中国人也越来越看得明白，即使再强烈的抵制，对于美国人的排华政策也是微弱的抵抗。

同时，罗斯福让正在东亚访问的副总统塔夫脱带着他的女儿造访广东，与地方政府交涉，平息那里的抵制活动。这时，由于商人的集体退出，中国国内抵制运动的中心已经从上海转到了广州，塔夫脱的广州之行不但无功而返，女儿艾里斯还给罗斯福捎去了最不好的消息：广州人对于美国人很不友好。

广州人在抵制运动中表现出的持久热情，不仅让罗斯福吃惊，也让中国的政府吃惊不小。由于广东是美洲移民的主要输出地区，当地的老百姓对于《排华法案》的感受更直接，抵制也就更积极。

然而各种迹象证明，抵制的大气候已经过去了，越来越多的商人悄悄地退出了抵制的行列。

到了 9 月，抵货运动仿佛就只成了学生的事情。热情的学生们甚至开始热衷于成立环球中国学生会，希望藉此把反美运动的火种烧向全球华人。而事实上，运动发起以后的两个月里，连运动的坚决支持者也承认，抵货可能根本无法迫使美人废除禁约。

成功希望渺茫，一般人便不会有参加的热情。学生之所以仍然热衷于废除禁约，仿佛是出于更远大的目的——“发起国民爱同胞抵外力之感情”。这当然是一个崇高的目标，在当时也许会有一些支持者。但目标如此不具体，多数人就很难保持持久的热情，运动的发展就必然容易受政治大气候的影响。

抵制初潮的民间余温

罗斯福在 10 月份连续召开几次内阁会议，讨论排华问题。他并不准备从根本上废除排华法，而只打算在执法上做点文章。他建议国会对原有的法令略加修改，规定除劳工外，其他华人均可入境。

令他始料不及的是，新的麻烦接踵而至：一名美国海军军官在打猎时误杀一个中国妇女；在广州，有几个美国传教士在中国被杀害。这些流血事件，在这个节骨眼上出现，无疑增强了中国人的仇美情绪。上海发生中国人与外国人之间的冲突，有数十人伤亡。

越来越多的人担忧，中国又将跌入义和团战乱的边缘。罗斯福把一支舰队开到中国沿海，并向菲律宾调兵遣将，做出对中国开战的架势，并令国防部制定可能对中国采取军事行动的计划。幸运的是，国防部的结论是，尚无必要向中国派遣远征军。

在这个时候，广州抵制运动的领导人表现出了少有的克制，他们明确表示，需要一场非暴力的抵制，而不是热闹的流血。

12月份，在总统每年一度向议会提出的国情咨文里，罗斯福把和中国发生纠葛归咎于美国民众。他说，“这个国家对待中国人民极不公正，严重侵犯其权利”。他提醒美国人：“我们如待人不公正就不能得到公正的待遇”。

在排华政策无法撼动的时候，罗斯福的这些话成了对中国人的最大安慰。面对美国的软硬兼施，北京政府最终屈服，照美国的意思办了。到了第二年的春天，抵制美货的运动逐渐结束。

于是，罗斯福长长地松了一口气，宣称“我想不会对中国进行远征了”。大规模的冲突没有发生，罗斯福认为是他的政策起了作用。而在中国的商人看来，这个结果也让他们满意。是他们找到了一种更老练、更成熟的排外手段，此后竟然屡试不爽。双方的目的看似都达到了。

但是留在中国人心里的排华阴影自此再也挥之不去。即使在第二年，罗斯福签署了退还庚款的协议；即使在他即将离开白宫前几个月，发表了《中国的觉醒》的文章，赞扬中国新的民族精神；即使在1946年，他的侄子小罗斯福在取消《排华法案》的时候，也针对华人说出了一系列道歉的话。

1949年，当所有的美国观察家惊呼自此失去了中国的时候。一位传教士站出来给出了答案，他说，事实上美国人早从1905年就失去了中国。之前，美国是中国人最喜欢的国家，此后我们是他们最憎恨的人……

二、那块“华人与狗不得入内”的地方

百余年来，在“公共花园”（外滩公园）上的中外冲突，与中国人与外部世界的交流融合是一体的。这个过程充满矛盾与挣扎，至今也没有结束。

外滩公园，今称黄浦公园，位于上海的黄浦江与苏州河交界处。它地处南京路东端，上海外滩之北端——今天这里是上海这个超级大都市的心脏地带。外滩公园占地约30亩，是个不大而漂亮的公园。一百多年来，在这里发生了太多牵动中国人情感的事件，其中最著名的，就是那块“华人与狗不得入内”的牌子。

在北京从事文化工作的中年编辑何京生，还能清楚记得上世纪60年代当小学生时，看大型舞蹈史诗《东方红》时看到的情形：舞台上，一座公园的门口，外国巡警把守下，“华人与狗不得入内”的白底黑字牌子触目惊心，一群愤怒的中国人在牌子前愤而起舞。在今天的中国，从学童到老翁，老幼妇孺对这个牌子无不铭记于心，它成了中国近代屈辱史的一个标志。

外国佬来了

时间往前推100年。外滩公园那时是上海公共租界（即英美租界）里的一部分，只对外国人开放。再往前，即160余年前，那里还只是黄浦江边上的一片泥沙之地，但是，外国人已经开始到来，这里已经被划入租界。

根据鸦片战争后中英签订的《南京条约》，1843年，英国驻沪领事巴富尔等六人来到上海，与当地中国政府商定11月17日正式开埠。接下来，义记洋行、颠地洋行、怡和洋行等外国商事机构进入上海。

外国人来了，就存在居住的问题。根据《南京条约》，外国人可以在中国的五个通商口岸租房住。后来中英双方又签订《虎门条约》，对《南京条约》做出补充，规定外国人在通商口岸租赁房屋或营建住房，必须与

◎ 外滩公园一角

中国官方协商并得到认可，但没有限制他们租赁或营建房屋的数量。租界的发端就肇始于此。

上海学者薛理勇的《旧上海租界史话》一书中，对这个历程有生动描述。

在一开始，外国人在上海城里租房住。那时的上海，只是个仅20万人口的小县城，居民还从来没见过西洋人。上海人对这些金发碧眼的洋人十分好奇，当最初的紧张害怕消失后，他们就尽可能地围观，小孩爬上屋顶看人家刷牙，妇女一看到外国人出来，就喊："赤佬来了，快跑！"

不久，这种"华洋混处"的局面，随着上海道台与巴富尔签订的《1845年上海租地章程》而结束。当时的上海道划出县城外北郊"洋泾浜以北，李家庄以南"，即今天的外滩所在地，作为英国人的居留地，这里后来就成为了英租界。不到一年时间，外滩沿江的土地就被外国人以"永租"的方式租赁一空。

租界内的中国人

1845年英租界在上海建立后，英国人为合理规划和利用这块面积有限的土地，第二年组织了一个"道路码头委员会"。到了1853年，太平天国军占领南京，租界里的外国人顿时紧张起来，于是英国领事阿利国提出，英、美、法三国把各自的租界联合起来，共同组织一个市政机关，以选举产生董事，统一管理上海的租界。

当年的9月7日，上海爆发了小刀会起义，导致至少2万名上海人逃离上海县城涌进当时只有数百外国人居住的租界。原来“华洋分居”的局面又变成“华洋混处”。1854年7月11日，全体租界人会议通过了《上海英、美、法租界地皮章程》，选出了由7人组成的“工部局”（Shanghai Executive Committee）董事会。工部局不久改称Shanghai Municipal Council，中文译成上海市政委员会或上海市政厅。这实际是一个拥有对租界的管理权、行政权、对人的管辖权、征税权的政府。刚开始，工部局只向这里的外国人收税，后也向住在租界的华人收税。

根据1948年上海市文献委员会做的“上海前公共租界历年华洋人口比较表”中统计，1870年时，租界中的华人人数为75047人，洋人为1666人；1880年时，华人为107812人，洋人为2107人；到1895年时，华人已达到240995人，洋人4687人。也就是说，工部局每年所拿到的税收，有一半以上来自华人。

住在租界里的中国人，除了为洋人服务的仆役，还有商人，有买办，有外资机构的中国职员，正是从他们中，产生了对华人不能进入外滩公园（英文称Public Park，即公共花园）不满的第一批抗议者。

来自“上等华人”的抗议

1881年，外滩公园已经建成13年。当年4月5日，虹口医院的华人医生恽凯英等八人路过外滩，当想进外滩公园时，却被门卫挡住。气愤之下，他们第二天给工部局的总董韬朋（Thorburn）写了一封英文信：“先生：我们都是租界的居民，而且是纳税人，想请问你有什么条文规定中国人不可以进入公共花园？”

4月20日，韬朋的回信来了。他称：“公园不大，不可能让所有的中国人都进来游赏。门警曾得到过指示，只让文雅的衣冠整齐的中国人进入花园”。4 月 25 日，韬朋又一次回信，说“工部局并不认为中国人有进入花园的权利。”他说，工部局根据当时的英国驻沪领事温斯达致上海道台的一封信做出的这个决定。

温斯达在这封写于 1868 年 6 月 20 日的信中说，“这块地方（公共花园）是给在上海的外国社区的居民作为娱乐场所或公园之用”。信写了一个多月后，外滩公园于当年 8 月 8 日正式开放。然而当时的上海道台，对此并没有表示出一个“不”字。

其实，当时的上海，禁止华人入内的外国人专用场所，何止外滩公园。英国总会、德国总会等娱乐场所，从来都禁止华人入内，著名的跑马场，从 1850 年建的第一个，到 1854 年建第二个，1862 年建第三个，从来没接受过华人做会员。为什么独有外滩公园激起了华人的抗议？

上海社科院副院长熊月之分析，这与外滩公园一开始宣示的名字“公共花园”有关。既然是“公共”的，是工部局修建的，它应属于整个租界的居民共有，因为所有的居民都纳了税。而那些总会和跑马场，都是会员制，所有权和经费来源都与此不同。

在《上海园林志》的资料中披露说，当年修建外滩公园，经费来源于租界内的“公共娱乐场（俗称跑马厅）基金会”。这个基金会拿出了 1 万两银子修公园。

而华人的抗议，无论来自民间还是政府，主要是从两方面抗议：第一，公园占用的土地还是属于中国的；第二，公园建成后，维护的费用，也是来自工部局收的税款。

华人们的第一次抗议，没有产生什么实效。四年后，到了 1885 年，工部局打算扩展外滩公园。这下，华人们的抗议又来了。这次带头发难的是唐茂枝等 8 人。11 月 25 日，他们联名给工部局写信：“中国人与外国人在使用公共花园方面遭受到不同的对待是令人不满的，希望工部局想些办法来消除这种招人怨恨的矛盾”。他们指出“工部局拒绝华人入园，仅仅是从种族方面来区别，这不管以权宜之计或国际礼仪作为理由，都是站不住脚的。”

唐茂枝乃是怡和洋行的买办，其余七人，或是曾经的海关总翻译，或是房地产富商，或是教堂牧师，总之都属于“上等华人”之列。他们最感气恼的，是外滩公园连日本人和朝鲜人都可以进，独独中国人不能进！唐茂枝们一边抗议，一边也给出建议：可以给华人发券，允许部分“高贵阶层的中国居民”入园。这次抗议得到了媒体的声援，《申报》连篇累牍发表文章，抨击工部局，上海的华商团体也为此联名上书。

压力之下，工部局只得同意花园自1886年5月4日起有条件向中国人开放，让华人凭券入园。每券限用一星期，据统计，在1889年那一年，共发了183张。

但问题并没有全解决。华人入园要凭券，洋人就不用，本身仍是不平等。但即使这样，洋人还是嫌来的中国人太多了。在1890年，管理公园的“上海公共娱乐委员会”向工部局报告说，近一年，“申请入园的人逐渐增多起来……迟来的外国观众几乎无立足之地”，报告还说，他们发现中国人在游园券上弄虚作假，更改券面日期。

这时，工部局正准备在苏州河边第三次填滩造地，扩展公园。由于上海道的反对，最后，经谈判，将苏州河边一片河滩改建为华人可以随便进的“华人公园”。1890年12月，华人公园正式开放，比起外滩公园，华人花园（今已成为一块街边绿地）设备简陋不少，环境卫生也差很多，但此后，华人的抗议之声就基本平息了。

革命风暴下的标靶

时间又过30多年。1927年，《申报》的一篇文章这样写道：“远在西历一八八五年十一月二十五日我国方面即有……唐茂枝等向工部局提议开放，俾华人得与西人享受同等待遇，但工部局方面则置之不理”。这时，唐茂枝等人的行动，已经被强化成“我国方面”。这种叙述，已经明显带有1927年中国民族主义高扬的时代印记。

19世纪在上海，华洋关系要比在广州和谐得多。当时的上海人，都以西化为时髦。西方人在上海举行的各种运动，虽然不让华人参加，但他们却欢天喜地去观看。比如跑马场赛马，上海人倾巢出动，万人空巷，连附近的苏州、杭州、嘉兴等城市的人们也不顾旅途奔波赶来。由于观众实在太多，那些简易的看台常常发生倒塌伤人事故。遇上租界兴办诸如法国国庆、英女王登基等活动，上海人均踊跃参加，积极性比庆祝慈禧的生日要热烈得多。

但是进入到20世纪初，情况已大为不同。这时，中国的民族主义在上海开始高涨。这时的标志事件，是1901～1903年的拒俄运动，1905年的抵制美货运动，1905年底的大闹会审公堂案等等。这些运动的背景，是上海已经出现了一个相对强大起来的想与外商抗衡的社会精英阶层，1902年，一批多数出身买办的绅商们成立了“上海商业会议公所”，1904年，又成立了“上海商务总会”，后者就是抵制美货运动的发起者。民族主义的另一支重要力量是归国留学生和新学堂的学生。当时上海的报纸杂志铺天盖地的爱国宣传，在民心动员上也起着关键作用。当时宣传的一个重要标靶，就是“华人与狗不得入内”。

今天，学者们对历史上究竟有没有过这样一个告示牌争论不休。从历史档案中，至今没有查到直接写着这样条文的规定。能查到的工部局最早的相关文件，是1885年的《公共租界工部局巡捕房章程》的第24项共6条，其中第1条说“脚踏车及犬不准入内”，第5条说“除西人之佣仆外，华人一概不准入内”。但许多文人学者言之凿凿地说，他们确实亲眼看见过“华人与狗不得入内”这块牌子。

对此，熊月之论述说，为什么在1900年以前的文献中，迄今未见到将公园规则第1条和第5条相提并论的情况，到1900年以后就多起来了？这有两种可能：一，1900年后公园确实出现过写“华人与狗不得入内”的牌子；二，是民族主义兴起后，人们很容易从这种公园规则中品出辱华的味道，从繁琐的规则中演变出简单的“华人与狗”。

实际上，我们还可以看到另一条史料：1907年，上海绅士李维清在其编写的小学课本《上海乡土志》中是这样表述的：黄浦公园尚许洋人之养犬入内，独禁华人，此乃“奇耻”！这里说的是连狗都可以进，独华人不能进。1924年，孙中山在一次演说中说："上海的黄浦滩和北四川路那两个公园，我们中国人至今都是不能进去。从前在那些公园的门口，并挂一块牌说：狗同中国人不许入"。这时，这块"华人与狗"的标牌，已经成了中国人的屈辱象征。

1928年6月1日，在中国民族主义高涨的汹涌浪潮中，工部局宣布：外滩公园对所有中国人开放。

关于"公德"的内省

今天的黄浦公园，以人民英雄纪念塔作为公园主景。传说中的"华人与狗不得入内"的牌子，当然更无处可寻。它更像是一所中国到处可见的普通公园。在今天的中国的公园里，人们经常可以看到的，是另一种牌子，诸如"请勿践踏草坪"、"禁止折攀草木，违者罚款"等等。

熊月之在《关于上海外滩公园的历史记忆》中论道：上海外滩公园引起的另一种反应，即除了维护民族尊严争取权利的"外省型反应"的另一种"内省型反应"，较少为人所知。当年洋人限制华人很重要的一条理由，就是华人不守公德，摘花践草。有史料记载，在外滩公园允许华人凭券入园后，华人"有挟妓以入者，此已犯西人之所忌，而妓又爱花成癖，往往一见鲜花，必欲折取"。"中国人入适园后，往往不顾公益，任意涕唾，任意坐卧，甚而到于大小便亦不择方向……"在租界的华人公园开放后，有华人游客"一人欲独坐一凳，不肯与人共坐……巡捕遂斥此人之非是，彼即骂詈不绝。又有游园诸华人见此人与捕忿争，亦不问事之是非，咸助此人，大有与捕为难之势"。

在1913年，北京大学教授杨昌济这样写道："试观汉口、上海之洋街，皆宽平洁净，而一入中国人街道，则狭隘拥挤，秽污不洁，……上海西洋人公园门首榜云：'华人不许入'，又云'犬不许入'，此真莫大之奇辱……平心论之，华人如此不洁，如此不讲公德，实无入公园之资格。"杨昌济说，西方人虽然是欺人太甚，但中国人如果不改习惯，"养成与西人平等交际之资格，则此等耻辱终湔洗之期"。

实际上，自20世纪初以来，中国人中这样的清醒反省，一直没有停过。但是，熊月之指出，在1928年外滩公园取消对华人入园的限制后，这种内省不见了，在中国的历史教科书中一概不见了，在学者的笔下也基本不见了。外争权利笼罩了一切。

北京学者梁晓燕将这种公共空间归结为这样一个定义："每个人都可以在一个公共规则下，自由享用的空间。"

对于中国人来说，传统上只有私人空间和官家的空间。在公园这样一个公共空间，却是每一个个体都拥有平等权利，都应受到尊重的空间。在这里，你对公共规则的遵守，实际就是对他人利益的尊重。梁晓燕说，当年严复将密尔的《论自由》，翻译成《群己权界论》，其实这是一个极为准确的说法，即每一个人的权利的内核和权利的边界。群体不代表个人，个人也能不否定群体，公共空间的含义就从这里而来。

百余年来，在"公共花园"（外滩公园）上的中外冲突，与中国人与外部世界的交流融合是一体的。这个过程充满矛盾与挣扎，至今也没有结束。

三、百年抵制潮：抵制的兴起与轮回

百年华洋冲突，抵制浪潮的起落，伴随着中国与外部世界交往与对抗。在世界已经有了紧密联系的今天，抵制更多的只具有象征意义，更多的是一种过去时代的回声。

百年抵制浪潮的起起伏伏，伴随着中国与外部世界关系的进展。在一开始，抵制指向的是倒退回封闭自足的过去；到后来，抵制是对于外来压迫的反应，也夹杂着长期屈辱形成的敏感和偏激；再往后，抵制有了意识形态的内容，受"不是东风压倒西风就是西风压倒东风"的零和思路所支配；到与世界已经有了紧密联系的今天，抵制更多的只具有象征意义，更多的是一种过去时代的回声。

第一回合：当走兽遇上飞禽

近代中国的现代化转型犹如从走兽转变为飞禽。1840年，传统的老大帝国遇上了新兴的现代民族国家，并一败涂地。当时的飞禽，双翼的一边是用坚船利炮武装起来的民族国家，一边则是全球市场体系下的开放贸易；而当时的走兽四条腿分别是：天下观念下的帝国及其朝贡体系、中央集权的官僚体系、普遍的自然经济、儒家道德所维系的社会秩序。

由走兽变为飞禽的漫漫长路，既要从帝制国家转变为现代民族国家，又要融入到全球体系当中，这一艰难的任务，并没有立刻成为老大帝国的选择。由于西方和中国的距离遥远，军事威胁犹如暴雨狂风，有时而歇，一旦现实的危险消除，老大帝国又顽固地试图回到过去的状态。

建立在普遍的自然经济之上的官僚制大帝国，社会秩序的确立在很大程度上仰仗儒家道德的运行，而不是法律对相关利益冲突的调整，"息讼"、"崇本抑末"等等措施的推行，"存天理灭人欲"等道德价值的张扬，在根本上都是为着减少利益冲突，以维护社会秩序的稳定。反之，市场体系建立在个体利益的张扬和追求之上，并通过法律对利益冲突进行调节。两者之间的关系犹如冰之于火，难以并存。

即使西方凭借坚船利炮撞开国门，并试图通过不平等条约将全球市场体系强加于中国，但在1840年和860年这两次战争期间，这个被大炮撞开门户的国度，并没有准备接纳外来事物，而抱有深深的警惕和拒绝。自上而下，天朝的人们依旧幻想着有一天外夷带来的噩梦会自行消失，至多只是边疆的一些些微干扰，古老的帝国还将在自身的逻辑下继续运转下去。

在当时租界里的英文报纸和使团官员的报告中，充斥着外国人已得其门，却依旧难以深入的抱怨。1846年第一次排外风潮就是在这样的背景下展开，迫于条约压力，广州官员被迫允许英国人入城居住，但是，民意对此一边倒地反对，甚至，愤怒的怒火直指当事官员。面对愤怒的拳头和石块，广州知府仓皇逃窜，衙门也被一把火烧掉。要知道，在当时的社会条件下，这种举措不啻是在造反。反过来也就表明，当时的社会意识是何等地拒绝华夷杂处的前景。或许，“三千年未有之大变局”的真正含义，指的并不是坚船利炮所带来的强弱悬殊，而是走兽必须变为飞禽的痛苦转变。

抵制英人入住城内，其实是在捍卫传统社会的纯洁性，是一种试图维持传统方式的努力。不幸的是，飞禽既然已经飞临上空，它就将一直在此盘旋乃至栖止，全球资本主义的进程势必将所有非西方民族纳入进来。

第二回合：当走兽学习飞行

第二次鸦片战争的再次失败，真正开始了走兽学习飞行的进程。从“师夷长技以制夷”到洋务运动，走兽开始向飞禽学习。但是，毋庸讳言，这一阶段的学习相当肤浅和表面，并没有认识到飞禽的双翼——近代国家体制和市场体系——才是腾飞的关键，只看到了飞禽的尖喙利爪。官办几个制造局，引进几只舰队，训练若干新军，洋务运动只不过让走兽磨利了一点爪牙，却依旧在地上匍匐爬行。

甲午战争表明这种学习的无效，而日本的成功则昭示，非西方民族完全有可能学会飞行。一正一反的刺激提醒这一时代的社会精英阶层，传统社会形态不可延续，走兽必须转变飞禽，彻底的转型势在必行。这种思潮直接催生了维新变法这一试图激进地由走兽变为飞禽的努力。在短短的一百天内，如雪片般发下的诏令遍及政治、经济、社会、文化等各个领域，其目标不再局限在器物层面：变革政治制度，实现君主立宪，以迈向民族国家；以市场的方式发展农、工、商业、兴办新教育，以全面吸收外部事物并最终融入全球体系。在这样的努力覆盖之下，丝毫没有抵制的存身之所。

激进的努力让保守势力惊恐万状，后者的反扑扼杀了维新变法。但是，保守势力可以集结起最后的力量扼杀新生力量，却不可能自己来完成这一转变，面对内外交困糜烂的局势，保守势力注定束手无策。于是，在社会上层中的求新求变势力被压制，而上层中的保守集团又一筹莫展的时候，义和团这一来自社会底层的力量，以传统社会中最为边缘的资源为武器，

◎ 义和团士兵

而出现在了历史的舞台上。1840 年以来，外部的刺激和屈辱不仅通过一次次战败以及随后的赔偿强加给了社会的底层，外来的经济和文化力量也在时刻挤压他们的生存空间，当社会上层不足以应事而使得他们登上历史舞台之时，底层生存本身的局限，对外部事务的知识空白，使得他们所亮出的旗帜，不能不是对外来势力最坚决的反对，和对所有外来事物的全面抵制。

义和团的出现，可以看作是濒临绝望的走兽最后的反抗。义和团的失败，标志着以回到过去的封闭自足为目标的抵制的结束。这个民族，从此开始了全面的转变，并以此来应对飞禽的挑战。

第三回合：当走兽长出双翼

在 1905 年这个年头，既有废科举和五大臣出洋考察这样划时代的举措，也有抵制美货这样的民间自发行为，还有什么比这样的反差更能说明当时中国与外部世界的关系的吗？在当时以及随后的几十年间，一方面，是中国已经不再拒绝向西方学习，而是开始以西方为榜样和老师：亚洲第一个共和国的建立、实业救国口号的盛行，都显示出由走兽向飞禽转变的努力，毅然告别了回到封闭的幻想之后，曾经庞大的走兽于今成了破壳而出的菜鸟。而在另一方面，则是此起彼伏的对外部欺凌和羞辱的自发抵制和反抗。既是老师又是强盗，或许就是当时人对西方的看法吧。

从理性的角度，向民族国家的转型，融入全球体系，最终可以改变落后的面貌，给落后民族的所有人都带来更大的福祉。但是，落实到现实中，这一过程却注定充满艰辛、辛酸乃至屈辱。在列国竞争的舞台上，从来就没有温情可言，尤其是在 19 世纪下半页到 20 世纪上半叶的这一段时间里，

◎ 反对“巴黎和会”的北京大学生游行

各式帝国主义呼啸来去，刚长出双翅的菜鸟中国，显得那么弱小，委屈挣扎于不属于自己的舞台之上，随时都面对来自他国的欺凌：

1905年，美国要求续订于1894年签署的《中美会订限制来美华工保护寓美华人条款》；

1919年，巴黎和会上，日本要求继承德国在华利益；

1931年，日本关东军发动“九一八”事变，吞并东北；

所有这些来自外部的欺辱，都引发了民间自发的抗议，当弱小的民族国家政权无法有效抵御外来欺凌时，社会被迫做出了强烈反应，运用抵制这一工具，试图发出自己最后的怒吼。有若干研究表明，这种抵制在经济上是不合算的。但是，在这样的时刻，理性是没有说服力的。在当时落后的通讯、交通和教育条件下，抵制的风潮能够席卷全国，本身就显示出弱小民族的不甘与挣扎，具有充分的正当性。

然而，初生的菜鸟必须在相互往还中锻炼成长，离不开在经济、社会、文化等方面与外部世界正常交往。可是，积弱的国情，不可讳言同样落后的民情，必然造成在这种正常交往中出现诸多的不和谐乃至争端；强者的骄傲，自居先进的高人一等，也随时会在正常交往中显露无遗。于是，以怎样的姿态与外部世界往来，对于当时所有的中国人来说都始终是一个问题。

随着交往的增多，中国人的自我认同不可避免地掺入了他人的视角，并在他者的视角下强化了民族认同。而另一方面，因长期的不平等而变得敏感的心灵，对来自他者的歧视与偏见，也更加难以接受。在高涨的民族认同和敏感的心灵的双重作用下，对部分甚至个体中国人的伤害，都可能会被看作是对全体中国人的伤害；反过来，即使伤害仅仅来自特定的外国人，也可能会被看作是整个国家的过错。就这样，在20世纪上半叶这个万方多难的救亡之秋，一种合乎情境但未必理性的情绪，被深深植入了这个民族的文化记忆当中，任何的歧视和偏见都有可能会被看作是对全体中国人的侮辱和挑战而招来极大的愤怒和还击；而还击的目标所指，也不仅仅局限于当事的外国人，而是指向了具体行为人所属的整个民族国家，并波及到所有带有这个民族国家符号的一切事物。

就这样，抵制某货这一行为从此混杂了两种可能，它既可能是针对国家的行为，从而具有充分的正当性，但也可能是针对民间行为，而不能不说是一种过度的联想和放大，而不那么具有正当性。“华人与狗不得入内”的伤害看似围绕公共场所的观念之争，但在当时，却不能不演变成一种全面的民族情绪。这种因长期屈辱而激发的民族情绪，敏感而不无极端。尽管我们必须理解甚至尊重这种情绪，但是，由于这种情绪往往过于轻易地将民间交往中的特定伤害与作为国家行为的侵略欺凌相联系，从而混淆了正当有益的相互交往与国家间侵略欺凌的界限，成为一种狭隘的民族主义。当这种思维因为长期的历史屈辱，尤其是因为侵略等国家行为而强化之后，就进入到我们民族的文化记忆当中，成为了朱学勤先生所言的某种“病灶”，一有条件，就会在随后的岁月里屡有发作。

第四回合：当走兽变为飞禽

历经八年艰苦卓绝的抗战以及中华人民共和国的最终建立，由帝制国家向民族国家的现代转型基本告成。由于历史的特殊缘由，中国加入了东方阵营，以一种新颖的方式展开了自己的现代化历程。在共和国的前30

年历史中，中国并没有选择与外部世界隔绝，即使在与以苏联为首的社会主义阵营的交往也出现问题之后，中国与第三世界的外交依旧轰轰烈烈地展开，并最终于1971年回到了联合国。

但是，冷战对峙的现实，导致了中国与西方的对立隔绝，与之相伴的意识形态动员，给中国人的国际思维增添了新的变量。两大阵营的对立，以及战后民族国家的纷纷独立，被整合进了一套意识形态表述之中。“不是东风压倒西风，就是西风压倒东风”，这种简单对立的零和思维不仅养育了对世界革命的狂热向往，并在“文革”这个极端的年代发作为火烧英国在中国代办处以及在异国大打出手的狂热举动，更重要的是，在这种简单对立的零和思维之下，对西方这个符号的否定，也意味对所有西方“没落腐朽”事物的全面拒绝和抵制。这种以符号为标志的全面抵制思维，就此连通上了上述所说的那种狭隘的民族主义。

开始于30年前的改革开放，尤其是发端于1992年的全面开放，重塑了中国与外部世界的关系，也让这种意识形态思维暂时沉寂了下来。从1990年代“让中国走向世界，让世界了解中国”，到今天“同一个世界、同一个梦想”，口号的变迁见证了中国与世界日益紧密的联系，加入WTO、成功申办奥运等一系列的步骤，则标志着中国初步完成了由走兽到飞禽的历史巨变。历经160多年，中国终于由一个传统的封闭帝国转变为一个自立于全球体系当中的民族国家。

交往的深入带来了相互了解的增加，这是合的一面，但在同一枚硬币的另一面，交往的深入也强化了和他人的区别意识，促进自我的民族认同，这是分的一面。随着中国与世界交往的日益深入，越来越多的中国人获得了与外部世界直接交往的机会，这也就意味着曾经抽象的“中国人”这一概念获得了更多认知和感受的内容，而更加丰满真实。中国人的民族意识由此而有某种程度的高涨，应该是难以避免的。

但是，民族意识的高涨也带来了新的现象。无可否认的是，即使是在冷战已经结束，全球化日益深入的今天，国家与国家之间的关系也远非田园牧歌式的诗意，而依旧存在着若干的矛盾乃至争端，而人民与人民之间的交往也依旧存在着误解、偏见乃至恶意的歧视。只不过，这些并非事情的全部，更应该看到的是，中国在与世界的日益交融中获得了从未有过的发展进步，中国与世界的关系，中国人与外国人之间的密切交往，也获得了从未有过的亲善和互利。

可是，近年来，一种可称之为商业民族主义的东西开始大行其道，一些传播工具对外部世界的信息加以精心裁减后再商业化传播，这种手法拥有了极大的受众，并由媒体到网络，敌意和不信任的气氛在相当群体中蔓延。通过对历史屈辱的强调，通过意识形态化的敌对意识和阴谋论思维的发酵，将每一次中外之间的矛盾争端，上升为你死我活的对立，将特定的事件，上升为整体的对抗。与这种夸大情绪相伴随的举措之一，就是呼吁抵制所有带有特定民族国家符号的事物。

很显然，在全球化日益深化的今天，对带有特定民族国家符号的事物一体加以抵制的呼吁，已经悄悄化作了某种只具有象征意义的举动。这表明，随着中国由走兽变为飞禽，成为相互依存的全球体系中的一员，不仅义和团时的封闭倒退指向已经荡然无存，即使是遗留的文化"病灶"以及残留的意识形态对立思维，也日益失去其充分的说服力。

伴随着中国近些年的迅速发展，"中国人"这一概念也注入了更多的自信和骄傲。近年来，从海外华人自发活动当中，我们可以真切地感受到这一点。要求西方更多地正视中国，更少偏见和歧视地看待中国，本应是一个正当的要求。但是，偏见的消除，只能来自于更深入充分的交流和了解，而抵制所有带有特定符号的事物，本身就是一种简单化的偏见，它只会带来更多的偏见，而无助于消除偏见。

无可否认的是，随着中国的迅速发展，部分西方人产生了某种忧虑乃至恐惧的心理。但是，无论如何，飞禽不可能退化为走兽，中国还将与整个世界一道在更加全球化的环境下发展演进，在这样的时代，抵制某个特定国家符号的一切事物，更像是遥远时代的回声。

第五篇

日本侵略耽误中国多少事

1937 年的早些时候，正在中国旅行的美国人拉铁摩尔对英国记者勃脱兰说：“这太像 1931 年了，太平静了，太平静了，平静得不能让我们放心。我们怕又要见到一个‘九一八’了。”

果然，卢沟桥畔的那一声枪响，发出了这一年最惊天动地的声音。

但这一声枪响之外，还有很多声音作为背景，被淹没在历史的惊涛骇浪深处。或许，在隆隆的枪炮声中更仔细地聆听那些细微而嘈杂的声响，更能演绎出历史的主调，更能描摹出 1937 年的中国。

1937 年 7 月 7 日之前，是怎样一个中国？

◎ 日军在“九一八”事变后全面侵华

在这一年，中国拥有了3935家现代工厂，1万余公里铁路，11万6千多公里公路，12条民航空运线路。

追溯此前十年间，工业经济增长率平均达到9.3%，经济增长率估计达到11%以上，为当时中国有史以来增长最快的时期。

同样在这个时段，中国小学生人数增长了86%，大学生人数增长了94%。

到这一年，法币已成功运行了近两年。全国币制渐渐统一起来，中国经济初步形成统一的格局。《第二次中日战争史》评价，假如中国一直停留在银本位时代，中日战争一旦爆发，就会因为战费筹措困难，抗日战争恐怕无法支撑半年以上。

4月1日，国民政府设立了盐务总局，从外国人手中收回了主权。在此7年前，中国海关实行海关新税率，这是近百年来中国第一次行使关税主权。

至这一年的6月底，国家税收总额达到法币8.7亿元，是8年前的2.6倍。而贸易逆差为1.5亿元，不足两年前的一半。

至1937年，中国棉、稻、麦也基本实现了自给，经济学家何廉说："农业经济发展已步入'起飞'之路"。

有了这样的经济基础作底子，忙碌的中国陆军整理处处长陈诚，正致力于将拥有170余万人，超过180个师却隶属不同派系的中国军队整训为一支现代化武装。按照他们的计划，到1938年底，中国将拥有60个具有现代作战能力的陆军师。在湖南或是南京等地兵工厂，已经制造出德式1924式步枪，仿捷克式轻机枪，金陵兵工厂出品的重机枪已经与德国制造的一样好。到1937年5月，中国空军已有600多架飞机及262个机场。

到这个时候，1936年12月首批征集的新兵约5万人已经入伍，这得益于当年3月1日开始实施的《兵役法》，推行征募并行制，"凡我国民须知服行兵役为人人应尽之义务"。这也使得在全面抗战爆发的半年内，中国能够迅速征募约70余万壮丁，作为士兵投入到战场。

1937年上半年，从西安事变中脱身不久的蒋介石，与中国共产党代表

◎ 1937 年 5 月，国民党派出中央考察团到延安和红军驻地考察，延安城南门高悬标语：“欢迎为国共合作而努力的中央考察团”。

周恩来等多次进行关于国共两党合作抗日的谈判，并最终原则上承认国共合作抗日，并同意红军改编为三个师 4.5 万余人。

全国大体上实现了政治和军事的统一，大约两年前，美国驻华大使詹森向美国国务院报告说：“川黔已入蒋委员长统治的范围，在另 23 个行省中，他的力量已扩展至 11 省。云南不久也将划入他的统治。”

蒋介石还在致力于推动他的“新生活运动”，以使国民的生活“军事化、生产化、艺术化”。他说，“我们要打倒日本侵略的武力，先得打倒日本侵略的精神；要打倒日本侵略的精神，先要完成自己应该具备的革命精神——固有的民族精神。”

这一切的种种努力，成败得失均有之，但多少给了百年积弱的中国的人民以一些信心。或许是出于鼓励国人信心，胡适在较早前说：“平心说来，最近二十年是中国进步最速的时代。无论在知识上、道德上、国民精神上、国民人格上、社会风俗上、政治组织上、民族自信力上，这二十年的进步都可以说是超过以前的任何时代。这时期中自然也有不少的怪现状的暴露、劣根性的表现；然而种种缺陷都不能灭损这二十年总进步的净盈余。”

至 1937 年的那十年，在学界亦有“黄金十年”之称，虽然仍旧内忧外患不断，仍旧是百弊丛生，但于内，中国步入了近代相对快速的发展时期，于外，至少在当时的领导人看来，则有屈以求伸，蓄力备战的战略谋划。按照蒋介石的说法，“果能和平有和平之限度，牺牲有牺牲之决心，以抱定最后牺牲之决心，而为和平最大之努力”。

1936 年 12 月 1 日，军政部次长陈诚讲道：“假如现在就发动对日本作战，一定会处于被动地位；再迟一年，最低可以争取到半主动地位；再迟两年，可以争取到完全主动的地位。”

而战争打响两年后，一位外国学者著文说：“中日战争在中国来说是早了五年，在日本来说却是迟了五年。”

但是，日本没打算给中国从容备战的时间。他们已察觉到中国的种种变化，如一位中国历史学家所写，“如让中国有更进一步的自强机会，日本就会等于自杀。”

这一年，中国驻日本大使馆向外交部报告：日本朝野觉得中国日渐中央集权、充实军备和修筑国防工事，将会从抗日走向侮日的道路，日本将不惜用一切手段，甚至直接在中国夺取政权。

而紧随而来的卢沟桥枪响，使日本也陷入了长期苦战的泥沼，也使中国耽误了和平建国的机会。

常常有这样的假设：如果再给中国五年时间，又会怎样？

历史不能假设，但 70 年后却给了我们回望与反思的视角——1937 年 7 月 7 日前，尚未被硝烟笼罩的中国。

元旦

一代文豪胡适用了 7 个半小时，才写完了一篇 3 千字的文章，文章提出了三个愿望，但后来却只实现了一个。

3 月 3 日

老资格外交家王宠惠接替张群成为国民政府外交部长——这或许是当时中国最不讨好的一个职位。但数年之后，居然峰回路转，百年来的外交弱国一跃而成世界五强。

6 月 12 日

孔祥熙出现在德国贝西特斯加湖畔的希特勒别墅中，宾主言谈甚欢，但最终没有能挽回中德多年的军事合作关系。虽然德国顾问法肯豪森亲自参与指挥了当年的淞沪会战，却不得不在次年黯然离华。

8月

宋子文主持救国公债劝募工作，以抗日救国为号召，1个月内，公众认购2.4亿元，完成设定总额一半。

12月14日

王芸生在给《大公报》写下最后一篇社评《不投降》后，率领《大公报》西迁，他给上海留下的最后一句话是："到今天，我们所能自勉兼为同胞勉者，唯有这三个字——不投降！"

一、宋子文：党国金融家

宋子文与同事的确试图为中国打造一套统一的、现代的经济制度。但在蒋介石看来，他更需要的不是一个中国的汉密尔顿，而是一个予取予求的军需官。

抗战爆发不久，由于军费骤增，国民政府面临沉重的财政压力。为缓解压力，国民政府于8月份决定发行救国公债5亿元。这5亿元对于抗战初期的中国来说，只是杯水车薪，但却成为检验民间抗战信心的风向标，而这个艰巨的任务，落在宋子文的身上。

◎ 宋子文

无力回天

对于一个没有稳定财政收入来源，且又经常陷入内外纷争的前现代国度而言，最大的支出几乎永远是军费，而最应急的出处一向是公债。《剑桥中华民国史》这样写道：“在1928年到1937年，中国年支出的40%～48%用于军事目的。军事拨款加上公债和赔款的还本付息，占每年总支出的67%～85%。”

在被军费重压搞得焦头烂额以前，拥有哥大经济学博士学位的宋子文就认识到建立现代财政体系的重要性，从广州政府时代起便已着手进行财政改革试验。后来，随着北伐的进展，“这个瘦高个、态度生硬、表情严肃而又聪慧的革命者——宋子文，把他的财政改革推行到每一个占领的城市。他成了中国的亚历山大·汉密尔顿。”《时代》周刊描述说。

《时代》的说法显然言过其实。宋子文从来未能将改革推行到每一个占领的城市。终南京政府22年统治，能从各方面进行有效治理的从来只有长江中下游数省。同样，宋也不可能成为中国的亚历山大·汉密尔顿。华盛顿从来不会干涉汉密尔顿的财政大计，汉密尔顿和他的头号对手杰弗逊之间的纷争归根结底是州权为主的农业立国主义与联邦财税体系下的工商立国主义之间的路线之争，其间并无个人的私利在里面。

而蒋介石从来没有全心全意支持过宋的财政改革，取舍的主要标准是改革是否符合蒋的政治目标：比如铲除政治异己。与此同时，那些惯于把持一方财政的地方实力派，更是对宋的改革阳奉阴违，虚与委蛇。

在1928年7月召开的全国财政会议上，宋子文详细阐述了统一财政的主张，强调财政统一是立国之本：“盖庶政非财莫举，如财政不能统一，则其他庶政，更无统一可期。”此次会议共审查修正通过了138个提案，如《统一财政案》、《整理财政大纲》、《统一全国盐税收入案》、《统一关务用人行政及税款收入案》等，涉及财政统一的方方面面，可谓详尽。

在接下来的建立预算制度、裁撤厘金、明确税种等方面，宋子文也都主持拟定了详尽的方案，如《划分国家收入和地方收入标准案》、《预算章程》、《办理预算收支分类标准》等。

然而形格势禁，这些符合现代财政治理精神的方案并未带来宋子文预期中的成效。《剑桥中华民国史》精辟地指出：“的确，政府曾进行若干改革，有助于奠定统一的、现代的经济制度的基础。可惜的是，这些改革仅部分奏效，因为，如国民党政府的其他方面一样，在政策的制定和实施之间常常有很大的距离。”

导致这种距离产生的主因是徒有其表的统一下的地方割据。这个自清末以来的中国政治癌症在南京政府治下依然没有得到根治的迹象。不甘就范的新军阀们随时准备为维护自己事实上的独立而大打出手，宋为确立各省预算而建议实行的裁军计划，就导致了 1930 年的中原大战。

即使在那之后，暂时有所收敛的地方实力派们依然设法对抗财政改革。例如俗称买路钱的厘金被废除了，但各省政府往往很方便地用“特种消费税”或其他各种委婉的名目取代它。而作为政治妥协的象征，占财税大头的田赋被当作地方税种留给了各省，按《剑桥中华民国史》的说法是“南京政府对政治现实的承认，意味着为了换取各省软弱的支持，中央政府放弃了对创造国民总产值 65% 的农业部门的财政权力。”

而蒋介石本人也对财政改革的“半拉子”工程负有不可推卸的责任。在能够以确立预算之名迫使地方派系裁军削减军费的时候，蒋对宋的支持是高调的，而当宋的谨慎型财政无法满足他对军费的胃口，甚至令他感到被束缚手脚的时候，宋之被冷遇乃至被排挤就在所难免了。

1933 年 4 月，蒋公然另起炉灶，把鄂豫皖三省“剿总”内部的农村金融救济处改组为鄂豫皖赣四省农民银行，归自己指挥，以便绕开宋子文直接筹措军费——相对于一个雷厉风行的中国汉密尔顿，蒋更需要的是一个予取予求的军需官，一个他个人的银行家。

种种妥协和掣肘造成了如下结果：地域上来说，中央政府的税基主要集中在沿海和长江流域南京政权能够实际控制的省份；从工业部门来说，则集中在新兴的制造和贸易部门，它们的集聚地恰好也都在沿海和长江流域。

历史将很快证明这种财税基础的脆弱性：抗战初期这些地域的沦陷，令国民政府迅速陷入了灾难性的财政危机中，只能靠大发战争公债和滥发法币来左支右绌，直至 1949 年，也没有从根本上翻过身来。

改革在困境中进行

《大公报》在1936年12月份的一篇社论中写道："在最近几个月内，国人的信心好像又死而复生了。"《剑桥中华民国史》将民众这一新的乐观情绪主要归因于"两广事变"的平息——作为公然反对南京统治的最后两个省，两广的失败令国家的统一感空前增强——和由宋子文、孔祥熙联手打造的币制改革成功所带来的不期而至的经济复苏。

1935年的币制改革的核心是放弃因白银大量外流而难以维系的银本位，改为管理通货。改革的成功令法币的地位得以确立，南京政府突然发现只要能够维护法币对外汇价的稳定，自己可以增加钞票——从1935年11月到1936年底，法币的发行额从42700万元增至1242879万元，以满足财政需求而不致引起大的波动。

一种良性的通货膨胀作为副产品出现了。到1937年中期，农产品的价格恢复到了1931年的水平，其时又适逢农业近20年来最大的丰收，双喜临门的农村迎来了多年不遇的景气。《剑桥中华民国史》描述当时的状况说："随着农村的相对繁荣，农民开始购买1931年以来从不敢企望的工业品。这对城市经济也是一个新的刺激。"

考虑到凯默勒委员会曾在1928年认定中国的货币制度"无疑是最糟的通货，为任何重要国家所仅见"，1935法币的成功发行简直可以称得上是一个奇迹。在这数年间的币制改革路线图上，从废两改元到整理纸币，再到统一纸币发行权，到最后确立法币，每一个节点上都闪现着宋的身影。

两元并行堪称最具中国特色的货币现象。清王朝解体，民国成立经年，但由于军阀各立山头，导致各地铸币成色重量参差不齐，在商品交易过程中竟仍需要将现代意义上的铸币换算成封建农业时代的银两才能彼此对接，充满讽刺意味。宋子文主导的废两改元，实际上一举废除了银两和旧银元，使统一的银铸币大量进入流通领域，从而为纸币的改革奠定了坚实的基础。

宋出任财政部长之初，国内有纸币发行权的银行数不胜数，统一纸币发行权成为迫在眉睫的任务。为解决此问题，宋子文没有一刀切地取消相关银行的纸币发行权，而是采取了以增量改革带动存量问题解决的路径。

增量方面，公布实行《中央银行条例》，确立中央银行的纸币发行权，对于新开设的银行，则规定一律不得发行纸币；存量方面，对于已有发行权的银行设立种种限制，达不到条件者则收回发行权。宋自述其思路为："俟稍假时日，中央银行普及全国以后，中央纸币即可到处通行，而各银行之纸币自当渐次减少，然后再限令各发行银行分期自行收回，撤销其发行权。"与废两改元一样，此次改革宋子文也想来个"一箭双雕"：统一发行权与整理纸币一次完成。

在宋子文的主导下，中央银行作为国家银行的地位已基本确立，不过，面对实力强大的民间商业银行，南京政府尚未取得完全优势。据史料记载：在总经理张嘉主持下的中国银行，当时无论在存放款额上还是在纸币发行额上，始终高于南京政府的中央银行。

如何收服乃至控制以中国银行和交通银行为首的民间银行，被南京政府视为实施金融统制的关键。在这一点上，蒋介石、孔祥熙和宋子文达成了高度共识。1935年3月底，在蒋介石授意下，时任财政部长的孔祥熙出面训令中国银行进行股改，增加政府股份至50%，并由宋子文担任董事长。不久，交通银行也"顺利"官化，与中央银行、中国银行和由蒋介石打造的鄂豫皖赣四省农民银行转化而来的中国农民银行一起成为四大政府银行。

中国银行业的官僚资本化就此拉开大幕，《剑桥中华民国史》指出：1935年南京政府拥有10家现代银行（包括四大政府银行）资本额的4/5，其他主要的私人银行，也都在四大政府银行控制或影响之下。

银行业财源的集中，在某种程度上保证了接下来的法币改革的成功，以及抗战期间战争公债的顺利认购和四联总处（中国、中央、交通、中国农民四银行联合办事总处）的平稳运作。然而，缺少民间银行掣肘和独立部门监控，也为四大银行日后滥行通货膨胀埋下了伏笔。

永远的战时劝募者

1937 年的宋子文，在离开国民党权力中枢几年后，因抗战的爆发重新活跃于中国的政治经济舞台，主持了旨在弥补国民党军政开支缺口的救国公债的发行，并积极参与了以四联总处的成立为标志的战时金融体系的筹建工作。

对于宋子文的理财能力，感受最深者当属蒋介石。美国《时代》周刊曾这样描述二人的关系："孙博士逝世后，蒋介石成为国民党革命的领袖。在他从广州北上进行举世闻名的北伐过程中，这个年轻将领的身边始终伴随着他的年轻的理财专家。"

虽然此时蒋介石尚不欲宋子文重返权力中心，但考虑到宋子文的影响与专长，加之财政部长孔祥熙访欧未归，遂让宋子文主持救国公债的劝募工作。

宋的劝募工作雷厉风行，卓然有成。他首先成立了一个名为救国公债劝募总会的全国性劝募机构，以此为平台，将社会贤达和政商两界的实力人士"一网打尽"，尽数封为总会的常务委员。随便拈出若干名头，便不难想见常委阵容的一时之盛：宋庆龄、孙科、何东、张伯苓、顾维钧、俞鸿钧、杜月笙……。他们成为劝募总会最好的名片，起到了极佳的宣传动员效果。这些人的加盟，充分展现了宋子文的人脉与号召力。

除了借助关系网外，宋子文还充分发挥自身及旗下金融机构的力量，先行一步，做认购公债的"领头羊"。宋本人认购了 5 万元，恰好是公债总额的万分之一，巧妙譬喻了集万众之力的意味。宋为董事长的中国银行认购了 1000 万元，宋旗下的其他金融机构和公司如中国保险公司和扬子电气公司等也分别认购了总额达 1000 万元的公债。

宋系银团珠玉在前，其他金融机构也纷纷跟进，如中央银行系统认购总额也达 2000 万元，交通银行达 500 万元。加之各界人士和广大民众的热捧，从 1937 年 9 月 1 日到 10 月 1 日，仅一月之内，救国公债已售出 2.4 亿元，将近总额一半。

以发债方式筹措军费对于宋子文来说实乃轻车熟路，经验非自抗战始。在1928年初重新出任财政部长后，宋面临的首要急务就是为准备继续北伐而又囊中几乎空无一物的南京政府筹集军费——宋后来在《国民政府财政部最近三个月》中回顾说："迨子文就职，正值军事进展，饷需之繁，什倍于昔。"

自那时开始，此类债券的大部分被银行持有。以1936年2月的情形为例，银行共持有2/3未偿还债券。这样的银政合作，按《剑桥中华民国史》的说法就是：在中日战争爆发前的十年中，中国确曾有过发展现代银行系统，但却被歪曲成为向总是欠债的政府筹措资金的工具。

换言之，私营生产和贸易部门所需的资金被无可避免地挤占了。回头来看，正是由于由银行业集中带来的官僚化运作和国家资本对经济控制的日益加深，加之外部政治军事环境的恶化，令国民政府的财政金融体系走上了一条官僚资本膨胀与滥行通胀互为恶果的不归路。

二、王宠惠：苦撑危局

◎ 王宠惠

1937年的中国是孤独的，王宠惠同样也是孤独的。那时的国民政府外交部长，并不是一个令人羡慕的职位。7月9日的那个早晨，南京酷暑难耐，刚刚下飞机的王宠惠思考的问题是：如何起草第二天向日方提出的书面抗议。

1937年3月3日，王宠惠接任刚刚辞职的张群成为国民政府外交部部长。巧合的是，就在同一日，佐藤尚武也入阁成为新任日本外务省大臣。

对日外交，一直是南京外交部大楼里的官员

们数年来最头疼的任务。日趋紧张的中日关系，曾令数任外交部长束手无策。这座位于南京中山北路32号的建筑，数年里迎来送往，在此之前的历任部长任职很少能够超过两年。

张群在辞职后如释重负，“我这一年多外交部长的生活，戒慎紧张，苦恼多而欢乐少，而且未能有效的实际改善中日关系，未符最初期望……”

部长们并非都是无能之辈，在这些来去匆匆的人群中，囊括了国民政府所能找到的最优秀的职业外交人才，如王正廷、施肇基、顾维钧等人。但中日关系不仅没能好转，反而越来越滑向全面战争。

在这栋大楼里的每个人，都深知此时接任外交部长意味着什么。还是在1931年，时任外交部长的王正廷就因为处理中日关系不当，被愤怒的学生围攻殴打。“不幸的王正廷博士，作为南京的外交部长，其‘对日政策被认为不积极’，被爱国学生殴打致伤。上周，他的伤势部分痊愈，但有三处重伤，其中膝盖严重骨折，令他颇为痛苦。医生说，他如果走路，将跛行。”美国《时代》周刊当时报道说。

但和后来的汪精卫相比，仅仅是被打伤的王正廷应该感到欣慰。1935年11月，时任外交部长的汪精卫在总统府大礼堂被人枪击，连中三弹，侥幸存命后，随即辞职。继任者正是张群。

1937年的国民政府外交部长，并不是一个令人羡慕的职位。

没有希望的“和平”

王宠惠不是外交界的新人。这已经是他第二次在政府中主政外交。但距离上一次，已经有25年之久。

1912年1月5日，他从孙中山手里接过外交部总长的委任状，成为中华民国临时政府中最年轻的总长，那一年他31岁。而今已经56岁的王宠惠再次入主外交部，一定会想起自己当年的任职经历。那一次，因为袁世凯的北京政府成立，他在此位置仅仅两个多月就卸任了。

但这一次，仅仅任职两个多月的不是王宠惠，而是和他同一天上台的佐藤尚武。作为对华温和派的代表，还是在3月2日，佐藤抵达东京时，就提出了入阁条件——“必须以平等的立场与中国进行和平谈判，调整国交，缓和两国之间的利害冲突。”

随后几日，在贵族院议会上，佐藤要求从“新的出发点”将日中间的问题加以纠正。而这一“新的出发点”就是“各国根据平等的立场进行交涉，此乃国际常规；根据这一常规而与中国进行的交涉，可以说是以一般的理念、一般地处理极为一般的事情。”

这样的表态，曾短暂地让南京外交部松了一口气。王宠惠随后在与日本驻华大使的会谈中，也对这种“新出发点”表示了认可。《大公报》乐观地表示，这位佐藤外相，与其他前任相比，有“隔世之感”。

与外相的表态相比，日本内阁四相（外务、大藏、陆军、海军）会议在当年4月通过的《实施对华政策纲要》和《华北政策指令》更加具体化，会议决定不再谋求华北自治或促进分裂运动，也不鼓励和支持地方政权分裂。同时还提出了废止冀东自治政权和终止走私贸易的相应计划。

《剑桥中华民国史》这样评价：“这是一个惊人的政策转变，也是对军方肆无忌惮的扩张战术失败的一次坦率的承认。不幸的是，它来得太迟了。”

的确是太迟了，日本军部显然不能容忍有这样一位“温和”的外长。1个月后，无法抗拒军部压力的日本内阁总辞职，佐藤外交路线随之流产。

对于这样的局面，王宠惠应该不会感到意外。即使是佐藤不辞职，中日之间的积怨也不是单单一个外交部长所能化解的，无论在中方还是在日方，都是如此。作为一个资深的外交官，王宠惠不可能不明白这一点。

在全面抗日的大氛围中，战争既然已经是不可避免，作为外交部的主政者，唯一能做的事情就是缓和局势，延缓战事，以让国家获得更加充分的准备时间。

“好人”的理念

细究起来，王宠惠从踏入政坛开始，就从来是在维持危局中度过的。1912年任临时政府外交总长，忙于让新生共和政体得到列强承认。1921

年任北洋政府派驻华盛顿会议全权代表，则忙于利用国际环境废止对日“二十一条”。1936 年初，还在海牙国际法庭法官任上的王宠惠被急召回国，调解两广地方实力派和南京政府方面的矛盾。两广矛盾刚刚缓解，张群又在此时辞职……

王宠惠在民国政坛中是个有名的“标准好人”，“为人谦逊，没有别的嗜好，爱吸老牌雪茄烟喝红茶”。平日深灰西装，素色领带，银色手表，常年是标准英国绅士的打扮。他喜欢交响、提琴、钢琴等西洋音乐，却对京剧昆曲的兴趣不浓。这和他受到完整的英美教育有关。

1881 年，王宠惠生于香港一个信仰基督教的家庭，幼年进入圣保罗学校接受英文教育。1899 年，他以第一名的成绩从天津北洋大学堂法科毕业，并获颁发中国第一张大学毕业文凭。1902 年王宠惠赴美留学，在耶鲁大学获得法学博士学位之后，王宠惠赴英、法、德等欧洲国家，研究国际公法并考察各国宪法。他取得英国律师资格，还被选为柏林比较法学会会员。

最先为王宠惠带来声誉的正是他在法学方面的造诣。1907 年，王宠惠翻译的《德国民法典》英文版由伦敦斯蒂芬斯书店出版，这本书在西方世界好评如潮。一直到 1970 年代，王译《德国民法典》仍然是美国高校法学院中的经典教材。美国前总统尼克松访华时，还提到王宠惠，因为他上大学时用的正是这本书。

王宠惠的履历表在变乱纷争的民国时代罕见的“完整”，几乎在各界政府中都担任过要职，孙中山时期的外交总长，唐绍仪内阁的司法总长，黎元洪北京政府的大理院院长，梁士诒内阁司法总长、教育总长，1922 年“好人政府”的内阁总理，1927 年南京国民政府司法部长，再到如今的外交部长，期间还两次出任海牙国际法庭法官。

作为民国政坛的“常青树”，各届政府首脑总是在处理最棘手问题的时候想到王宠惠。但他绝不是一个没有政治观点，只是四处和稀泥的“好好先生”。1915 年，袁世凯称帝前夕，曾派王宠惠旧交来游说，让他写作一篇鼓吹文章，许以 50 万现金。王宠惠愤然说，“余之笔专为共和民主而写作，不能以拥护帝制受辱。”一句话，将他的英美教育背景表露无遗。

1922年的《申报》或许能解释王宠惠受到各方欢迎的原因，“（王宠惠）于国内曾居高位，于国外闻望尤著，其德行、其胆识俱无可议，且具绝大才识，平日居官，未尝染有党派臭味，为北京惟一人物，不隶属于国民党，而不为孙文派所反对，其持论并非激进，而能得学生及新派之信仰，即大学中极端派，于王氏亦无间言。”

“技术派”遇到的新问题

“七七事变”发生的当日，王宠惠还在庐山。

从5月底开始，蒋介石、汪精卫等大批党政军要员就上了庐山。当时，也正是佐藤辞职之时，中日外交关系缓和的一线希望随之破灭。刚刚辞职不久的张群以中政会秘书长的名义邀请全国各界名流商讨抗日之事，被邀者计200余人，谈话日期定自7月15日至8月15日，分三期进行。

谈话还未开始，中日战事已开。王宠惠在7月8日了解到事端之后，即指示外交部人员向日方口头抗议。7月9日，王宠惠飞抵南京，10日向日方提出书面抗议。“日军此种行为，显系实行预订挑衅之计划，尤为不法。”王宠惠要求，日军应正式向中国方面道歉并处罚负责人员，赔偿损失，并保留中方一切合法要求。这是中方正式向日方提出书面交涉。

这可能是王宠惠外交生涯中最紧张的几日。上任4个月来，虽经百般维持，但战事一开，已无后路可退。

有着深厚国际法学养的王宠惠，多年来力图将中日问题国际化，用英美苏等国的力量来牵制日本。还是早在1921年，王宠惠作为全权代表参加华盛顿会议时，就在会议中突然提出废止“二十一条”的“临时动议”。日本代表毫无准备，措手不及，本想将日中问题限定在双方解决的希望破灭。在国际压力下，日本代表于次年2月正式声明：放弃对中国南满及东盟的特权。王宠惠在会上展现出深厚的英美文化背景，以及纯熟的国际公法学养，给人印象深刻。日后他当选海牙国际法院法官，也同样有赖于此次会议给他带来的国际声望。

就外交的技巧来说，在整个中国，似乎也只有老资格的外交官顾维钧可与之媲美。“王（宠惠）博士是位热心的国家主义者，虽然他的本行是民法，但他对各种能影响中国国际关系的事务均具有深厚的兴趣。”顾维钧曾如此说。

但无论如何纯熟的外交技巧，也只能在承认国际交往普遍原则的场合适用。对于1931年之后的日本，这样的技巧似乎很难有用武之地。1932年2月24日，松冈洋右率领的日本代表团在国际联盟通过谴责其入侵中国的决议后，集体退场。对比十年前华盛顿会议后的局势，日本显然已经不再把国际主义的原则放在眼中了。

如果说在华盛顿会议上，王宠惠还能纵横捭阖，游说于列强当中，用国际公法为中国争取一些利益的话。到了1937年，王宠惠所能依恃的国际格局早已天翻地覆了。

由外而内

1937年的中国是孤独的，王宠惠同样也是孤独的。

《中国外交史》一书中，这样叙述了抗战开始时，中国外交四处碰壁的困境：英外相艾登希望“日本自我节制”。美国国务卿赫尔希望“中日两国不要诉诸战争”，强调“美国所关心的是保全在华美国人的生命财产。”德国大使陶德曼表示，“德国虽愿调停，但日本已声明不愿第三国干涉，所以调停不会收效。”法国大使那齐雅则表示，“日本不可能最终战胜中国，日本会像百年战争时代英国未能征服法国那样退回三岛。”诸国空谈大于实际行动，只有苏联表示它将支持中国抗战，但对调停则拒绝参与。外交部派顾维钧等人在国联大会第18届常会上提出申诉，但会议没有通过任何制裁日本侵略的决议。

不知道此时的王宠惠会不会想起自己当年在华盛顿会议上的那个比喻——他将当时的中国局势比作一间“墙壁破朽”即将垮塌的大屋，全靠屋后五根大木支撑，这五根大木就是靠国际公法维持的几个条约。看似大屋没有垮，但是支撑却太薄弱，“所支之木，不过能支一时，亦不能支永久。”

他是希望国家能早日自强，改变靠条约维持的局面。“我们希望外国救中国而外国希望中国救自己，诸君想来岂不痛心？”

回国后不久，胡适、蔡元培、梁漱溟等人呼吁成立“好人政府”，力图让知识丰富，品德高尚的知识分子组阁，改变武人主政的“肮脏”政治局面，以再造国家。王宠惠则积极响应，出面组阁，就任“好人政府”的内阁总理。但仅仅3个月，“好人政府”就在军阀的压力下倒台。

能够在军阀混战，政党倾轧，派别林立的民国政坛站稳脚跟的王宠惠，在此事件当中表现得如此“幼稚”，就像是不知道仅凭个人的努力，是根本不可能改变中国整个局面一样。没有人能够完全了解他当时去担任内阁总理的想法，就好像也很难猜测他在1937年敢于接手外交部长时的心境。

也许他的一次演讲能为这些选择稍稍做些注解。那是在1927年，自海牙回国的王宠惠途经广州，应邀在中山大学发表演讲，他提到：“现在北伐统一，军事已算告一段落，今后的工作，须积极从事新建设的事业……中国人向来在社会做事，都是得过且过，不是苟且于往事，便是偷安于一时，这是一种很普遍的毛病。我们今日欲求社会进化，都应该打破这种的恶习……我们要求社会进化，必须时刻有求改良求进步的观念，社会才能得着一天天的进化。”

变与不变

社会是否“一天天的进化”不得而知，但是中国面临的国际形势的确在“一天天的进化”。

“1938年初，中国人能感到不那么孤立了。布鲁塞尔会议至少表明关心远东局势的多数国家一致同情中国。苏联正向中国提供数百架飞机和数百门大炮。俄国飞行员正到达重庆。更为重要的是，美、英尽管谨慎，也有迹象要在亚洲事务上共同行动……重庆正得到美英苏无可怀疑的支持。中日战争比以往在更大程度上与他们的全球政策相适应。”《剑桥中华民国史》叙述说。

王宠惠的外交部长一职直到1941年6月卸任，那时候距离太平洋战争爆发还有6个月，但中国已经是美国《租借法案》的受援国。更重要的是，中国已经是英美联盟的一部分，并逐步获得丧失了一百多年的大国身份。

从1840年鸦片战争开始，中国的国际身份由“万国朝贡”体系的盟主变转为屈辱条约体系的弱者。所有在外交上的努力，不过是利用各个列强的矛盾而维持短暂的平衡。从1937年7月到1941年6月，四年间的变化不可不谓天翻地覆。这一影响要随着战争的进行而日渐清晰。对于一个职业外交官来说，能将危局维持至今，实属不易。

1946年，王宠惠作为中国方面的代表出席了联合国成立大会，对联合国宪章的制定提出了建设性建议，并承担联合国宪章中文版的润色和审定工作。

不知道当时作为五大国代表，在逐字逐句审读联合国宪章的文本时，王宠惠是否会想起1937年7月9日的那个早晨，当天南京酷暑难耐，刚刚下飞机的王宠惠思考的问题是：如何起草第二天向日方提出的书面抗议。

三、胡适：三个愿望

你可以不关心政治，但政治永远会来关心你；除了改造政治，你哪里还有路可寻？躲不过政治的胡适，为新年许下了三个愿望，结果只实现了一个，还是在八年之后。

1937年元旦那天，胡适一定想了很多，否则，一篇三千多字的新年祝辞，怎会耗去一代文豪七个半小时？

他一定想起了自己的宣言：“二十年不谈政治！二十年不干政治！”

那是在1917年，27岁的胡适，不是不关心政治，而是出于书生的“洁癖”不屑于谈“那种”政治。不出意外，胡适只坚持了不过两年。更为有

◎ 胡适

趣的是，这个宏愿当时就遭到了左右两面的夹击。

左的一面，陈独秀专门著文《谈政治》，说："在现实社会中，谈政治也罢，不谈也罢，谁都逃离不了政治，除非躲在深山人迹绝对不到的地方，政治总会寻着你的。"

右的一面，丁文江尖锐地批判，"你的主张是一种妄想：你们的文学革命，思想改革，文化建设，都经不起腐败政治的摧残。良好的政治是一切和平的社会改善的必要条件。"

他们都是对的。你可以不关心政治，但政治永远会来关心你；除了改造政治，你哪里还有路可寻？

胡适一生，以学术和政治为两个主题。大致看来，学术的一条曲折下行，政治的一条却昂然向上。两者的交汇点，恰好是1937年。

元旦这天晚上，他也许会想到1922年，当他决心开办《努力周报》时，一班好友建议——"专心著书，那是上策；教授是中策；办报是下策"。这一条可以和十年后傅斯年另一句名言对照——"与其入政府，不如组党；与其组党，不如办报。"

虽然都是建议，但是很明显，当年的"下策"办报，已变为最优选项，而胡适的底线也完全不同。当年他还有"干不干"的选择，而到了1947年，他好像只能计较"怎么干"了。

说到"干政治"，胡适大概还会想起当年研究系老人林长民的话："适之……是个处女，不愿意同我们做过妓女的人往来。"林当过段祺瑞内阁的司法总长，如果坐过这个位子算作"妓女"，那十年后胡适差点当上中华民国的总统，该算什么？

当然，站在1937年的门槛上，残酷图像还是未知。

胡适是个"不可救药的乐观主义者"，新年祝辞最终还是写完了，题为《新年的几个期望》。期望只有三个——结果只实现了一个，还是在八年之后；另两个，倾胡适毕生之力，都没有看到。

艰难的自由，夭折的独立

1937 年胡适的第一个期望是：“今年必须做到宪政的实行”。

“必须”二字，似乎透着些许不耐烦。这是很容易理解的，因为对胡适来说，所谓“宪政”，就是《新青年》时代的“德先生”。这面大旗他扛了差不多二十年，翻来覆去就是那一点常识。

在《新年的几个期望》里，胡适认为，宪政就是法治。这个定义他已经用了至少五年。1932 年《独立评论》创刊号上，胡适著《宪政问题》一文，写道：“宪政论无甚玄秘，只是政治必须依据法律，和政府对于人民应负责任，两个原则而已。”

再倒推十年，1922 年胡适在《我们的政治主张》中提出著名的“好政府主义”时说：“我们要求一个‘宪政的政府’，因为这是使政治上轨道的第一步。”

“好政府”是胡适的思想脉络中值得一叙的概念，其涵义是：“在消极的方面是要有正当的机关可以监督防治一切营私舞弊的不法官吏。在积极的方面是两点：⑴充分运用政治的机关为社会全体谋充分的福利。⑵充分容纳个人的自由，爱护个性的发展。”——这哪里是什么“好政府”，明明只是一个“正常”的政府。

而所谓“个人的自由”，排在首位自然是言论自由。问题是，如何实现？

胡适的答案很简单——自己去争。早在 1920 年，《争自由的宣言》就断言：“没有肯为自由而战的人民，绝不会有真正的自由出现。这几年军阀政党胆敢这样横行，便是国民缺乏自由思想自由评判的真精神的表现。”

胡适自己也是这样“争”的，从《每周评论》，到《努力周刊》，再到《新月》和《独立评论》，都是胡适自己在身体力行“争自由”。其中尤以《独立评论》的发刊辞最能表达胡适的自由理念。后有研究者列出四个要点，分别是：“公平的态度”、“根据事实的批评和讨论”、“负责任的言论”

和“独立的精神”。后来胡适还在《丁文江的传记》中加了一条：“说一般人不肯说，或不敢说的老实话”。

媒体要说老实话，恐怕和“好政府”其实是正常政府一样，只是常识，可在当时居然独树一帜。创刊两年后，蒋廷黻对胡适说：“觉得我们做的文章至少总可以算是认真想过才做的。只此一点，《独立》当然是今日国内第一个好杂志！”

除了“争自由”，对主编胡适而言，这还是他的“报国方式”。他曾不止一次在日记中记下，每到发刊前，总得搭上所有时间编稿，每每弄到凌晨。而他总是自励道：“这是做国家的事！”

无怪乎迟至1947年，有北大学生来信倾诉对时局的绝望，胡适还回答：“我们今日所受的苦痛，都是我们这个民族努力不够的当然结果。”然后又翻出自己在30年前《易卜生主义》中的话作为赠言：“你要想有益于社会，最好的办法莫如把自己这块材料铸造成器。”

这就是胡适的自由主义中，个人和国家的关系。最好的概括，莫过于《介绍我自己的思想》中这段话——

现在有人对你说：“牺牲你们个人的自由，去求国家的自由！”我对你们说“争你们个人的自由，便是为国家争自由！争你们自己的人格，便是为国家争人格！自由平等的国家不是一群奴才建造得起来的！”

“争个人的自由”，只是问题的第一步。穷胡适一生，都止于第一步。他做的媒体基本没有善终，大都在政治风浪中颠覆。胡适反对“空谈主义”而要“研究具体的问题”。但在“第二步”这个具体的问题上，胡适无法回答。他的艰难尝试，隐含在他和蒋介石长达30年的交往中。

先不妨做一个“大胆的假设”：所谓第一步，也就是胡适的“独立”、“自由”，统统是脆弱的。胡适一介书生，治学也罢，论政也罢，其独立的程度，只取决于政治对他关心到什么程度。就在1937年的这个元旦，胡适冥思苦想如何落笔时，《独立评论》已经因为张奚若一篇雄文，被河北省主席宋哲元停刊近一个月。

不过，毕竟到了1937年，积二十年“谈政治”之功，脆弱的“独立”，总算攒出几块筹码。现在是胡适个人声望的顶峰。一句“我的朋友胡适之”，居然是当年的流行语之一，不亚于今天的“PK”之类。而《独立评论》同仁，此时已有四位入阁，居部长衔。政治要来“关心”胡适，自己先得掂量一下。几经斡旋，《独立评论》居然在当年 4 月复刊了。此时胡适很可能正“不可救药地乐观”起来。这恐怕也是民国肇造以来，胡适最有理由乐观的时候。

岂料，这竟是回光返照。复刊仅三个月，卢沟桥枪响，更大也更野蛮的政治恶涛袭来，《独立评论》即寿终正寝。这是胡适主持的最后一个媒体。为政治而始，最后也终于政治。所谓“独立”，终究无法和政治较力。

“独裁无胆，民主无量”

1937 年，胡适的第二个期望是：“我们期望蒋介石先生努力做一个‘宪政的中国’的领袖”。他进一步阐释说：“宪政的精神是情愿造起法律来束缚自己。不但束缚自己不许作恶事，并且束缚自己不许在法定职权之外做好事。”

此时的蒋，侥幸从“西安事变”中全身而退，大概正在琢磨如何处置张学良。以后来张一生囹圄而观之，“用法律来束缚自己”不啻为对牛弹琴。

终胡适一生，人际关系中最说不清道不明的大概就是蒋介石。两人的交情不是善始，最后也谈不上善终，而且都是因为胡适要“争自由”。

1926 年，蒋介石领导的北伐势如破竹。胡适在日记中有如下评价：“介石之能在军事上建功，是无疑的。但他有眼光识力做政治上的大事业吗？此事我很关心。我深盼他能有政治上的手腕与见解。”

仅一年后，他就在日记中哀叹：“上海的报纸都死了，被革命政府压死了。”于是胡适披挂上阵，以《总理遗训》和《建国大纲》为依据，对国民政府痛加批判。

言辞最为尖刻的，是《国民党和新文化运动》，针对国民党中央宣传部长叶楚伧的复古文章，胡适推导出一个惊人结论：“我们从新文化运动者的立场，不能不宣告叶部长在思想上是一个反动分子，他所代表的思想是反动的思想。”

下一个推理也就顺理成章：“国民政府所代表的国民党是反动的。”

这段时间的成果，是小册子《人权论集》。其中火药味之浓郁，为胡适一生为文所少有。虽然胡适大量引用孙中山语录，但以国民党式的政教合一的性质，信仰什么，甚至是如何信仰，都是禁脔。到了1930年，迫于压力，胡适黯然辞去中国公学校长一职。那边蒋介石却不罢休，一年后还公开说：“胡适系反党。”

1932年，两人第一次见面。胡适送给蒋一本《淮南王书》，因为他认为：“道家集古代思想的大成，而《淮南王书》又集道家的大成。道家兼收并蓄，但其中心思想终是那自然无为而无不为的‘道’。”

蒋也回赠其亲著的《力行丛书》。胡适发现，书中对孙中山“知难行易”的解释，容纳了不少自己的见解。到1934年，胡适做出新判断：“他（指蒋介石）不是不能改过的人，只可惜他没有诤友肯时时指摘他的过举。”

又一年后，两人已往来数次。胡适的结论更进一步，在给罗隆基的信里写道：“依我的观察，蒋先生是一个天才，气度也很广阔，但微嫌近于细碎，终不能‘小事糊涂’。”

“小事糊涂”的解决方法，自然就是“无为而治”。既然，蒋先生缺乏“诤友”，那么由自己来扮演这个角色又有何不可？短短几年，胡适的观感发生了两次180度转变。固然是两人建立私谊后，胡适的观察更细致，更重要的原因恐怕是“九一八”，它扭转了中国历史的进程，救亡正在压倒启蒙，成为当务之急。

待到“西安事变”，胡适写《张学良的叛国》，大概是第一次正式尊蒋为“领袖”。当然在这个领袖头顶，胡适还不忘戴上一顶“宪政”的帽子。

后人读来恐怕会觉得荒诞——“宪政”和“领袖”其实是天生的死对头。宪政的国家长不出领袖，而领袖治下哪里会容许宪政？把这个荒诞还原到1937年初胡适的眼光中去，却是尴尬而辛酸：一方面，胡适在修内政和御外侮之间，毫不犹豫选择内政优先，因此当务之急是建立宪政；而另一方面外侮日甚一日，却又必须有一个领袖。

再仔细分析“宪政的领袖”，和“开明专制”已相去不远。而胡适作为“诤友”，“诤”了一辈子就“诤”那四个字——“无为而治”。品咂这四个字，目的虽然是“治”，但还隐含着一个前提，就是作为主宰力量的政治权威能够不惧于“无为”而屹立。在彼时的乱局下，这四个字和“开明专制”也就颇有契合了。

胡适的心里其实是明镜一般，所谓“开明专制”，弄到最后大都只剩一个“专制”而没有“开明”，否则他就不会在1934年时就写道：“中国今日若真走上独裁的政治，所得绝不会是新式的独裁，而一定是那残民以逞的旧式专制。”

因此，期望蒋介石做“宪政的领袖”，不是胡适揣着明白装糊涂，恐怕是在内外双重煎熬中，逼出来的“知其不可为而为之”。后人读史，不能不感慨胡适的煞费苦心和一厢情愿。

后辈唐德刚对胡适的评价是：“他是不能搞政治的。他缺乏搞中国政治主观和客观的一切条件。”

主观条件，依唐德刚的说法，“胡先生所缺乏的是：他没有大政治家的肩膀，中上级官僚的脸皮和政客或外交家的手腕；他甚至也没有足够作政论家的眼光！”

胡适的客观条件缺陷，莫过于蒋介石。后人评价蒋介石的政治人格，为“独裁无胆，民主无量”。

以“双无人格”为筹码，以“宪政的领袖”为骰子，未必不能掷出一个“无为而治”的满堂红吧？——事实上这场豪赌早已开锣，由不得胡适说不。况且有一个“无可救药的乐观主义者”敲敲边鼓，也许真能险中求胜，侥幸一把？

不过在1937年元旦，胡适还看不到赌局的结果。

待到7月，全面抗战打响，外侮主动杀将过来，压倒内政。“宪政的领袖”之赌中场休息——“领袖”优于“宪政”。

最终结果也是意料之中——只有“领袖”，没有“宪政”。不过下半场的进程就慢得多，因为胡适一直坚守到生命末期才认输。那是1960年，胡适眼睁睁看着《自由中国》重蹈自己早年政论杂志的覆辙，而雷震因组织反对党下狱。但他无能为力，只能愤然向蒋当面历陈："十年前总统曾对我说，如果我组织一个政党，他不反对，并且可以支持我……我今天盼望的是：总统和国民党的其他领袖能不能把那十年前对我的雅量分一点来对待今日要组织一个新党的人？"

身为一代自由主义宗师，胡适留下最后一句传世名言："宁可不自由，也就自由了。"此间凄凉，后人已不忍置评。

过河卒子过了海

1937年元旦，胡适的第三个期望是："我们期盼政府今年能做到整个华北的疆土的收复和主权的重建。"这个期望被排在最后，也是"内政优先"的表现。他给《独立评论》写下的最后一篇政论是《我们能行的宪政与宪法》，写于7月2日，刊发于11日。这时南苑的炮声隆隆已四天。

"七七事变"引爆全面抗战，在当年其实是个"意外"。自"九一八事变"起，每每中日冲突，乃至几次正式交战，都是"局部战争"。国民政府的"以空间换时间"的方针实际已行有六年。外界认为，此次冲突，很可能还会局限于平津一地，而终将以外交途径解决。

不过，早在1935给王世杰的三封著名长信中，胡适就提出了中日之间的和平底线是保有平津。信中，胡适设想了如下战略：⑴我们如可以得着十年的喘息时间，就应该不顾一切谋得这喘息时间；⑵我们如认定，无论如何屈辱，总得不到这十年的喘气时间，则必须不顾一切苦痛与毁灭，准备作三四年的乱战，从那长期痛苦里谋得一个民族翻身的机会。

这个翻身的机会，是"在一个不很远的将来，太平洋上必有一度最可惨的大战。"

后来时事发展，果然印证了全部猜想。

"七七事变"第二天，胡适未及转移家眷，即南下参加第一期"庐山谈话会"。上山当天，蒋就请胡茶叙。胡历陈北方的民情激愤和中央不能放弃河北。据说谈得少有的慷慨激动，令蒋为之动容。

当晚，蒋长考后决定对日作战。这场战争的真相，是“一个尚未完成统一的中世纪国家和一个第一等的现代化国家之间的殊死较量”（黄仁宇语）。

如此局面已经容不得胡适洁身自好。去美国寻求援助，并把汤姆大叔拖下水来打“太平洋上的大战”，举国之内再也找不到比他更合适的人选。于是他很快以特使身份赴美，并于翌年就任中国大使。受命当天，胡适的日记中颇有些悲壮——“二十一年的独立自由的生活，今日起，为国家牺牲了。”

胡适揶揄自己是“做了过河卒子，只能拼命往前”。但情况之复杂远超过想象。他过的不是河，而是“海”，不仅是太平洋，而且是风云诡谲的“宦海”。

为劝他就任驻美大使，蒋介石连发两封电报。胡适回复受命之后，旁人却提醒道，你还没回电呢。胡适不解。答曰，还要回前一封电报，因为“委员长给你的第一封电报，你总得谦辞一番。你怎么没有经过谦辞的手续就答应下来？”官场里潜规则的复杂，由此可见一斑。

胡适就任大使之后主要有两项任务，一是争取美援，最大的成果是在1938年10月25日，武汉沦陷当晚，获得了美国的桐油贷款2500万美元，给国内的低迷人心打上一针强心剂。

另一项，自然就是拖美国人下水。胡适运用其知名度，和在美国的广泛人脉，四处巡回演讲，以图刺破盛行于当时的孤立主义。仅1938年就任驻美大使之前，胡适就创下了51天行10600英里，演讲56场的纪录。累得48岁的胡适在当年底就心脏病发作而住院休养。

胡适在美数百场演讲的主题是：“第一，日本是世界文明的公敌；第二，中国人正在进行的牺牲，是在为美国而战；第三，美国的和平必不长久，太平洋这一战无法避免。”

一个外交使节，在所驻国四处巡游距离之长，演说次数之多，而目的就是鼓动所在国参战，堪称世界外交史上的奇观。日本那边，对美国国务院支持“战争贩子”到处巡讲，极表愤怒；另有一日文报纸在获知胡适任大使后，忧虑道：“日本需要派三个人一同使美，才可抵挡得住胡适。”而美国这边，直到战后，还有史学大家愤愤然著书说，美日之战本可避免，罗斯福不幸上了那位颇为干练的中国大使的圈套，所以日军偷袭珍珠港的罪魁祸首就是胡适！

假设这个论点真能成立，胡适岂不是挽救中国国运的第一功臣？可怜这位“第一功臣”在国人的眼中却是另一番模样。宋子文就当面对胡适说过：“你莫怪我直言。国内很有人说你讲演太多，太不管事了。你还是多管管正事罢！”

至1941年日本偷袭珍珠港，胡适的预测一一实现。美国宣战当天，胡适就认为自己使命完成，决定辞职。不过，为什么之后他又在美国滞留了四年呢？

根据余英时先生的研究，除了私人原因，更重要的是，“过河卒子”被“过河拆桥”了。其中内幕无法展开，不过就1942年10月外交部长郭泰祺给胡适的密函中，已可见中国政坛的浓浓黑烟。信中有一句意味深长的话：“在目前情况下，兄果返国，公私两面或均感觉困难，于公于私，恐无何裨益。”

大儒胡适，对于那潭浑水的厌恶，也可想而知。至今让国人津津乐道的宋美龄访美旋风，透过胡适那副深度眼镜的近距离观察，却有另一番景象：“一会儿她（蒋夫人）出来了，风头很健，气色很好，坐下来就向孔令侃要纸烟点着吸！”总体观感是：“一股虚骄之气，使我作恶心。”

胡适下海，好歹全身而退，羽毛虽然湿了一下，在大洋彼岸也很快晒干。而政治，却不肯善罢甘休。

抗战甫定，内战三年，胡适五次辞官不就。开出的价码一个比一个诱人，分别是国务委员、再任驻美大使、考试院长、外交部长。最惊人的，当然是蒋介石亲自推举胡适为总统候选人。

时为1948年国民党制宪召开国大，蒋介石嫌这部宪法规定的总统权限小，因此愿意出任握有实权的行政院长，并推举无党派又素有清誉的胡适出任“虚君”。胡适在日记中记下：“我承认这是一个很聪明，很伟大的见解，可以一新国内外的耳目。我也承认蒋公是很诚恳的。他说：‘请适之先生拿出勇气来。’但我实无此勇气。”

一年后，胡适流亡再去美国，还有一股翻腾于太平洋两岸的潜流想以他替蒋“领导救国事业”，连宋子文都来当说客，胡适自然是哭笑不得地再次拒绝了。

挣扎出政治魔爪的胡适晚境却颇有些凄凉。纽约的房子小，而夫人惟有打牌为娱乐，弄得他连寓公都当不安稳。他只能时常去图书馆，研究海峡两岸正齐头并进的批胡材料。尤为有趣的是，1956年老友陈源从大陆邀请胡适“回来看看”，并致信说，大批判“是对你的思想，并不是对你个人。”

胡适在这句话下划线，旁注道：“除了思想之外，什么是‘我’？”

这个思想之外的胡适，不就是从1937年开始发育成形，并最后和思想之内的胡适纠结在一起，变成一道至今都解不完的难题吗？

梦碎的时候

到1937年，二十年前批评自己“不谈政治”的陈独秀，正关在国民党的监狱里；另一个批评自己“不谈政治”的丁文江，和先是战友，后为论敌的鲁迅一起在去年病死；而此时距离老友王国维和李大钊的西去，正好十年……

他们和胡适一样，学贯中西，又行走于政治和学术之间，构成民国政治黑云密雨中，一道若隐若现的斑斓彩虹。

就胡适个人，其思想和行为，就有很多矛盾至今让人兴味盎然。这些矛盾可以归结到一个疑问——他到底是一个古代的儒生，还是一个现代的知识分子？还是两者都是，却两者都不得要领？

这是一个必须回放到历史现场去看的问题。

社会层面，胡适曾将中国分为四条线：第一线为南方和西南三省，第二线为长江流域，第三线为东三省与北五省，第四线为边疆——蒙古到西藏。这四线代表四种文化程度，又可代表四种历史的区分。第一线与第四线的文化程度相去至少有一千年。

在社会之上，矗立着这样一个政治乱局：它是一个最原始的角斗场——军阀割据，陈列着最肮脏和丑恶的黑金裙带——四大家族，却模仿出最现代化的政局结构——五权宪法，上演着最时髦的政治理想赛跑——法西斯主义、社会主义和无政府主义……

夹在中间的胡适，不得不缝合上下，去圆一个 20 世纪的美梦。

1937 年，梦碎的时候到了。

第六篇

一人为刚万夫柔——读史琐谈中日英雄

当一个国家还在泥泞中抗争、在黑夜中摸索的时候，是谈不上什么大国崛起的。大国崛起，要靠千千万万的进取型英雄抬起来。我们如果还沉湎在悲情英雄中，沉湎在历史控诉中，只怕下一次再出英雄的时候，依然还只能是悲剧英雄。难道我们还没有受够这样的历史窝囊吗？

“乾坤能大，算蛟龙、元不是池中物。风雨牢愁无着处，那更寒蛩四壁。横槊题诗，登楼作赋，万事空中雪。江流如此，方来还有英杰。”

这半阕《酹江月》，出自鼎鼎大名的民族英雄文天祥之手，“蛟龙不是池中物”一句，与他的“人生自古谁无死、留取丹心照汗青”相比，不惶稍让，端的是千古绝唱！与此能相桴鼓的，在我看来，只有前人苏轼的

◎ 文天祥蜡像

“江山如画，一时多少豪杰”以及后人毛润之的“江山如此多娇、引无数英雄竞折腰”。

文天祥英雄一世，慷慨就义，不仅成为华夏民族的丰碑，也成为东邦日本的敬拜偶像及武士道的精神源泉，成为明治维新的精神力量之一，当时不少日本志士还模仿文天祥、各自作了《正气歌》，高唱着“人生自古谁无死、留取丹心照汗青”奔赴沙场。

扩张与防御：造就两种英雄

中国英雄多为悲剧的主角，故事也多发生在民族内忧外患的悲秋。岳飞、文天祥、戚继光、林则徐、张自忠，每一位都因为抗击外侮而将英名铭刻在我们民族的“凌霄阁”中。

日本的英雄，如伊藤博文、乃木希典（日本陆军军神）、东乡平八郎（日本海军军神），乃至后世的山本五十六等等，都是因为开疆拓土而被供奉在靖国神社，受亿万日本人的祭奠。

中国英雄的防御性、日本英雄的扩张性来源于两国的军事战略不同。在美国学者布鲁斯（Elleman Bruce）所著的《1795~1989之近现代中国战争》（“Modern China Warfare，1795~1989”）一书的序言中，认为中国的战争都是平乱、抵抗外敌等为主，采用的都是防守策略，目的都是希望推动或维持国家的统一。

的确，让我们回眸历史，自汉以降的整个中国历史，几乎没有任何基于扩张的战争。中国历史的英雄都是被动地被异族的铁蹄激发起来，都是要到了“不愿做奴隶”的“最危险时候”才“被迫着发出最后的吼声”。大汉王朝霍去病主动出击、纵兵大漠的神武事迹，在其之后几乎是绝迹的；“敌可摧，旄头灭，履胡之肠涉胡血。悬胡青天上，埋胡紫塞傍。胡无人，汉道昌”，李太白吟咏霍骠姚的《胡无人》，也从此成为中国文学的绝唱。到了唐代，“但使龙城飞将在”也不过是为了“不教胡马度阴山”（王昌龄诗句），越过阴山去主动出击的雄心是早就没有了的。岳武穆可算是后世罕见的英豪，用川话说是难得的民族“雄起”，但他能发出“直捣黄龙府”

乃至“壮士饥餐胡虏肉，笑谈渴饮匈奴血”的豪言，却难以躲避风波亭的千古恨事。至于林则徐，焚烧鸦片、驱逐洋人，关起门来打狗，他的英雄性可能更多地体现在精神层面上——这当然不是林则徐个人的悲哀。

与此相比，日本的英雄们野心勃勃，甚至某种程度上可说是兽性勃勃。日本整个国家的战略都是进攻性的，有不少学者都论证了这是因为其乃小国浮于大洋之上，必须御敌、甚至主动迎敌于国门之外，否则，小小的本土毫无战略纵深，很容易被逼到“最危险的时候”。客观地看，所谓军国主义和扩张战略，也有其相当的必然性，就如二战前的德国要争取“生存空间”一样，这是一个资源贫乏、区位局促的国家的民族本能。

自明治维新开始，日本便确立了“继承列祖列宗伟业，……宣布国威于四方”（明治天皇《御笔信》）的基本国策，与中国历来奉行的“人不犯我、我不犯人”不同，日本十分明确地提出了国家在主权线之外，还有一条利益线。1890年，日本内阁总理大臣山县有朋上奏《外交政略论》，认为：“国家独立自卫之途有二：一曰防守主权线，不容他人侵害；二曰保护利益线，不失形胜地位。何谓主权线，国家之疆土是也；何谓利益线，同我主权线安全紧密相关之区域是也……仅仅防守主权线已经不能够维护国家之独立，必须进而保护利益线，经常立足于形胜之地位。”所谓的“防守主权线”就是守住碗里的，“保护利益线”则是看着锅里的。这一“利益线”理论直接成为甲午战争的推动剂。

◎ 明治天皇

在这样的国家战略之下，日本的英雄当然是外向的、进取的。

“道义”英雄：无能与无奈

战争思想如取守势，则所谓征战、所谓外交，无非是自卫的辅助手段而已，很少主动跨过边界。这种“反动”（Reactive）和“被动”（Passive）的内向惯性折射在英雄行为上，即为短期行为和短视，浑然不觉国际事态。比如民族英雄林则徐，禁烟手法即为十分典型的中国特色，简单、粗暴、缺乏技巧，如同对待治下愚民一般，以行政手段处理一切，这实际上还是一个旧时代的、蒙昧但廉洁的官员，在以旧手段应对新世界新事物。其本人虽已明白了要“睁眼看世界”，但依然是昧于形势，在外交分寸的拿捏、后果的预计和应对等方面都十分盲动和被动，完全没有士大夫束发受教以来就被教诲的“上兵伐谋”和“知己知彼”的从容，“盲人骑瞎马，夜半临深池”，最终令满腔热忱化为举国碧血，徒留下“苟利国家生死以，岂因祸福避趋之”的慨叹！

反观日本的英雄，在那著名的高升号（Kowshing）事件（日本军舰击沉了运送中国军队的英国商船，引爆甲午战争，其后十年中日英为此纷争

◎ 日本导演的“高升号”事件

扰扰）中，“肇事者”日本海军浪速舰的舰长东乡平八郎，就对国际法有相当深刻的理解，所以敢于在彼时悍然下令攻击，而后又积极营救欧洲船员，手段老辣，作风硬朗，稳、准、狠，拿捏得恰到好处，日本外交界也在此后的证词收集、法理辩论等方面成效显著，最后结果证明这位看似鲁莽的“海归”军官（他留学英国八年）是走了一着精妙的险棋。便是作为仇敌的我们，痛恨之外对此也是不能不佩服的。

其实，中国人的英雄观更多的是一种超越于利益、结果的道德评价。只要是好人，哪怕做愚蠢的事情、后患无穷的事情也都是正确的，对人不对事，将道义高尚作为判断一切的标准。不是一种利益判断，而是一种道德判断。如宋代李纲是史家公认的大忠臣，但研究也表明他还是个“术疏机浅”的大蠢臣，在金兵围城之前坚留皇帝在京，结果导致两宫被掳，宋室险些覆亡——我们的历史总是充斥着奸臣卖国、忠臣误国的荒谬故事。又比如海瑞，他的确是个廉吏，可也的确以廉傲视群侪，与一切不遂己意的事情斗，心理相当的偏执狭隘。我们固然可以把他当英雄，但天下人若都如此，世上也就没有宽容、理解、分寸、技巧这些词汇了。中国的不少英雄，是一种“道义英雄”，不是“行为英雄”，很多英雄的行为本身并不一定有益于民族、有益于进步，但我们就是看中了那一点教化人心的功用，而且习惯于从悲剧主角中挑选英雄，久而久之，英雄在中国也就渐渐地有点中看不中用了。

上兵伐谋：易成懦弱借口

英雄理念，既是民族理念的精髓，又带领着民族理念的发展方向。中日两种不同的英雄定位，自然造就国人两种不同的眼光和视野。

从中日甲午战争资料来看，经常是日本方面上至山川地形、下至对手兵备，悉数掌握，而清军往往是敌人到了正面了，还估数不准（如平壤战役，清军情报夸大敌情有 10 倍之巨，甚至双方展开阵地战时还没弄清楚对方兵力），战场上尚且如此，何况国际大势、世界潮流？

中国人追求的是“不战而屈人之兵”的所谓至善，这一战略思想还被贯穿在战术乃至民族心态之中，以此思想为武装，道（目的）、术（手段）相混，在现代战争和现代国际利益争夺中根本难以自保。孙子所谓的“上兵伐谋、其次伐交、其次伐兵、其下攻城”的军事政治辩证关系，其实有一个最大的风险：容易成为懦弱的借口，成为“曲线救国”的借口。谋、交、兵、城是相互关联的，而最基础的还是军事实力，总是想着伐谋，以为动动嘴皮子、使使小脑子就能“不战而屈人之兵”，其结果自然是本末倒置。军事力量不行，就只能承受弱国无外交的痛楚，而军事、外交都缺少本钱，即使孔明在世，又如何玩转“上兵伐谋”呢？空城计毕竟是可一不可再的。

一本三国，谈的多是政治阴谋、个人霸术；一部二十五史，通篇谈的也都是帝王将相的潮起潮落、浪奔浪流。造就无数英雄的战争，其本质是什么？战争无非是政治的延续，是经济、法律、外交的综合艺术，是与外部世界的横向交流，尽管是一种极端的方式。因其极端，所以必须未雨绸缪（Pro-active），必须要有开放向外的视野。所以，同样运筹帷幄，日本的伊藤博文被其国人视为大英雄，中国的李鸿章如能免于被指“李二先生是汉奸”就该加额庆幸了。

我们在三国式的英雄崇拜情结中，除了斤斤于权谋之术，获得治国平天下的虚幻快感外，于国于民于家又有什么实在的裨益呢？我们的历史学家，居然十分热衷于考据甲午战争谁开第一枪等等枝节问题，热衷于对敌人进行口诛笔伐，而回避更深层次的自我拷问，遑

◎ 伊藤博文

◎ 李鸿章

论反省我们何以总是成为悲剧的主角！

相比较而言，日本人的战争记录却是对外在经济、社会分析先行，在不少甲午时期出版的日本书刊中，除了大量的战争记录外，主要就是对中国的各个方面的深入分析。如《日清交战录》的首页就是关于清廷禁止棉花出口对日本纺织业的打击的分析。

甚至在下一代的教育上，中日也呈现了完全不同的风格。中国的精神保姆们（在他们眼中，十多亿民众都是需要引导的孩子而已）总是担心所谓暴力因素对孩子教育不利，从而要清理荧屏，令本土卡通充满了腻味和粗糙的道德说教和盛世美好的童话假象。而日本的孩子照样玩着充斥了近现代战争细节的电脑游戏。自十九世纪初就开始在西方盛行并一度成为上流社会时尚的“战争游戏”，200年后在中国依然被作为童年的毒药。倒是曾经生活在毛时代的我们，有机会过了个时时备战却也依然快乐的童年，没有被那些王子、公主以及乖孩子的虚幻玫瑰色童话所蒙蔽。“远离暴力”固然是个动听的理由，但远离暴力绝非远离忧患、远离危思、远离人类争斗的现实，在“到处莺歌燕舞、更有流水潺潺”的假象中，在走样了的所谓“远离暴力”的文化环境中长大的孩子们，当他们终于要走出温室时，会不会被一帘微风就吹倒，遑论暴风雨了？这样的孩子中，能有英雄走出来吗？

改革的深度造就民族的深度

中日在英雄理念、战争理念上的差别，是从19世纪的中叶开始的。

那位在甲午战争中与中国军队并肩作战，多次死里逃生的德国贵族汉纳根（Hanneken），和中国人、日本人打了一辈子的交道，对中日的差别看得十分透彻，在他的《中国书简》中一语道破中国现代化的浅薄：“中学为体、西学为用，是中国与日本现代化的根本区别，导致现代化结果差异明显。”

在洋务成为显学、海归成为新贵的晚清，中国还是抱持着中学为体的神牌不放，只在技艺层面上学习西方。而同时期的日本，则彻底地开始

“脱亚入欧”，全盘西化。

甲午之前，中国海军装备并不弱，号称世界第八舰队，日本人要挑战北洋舰队，举国做了不成功便成仁的心理准备。而中国的陆军也装备了质量和性能上远超过日军的新式枪炮。几次激战的口岸如旅顺口、威海卫等，都由汉纳根督修了当时最先进的炮台。

但中国军队的近代化，仅停留在器物的层面上，其它软件方面，小到单兵战术，中到军官指挥，大到战略思想，都还停留在冷兵器时代。甚至像聂士成、马玉昆这样的一代名将，也依然是像冷兵器时代一样在战场上遍插旌旗，成了日军炮火的好靶子。这一习惯，甚至到了抗击八国联军的时候还没改过来，英军“中国军团”的指挥官巴恩斯（Barnes）就惊奇那么多旌旗不是给对手提供了攻击便利吗？这样的战争态势下，中国要出英雄，也只能出悲剧的英雄、虽败犹荣的英雄！

不少日军战场回忆录提到，清兵装备很好，但不懂正确使用武器，放炮开枪毫无章法，盲目射击，往往把自己的优势军备无谓消耗后，在日军的进攻下土崩瓦解。

武器是战争的硬件，这是把双刃剑，关键还在于谁在使用它。决定战争胜负的关键最终还是在人，这的确是颠扑不破的真理。抗日战争结束时，中国第三十二集团军总司令李默庵上将负责日军受降，在受降过程中看到

◎ 1894 年，甲午战争中被日军俘虏的中国“镇远号”铁甲舰

日本人的军事素质感慨万千："在缴械之时，日军将所有武器包括重机枪、车辆及自佩武器都擦拭得干干净净，并将其人员、马匹、武器、弹药、被服、袋具、车辆等物资登记造册，数字清楚，让人感到与其说是缴械投降，还不如说是在办移交手续；被俘日军回国途中始终以正规军人队列行走，毫无紊乱现象，也无事故发生。李将军说在回忆录中写道："透过日军缴武器这个细节，可以看到日军平素的军队管理和训练是严格的，由此也可以看到一个民族的精神面貌。当时我就想，他们的纪律如此严整，行动如此一致，将来如果领导正确，必是一个可以发挥无限潜力的国家。"

中国之痛：一人为刚万夫为柔

在师夷长技方面，中国学到的是浅薄的技术枝节，而日本则完全是理念的更新，脱胎换骨。到甲午战败后，中国才开始了对西方制度层面及文化层面的新一轮学习高潮。

有意思的是，当时的激进派和立宪派，对于中国的"民族英雄"，出现了截然不同的推崇重点。主张革命的激进派，将岳飞、洪秀全奉为民族英雄，标准是民族抵抗；以梁启超为代表的立宪派，则反对以族群划线，而将向外开疆拓土、宣扬国威的张骞、班超、郑和诸人奉为民族英雄。

尚武的梁启超戊戌变法失败后流亡日本，便开始写作《中国之武士道》一书，选取了七十多个春秋战国时期的著名人物作为中国武士道精神的体现者，他为这本书写下了充满激情的长达五千言的自序，为中国之武士道"招魂"，唤起国人尚武之精神，不再苟且偷安混沌度日。任公在自序中说："泰西日本人常言，中国之历史，不武之历史也；中国之民族，不武之民族也。呜呼！吾耻其言，吾愤其言，吾未能卒服也。"他认为，自黄帝以来，华夏民族就是靠武力征服夷蛮而在这广博的土地上生息繁衍，"中国民族之武，

◎ 梁启超

其最初之天性也；中国民族之不武，则第二之天性也”。春秋战国间，不强无以自存，“推其致霸之由，其始皆缘与他族杂处，日相压迫，相侵略，非刻刻振后无以图存，自不得不取军国主义，以尚武为精神，其始不过自保之谋，其后乃养成进取之力。诸霸国之起源，皆赖是也……全社会以此为教育，故全民以此为生涯，轰轰烈烈真千古之奇观哉！”是其后的专制集权阉割了中国人尚武进取的精神，“统一专制政体，务在使天下皆弱而惟一人独强，然后志乃得逞。故曰：一人为刚万夫为柔，此必至之符也。”从秦始皇开始，君主们开始“隳名城、杀豪俊，收天下之兵聚诸咸阳，销锋铸铜，以弱天下之民”，从此，“士不敢弯弓而报怨，民气之摧残自兹始矣”，“群天下血气之士于辇毂下，使其心志佚于淫冶，其体魄脆于奢靡”，再动用酷吏、法网构建警察社会，使人们不敢存尚武之心。

“一人为刚万夫为柔”，可谓是真正说中了中国英雄的痛处。中国历史奉行的是“枪杆子里出政权”，任何开拓型的英雄是不可能为其主所容的。中国历史上最伟大的海洋远征，就是由一位叫郑和的宦官完成的。郑和固然是大英雄，但选派“刑余之人”宣国威于四方，不是皇帝瞎了眼，而是担心在这样一支大舰队的护拥下，正常人可能就会成为争天下的对手。宋高宗杀岳飞，未尝没有这点担心在内，本质上和他的祖上赵匡胤“杯酒释兵权”是一致的。

中国的确是太大了些，大到令我们只愿意死守，不愿意进取；大到统治者只要自己位置坐稳就有一切，安内重于攘外，最能维持既得利益者；大到我们的英雄不到危急存亡之秋、不到“中华民族最危险的时候”就不可能涌现！而且一涌现就注定是“被迫着发出最后的吼声”的悲剧式英雄！“日本人之称我中国也，一则曰老大帝国，再则曰老大帝国。是语也，盖袭译欧西人之言也。呜呼！我中国其果老大矣乎？”（梁启超《少年中国说》）

“一壶浊酒喜相逢：古今多少事，都付笑谈中”，中国的历史果然是太悠久了，“白发渔樵江渚上，惯看秋月春风”，看多了便有点审美疲劳，这种悠久甚至导致漠然，所谓“是非成败转头空”，俨然历史虚无主义！

“靖国神社”：我们也需要跪拜英雄

中日之间百年争战，英雄辈出。在日本人将他们的英雄供奉于靖国神社，即使冒天下之骂名也在所不惜时，偌大的中国，能为抗日英雄献花默哀之所在，尚余几多？

要当中国的英雄，九泉之下的确要有良好的心理素质。因为我们的英雄标准，犹如股票的行情，而且是被“政治庄家”操纵了的股票的行情，不是根据民族大义，而是根据现实政治、根据内斗政治的需要，“辨证”地进行“宏观调控”。清王朝塑造武圣人“模范”形象时，据说斟酌了很久，“决赛”中关羽PK掉了岳飞，原因很简单：因为岳飞抗击的是满清的祖先；到了日本全面侵华，“中华民族到了最危险的时候”，岳飞则又成了全民景仰的英雄；今天，“最危险的时候”早已过去，岳飞却又被各种教科书摘去了民族英雄的帽子，因为抗金只是“中华民族的内部矛盾”；网络上的高论更是令人惊奇，比如东三省是满族同胞带给中华大家庭的“嫁妆”，按此逻辑，当年便不该抗日，否则“日本省”或“东瀛省”便是

◎ 1938年10月，日本东京，参拜靖国神社的陆军部队

“和族同胞”带给中华大家庭的又一份嫁妆？于是，今日之怪相便不难理解：一方面，网上“义和团”蓬勃兴起，把口水当利器，逢日必反，杀声震天；另一方面，不读史、不看书，把“九一八”当作“就要发”，更遑论对当年刀头舔血、慷慨赴义的英雄的景仰与纪念。

而日本人甚至把能收集到的每一个阵亡士兵的名字都供奉在香炉前。

我十分惊诧于日本人对“先烈”的景仰。《日清战争实记》中，有大量的篇幅报道战死者的姓名籍贯，有大量文献是各地纪念战死者的碑文悼词等。我们可以扪心自问：不要说当年牺牲的普通士兵，即使在前线阵亡的国军将领，我们又能说出他们中几个大名呢？当我们愤怒地指责日本政要参拜靖国神社的时候，有没有想过：我们自己的英烈，还存在我们心中的哪个角落呢？

从网络上搜索一下，“公祭”一词显然在近些年来成了中国的热门，但公祭的对象一律都是那些能“文化搭台、经济唱戏”的人文始祖或古代名人，除了南京还在为死难同胞每年祭奠、沈阳为“九一八”拉响警报外，国耻、国难连同那些罹难的祖先和抗争的英雄，基本是从我们的公共记忆中消失了。当纪念成为忘却，甚至成为经营时，还能指望他人来“正视历史”吗？那种依靠政治压力、经济吸引和外交斡旋换来的“谢罪”有意义吗？

大国崛起：要靠进取型英雄

不少研究者将日本的民族性格归结为岛国心态，将晚清时那种老大帝国的迟暮心态归结为“天朝大国无所不有”，这其实就是地理决定论的滥觞。对于此点，历史学家汤因比指出：“人类在与地理实在打交道的时候，决定的因素——对胜败举足轻重的要素——绝不是种族和技能，而是人类对来自大自然的挑战进行迎战的精神”。他嘲笑地理决定论充其量不过是“最隐蔽的‘哲学安慰’而已”，这一伎俩不过是体现了人类的劣根性之一，“就是喜欢把自己的失败归咎于那些完全超出人力控制以及难以为人类所及的各种力量”。

中日之间无论是英雄观的差别还是国家前途命运的差别，关键绝不在于两国的地理特性，而在于两国对挑战的应对之策。华夏先哲道："生于忧患、死于安乐"，当我们还是"一人为刚"时，我们便也只能拥有和敬拜那些悲剧的道义英雄！

有一位美籍华人作家将"我们的"英雄和"他们的"英雄做对比，"所谓民族英雄，往往成双成对（对应而非对等）地出现。有统一诸部的英雄，就有谋求独立的英雄；有扩张领土的英雄，就有抵抗侵略的英雄……抵抗入侵之敌的是民族英雄，侵略者同样是民族英雄，甚至是一位伟大得多的民族英雄。"冷静思之，尤其冷静地把我们自己长期作为被侵凌对象的悲情心态放一边的话，这些"伟大得多的民族英雄"为什么是"他们的"呢？我们的民族，缺的不正是这些"伟大得多的民族英雄"吗？缺得不正是"胡无人、汉道昌"的霍去病之类的英雄吗？

当一个国家还在泥泞中抗争、在黑夜中摸索的时候，是谈不上什么大国的崛起的。大国崛起，要靠千千万万的进取型英雄抬起来。我们如果还沉湎在悲情英雄中，沉湎在历史控诉中，只怕下一次再出英雄的时候，依然还只能是悲剧英雄。难道我们还没有受够这样的历史窝囊吗？

"他们的"英雄伊藤博文有诗曰："楼前饮进三杯酒，天下英雄在眼中"。你我且干了这杯，为那正在走近的"我们的"英雄同心祷告！

第七篇

1950 年代

一、1950 年代："翻身农民"想进城

新中国建立之初，政府希望农民扎根农村，但严酷的事实却让部分农民脚踏田里，眼望城里，形成一股进城风潮。

1953 年前后，江苏农民对城市里的上班族怀着无限美好的想象，"工人是政府的亲儿子，农民是政府的蛮儿子"，"农民要出民工、要缴公粮、

◎ 50 年代的长安街

要参军，一年三百六十天，从早苦到晚，生老病死没有管，住茅棚，吃杂粮，穿破衣；而你们工人呢，既不出民工、不缴公粮、不参军，又有劳动保险，有休养，星期天放假，住洋房，吃四菜一汤，穿西装，有文化宫、电影院、跳舞厅，真是一个是地狱，一个是天堂。”在他们眼里，城市拥有荣华富贵，拥有闲情逸致，而农村则贫穷、闭塞、简陋、蹩脚，进城是许多农民的梦想。

脚踏田里，眼望城里

新中国建立初期，政府希望农民扎根于农村，安心于农业。然而，农民尤其是青年农民却一直向往着城市，强烈地渴望着城市里的生活，他们“脚踏田里，眼望城里，心在厂里”。一些农民甚至说，“到城市，倒屎也干”，到不了城市，进远郊的工矿也行。农民甚至普遍地把能脱离农村看作是有能耐，办法多。他们说：“走了的都是英雄好汉，留下的都是稀松懒蛋”；“人往高处走，水往低处流，在乡村有什么出息？”。

1957年前后，高等教育的发展满足不了青少年继续升学的要求，国家动员农村中、小学毕业生回乡务农，这无疑切断了农村青少年通过考中专和大学进入城市的途径，他们倍感沮丧：“高小毕业生，白搭六年功，有心去跳河，可惜太年轻，有心去上吊，对不起毛泽东，有心上城市，又怕白旅行”；“初中毕业生，苦用九年功，原计投高中，遇今少招生。一旦榜无名，工厂闭住门，被逼回农村，腐朽于家中。”学生对学校为了动员他们安心回家务农而进行的劳动教育十分厌烦，以打油诗讽刺：“咱们学校真胡闹，一天到晚听报告，大报告、小报告，劳动教育连成套。”

为了达到脱离农村到城市去的目的，农村青年想尽种种办法，尝试一切可能的渠道：有的为抓住可能的招工机会而努力学文化，“宁可饿饭也学而不倦，或经常学到深夜”；有的女性想嫁给工人、嫁给干部；有的到处托人情找“关系”。

50年代中期以前，一些比较大胆的农民，利用农暇时节结伴到城里找工作。他们小心翼翼，然而却异常勇敢地迈出了这一步。1955年初春，江苏高邮、宝应、淮阴、盐城、江都、兴化等地农民8385人流入上海市；1956年冬，湖南湘潭县青年农民纷纷流向城市、工矿，愿意在家里从事生产的人很少，有20多农户的长家社第一队接近年关时只有4个劳力在家。就全国而言，1956年10月到1957年4月间外流农民约有57万多人。

人民公社化运动开始后，农民不安心于农业生产的现象更加普遍而严重，此时的城市和厂矿在大跃进中广招人马，越来越多的农民涌入城市。浙江省从1958年秋季到1959年2月间有145000多农民外流，其中流入浙江省各城市厂矿企业中去的有5万人。山西晋北地区1959年春节前后流入城市的农村强壮劳力有8万多人，占当地强壮劳力的十分之一；到1959年4月，有些公社的青壮年劳动力已经跑走七八成以上，有的生产队几乎跑光了。

农民流入各个城市的都有，但以交通枢纽城市为多。1956年秋季，每天从山东、安徽、河南等省流入徐州市区的农民达500多人。

城里人悠闲的生活，吸引着一批又一批农民涌入。这不仅导致农村劳动力的流失，同时也增加了城市的人口和治安负担。为此，政府部门下发了一系列阻止农村人口向城市流动的法令、法规、通知、指示等，但是，这些措施收效甚微。1958年以后政府强化了户口管理，并把日常供应与户口制度紧密挂钩，才最终禁绝了农民通过非制度安排的渠道进入城市的生存机会，制止了农民自发向城市流动的行为。

城乡差别

1950年代，中国人的生活水准虽然都不是很高，但城乡差别依然存在。限于国力，城市人口的生活水平与福利水平不是很高，但却极有保障。尤其是在50年代中后期以后，即使没有工作的城市闲散人员，每月也可以凭户口本领到一份与他人相差不大的口粮；农民劳动强度大，生活却毫无保障，碰到年成不好的时候，就连能否维系生命也只能听天由命。

1953年，梁漱溟提出："工人在九天之上，农民在九天之下"，"工人有工会可靠，农会却靠不住，党、团、妇联等也靠不住，质量都不行……"

他的这一观点虽然遭到了毛泽东的严厉斥责，但当时一些工矿经常以工农差别教育工人安心生产的做法从侧面印证了它的真实性。1950年代前半期，重庆、南京、武汉等地，就曾经组织工人访问农村，使工人们亲眼看到农民终年劳动、生活却毫无保障的生活实况，从而通过工农对比对自己的生活现状产生满足感。

衣食无忧的干部如此表述自己对城乡差别的看法："当前的主要矛盾是工农之间的矛盾……农民生活太苦，农民生活与工人生活的悬殊太大"；"工人生活现在提高了，但是农民一年辛苦劳动，还抵不上工人一两个月的工资"；"农民一年劳动到头，还穿不上棉衣，半年看不上一次电影，工人有俱乐部，有其他福利事业，但农民则没有。"

"农村生活苦，布票少没衣穿。油票少，吃的油抹锅也不够。"工人们身在福中不仅知福，还对农民的境况流露出同情之心。

1957、1958年鸣放时，一部分学生认为农民生活太苦，不仅干部和农民不平等，而且工人和农民也不平等，女人少有心甘情愿嫁给农民的。

农民对城乡差别的认识则是感性而形象的。1957年，安徽省巢县银瓶区徐家村双桥农业社女社员徐某在当地一次群众鸣放会上这样描述自己对工农差别的感受："我在省委机关帮工，看到干部们吃的、穿的、住的才过劲。你看他们吃的：早上点心，中午老母鸡汤；吃饭要用开水烫烫碗，说是讲卫生；饭厅里一个洞一个洞的，这个洞里是卖红烧肉，那个洞里又卖炒肉丝，还有的洞里卖鸡汤；今天的包子是肉馅的，明天又是糖馅的，天天换着吃；到了过年过节，头一天开个条子，第二天要好些菜有好些菜……有的在饭厅里吃还不过瘾，跑到长江饭店吃，一顿就是几十块。你看他们穿的：里头是棉毛衫，外头是福禄绒的小褂裤，再是毛线衣，还有丝棉袄子，外加一件皮大氅；脚上穿的皮鞋，里面还有毛，手上有套，一个人床上叠几床花被子；睡觉还戴口罩子。我们农民粗布衣菜饭饱，还弄不到……你看他们的小伢子，一个小伢雇一个保姆，还规定不准哭，又是牛奶又是饼干，穿得花花绿绿的。我们农民的小伢子一哭哭得砸蛋，屙出屎来无人管，糊得一脸的……干部们拿薪水，拿一百多的，拿二百多的，拿三百多的，还有拿四百多的，我们农民一年累到头，只拿到百把块钱，还要养活一家人。”

干部的生活是农民所羡慕的，却不是他们所奢望的，因为那样的生活离他们过于遥远。多数农民真切地看到的是“工厂捧的是铁饭碗，农村捧的是泥饭碗”，女人“嫁军官，穿花衣，盖花被；嫁工人，吃过玩，玩过睡；嫁农民就‘活受罪’”。

人人喊饿

江苏太仓县的一个农村干部在给毛泽东的信中反映了1953年该县农民的生活：非春荒时期，北郊镇“有少数农民，因断炊后无法生活而哭泣，亦有一部分农民因即将断炊，而在整日唉声叹气”，吃一顿没一顿的也不少见；北郊镇还不是生活太苦的乡，低田地区的情况更加凄惨。太仓县无论在江苏还是在全国，都算不上困难地区，其农民生活状况尚且如此，全国多数地区的农民生活状况可见一斑。

难怪当时流传着这样的民谣：“丰产户，没棉裤；丰产组，没得煮；丰产乡，喝稀汤。”实行统购统销以后，全国各地的农村留粮标准订得很低，农民吃粮紧张的情况更加突出起来。1954年，江苏扬州专区的农民这样描述生活现状：“春吃菜，夏吃瓜，秋吃角子胡萝卜，十冬腊月吃鱼虾，节省粮食卖给国家。”

在辽宁、河北等地，农民对合作社低收入的情况十分反感，生气地说：“干活累得腰腿断，要想花钱难上难”；“入了高级社，真正也不错，挣了不少分，一算剩不多，社里发一人，大家不能过，地了场光衣服破，回到家中挨大饿，你看难过不难过”。

与此同时，合作社常年安排农活，劳动强度大，农民得不到足够的休息。1956年前后，南京郊区有的合作社社员长年每天从早上四点钟干到晚上八点钟，几乎没有休息日，群众说“天天从鸡叫做到鬼叫，苦死了。”除了体力劳动，大大小小、名目繁多的会议也使农民疲惫不堪。各地农民普遍反映“工人干部有星期日，我们不要求有星期日，只要求休息一下就行了”，有的甚至说“劳改犯人也有休息时间，有时还看电影哩”。

1957 年开始的大跃进在农民生活水平没有得到改善的情况下，极大地提高了农民的劳动强度。各地不断地要求农民白天马不停蹄，晚上加班加点，口粮标准却不见提高。难怪在河北农民中流传着这样的说法：“春种夏锄盼一年，劳动累得真可怜，指望秋收吃饱饭，每人给你四两三，孩子多的还小可，孩子少的真可怜，左思右想无门路，来年怎样种庄田”；“社员生活真幸福，吃了大萝卜掺红薯”。

长期朝不保夕的生活挫伤了农民的生产积极性，他们对改善生活失去了信心。1958 年公共食堂“放开肚皮吃”一阵风似地刮过之后，伴随着持续的大跃进，农民的口粮标准已经低到只能维系生命的地步，一日三餐顿顿稀粥或吃了上顿没下顿的情况十分普遍，断炊多日者也不少见。1959 年春，山东曹县县委规定发给农民每人每天半斤口粮，但经过各乡留“机动粮”、各队扣除“夜餐粮”、给做重活的多配一点之后，老人、小孩和半劳力每人每天就只有三两粮食了。就连粮食问题在全国不甚突出的陕西也是“人人喊饿”。

当时西安地质学院有个学生这样描述缺粮现象：“怪哉！怪哉！面黄肌瘦，什么病？经名医诊断，所用药料甚大，面粉 25 斤，大米 20 斤，大豆 3 斤，一月服完，三个月后病就好了，病人哀求医生说请你调换药料吧，此药实在难买。”难怪 1958 年宣传全国农业发展纲要时，农民沮丧地说：“40 条也好，50 条也好，我只要 3 条就足了，一条是每人每天二斤米，二条是每人每月五两油，三条是一头猪每月四、五十斤糠”；有的农民甚至把政府关于农业发展的“规划”叫做“鬼话”，把“丰收”称为“风收”。

难圆的梦

中华人民共和国建立初期，基层政府主要依据家庭成分的好坏选拔农村干部，不考虑文化水平和对政策的理解与把握能力。通过这种方法选拔出来的农村干部大多在动员群众方面手段简单，态度急躁粗暴，强迫命令不断。1950 年代初，西南大竹专区的农民这样说：“干部只晓得三万一

（合作社股金）、二千五（中苏友好会费），再加一个丰产互助组。”也就是说，地方干部只一味地给农民硬摊任务，至于工作方法根本谈不上。更何况，一些基层干部在工作中随便给“不听话”的农民乱扣政治帽子，动辄拉到大会小会上进行批斗。比如，有的地方抗旱时讲“不抗旱就是不爱国”；统购棉花和肥猪时，向农民强调“谁家藏棉花是经济犯，不卖棉花以私藏军火论处”，“不卖猪就是不抗美援朝，政治上必有问题”；爱国卫生运动中提出“不卫生是美国的帮凶”，“不杀狗是和美国细菌战犯通气”，“不锁狗就锁人”等。

人民公社化运动中的组织军事化、行动战斗化、生活集体化，给干部的强迫命令提供了极大的便利，干部动辄以“扣饭”对“态度不老实”的群众进行惩罚。当时群众所说：“搞积肥，拆陈墙，把人家家里搞得乱七八糟，不成样子”，大炼钢铁时，说是收废铁，但把好铁具也一律收走，“管你给不给，要一齐收”，“食堂成了限制人的工具，一点不对就不给社员吃饭”，“农村干部强迫命令，动不动不给群众吃饭；批判、斗争，有时把社员当成五类分子一样”。

明显的城乡差别、长期的温饱没有保障，以及在生产生活中得不到应

◎ 大炼钢铁运动

有的尊重等因素，使农民产生强烈的离开农村的欲望和行动。他们普遍地把能脱离农村看作是有能耐，办法多——“走了的都是英雄好汉，留下的都是稀松懒蛋”。

二、代食品：那三年的“精神食粮”

1956 年到 1961 年，全国缺粮从农村蔓延到城市，一场由中央发动，各级代食品领导小组指挥，全民参与的代食品运动在全国大张旗鼓地开展起来。这些特殊的食品，在从精神上缓解人们对饥饿的恐惧方面所起的作用，要比它在填充肚皮方面的作用更大。

“粮食多了怎么办”

随着 1958 年春大跃进运动的全面展开，粮食高产卫星频频上天，似乎吃粮问题已经完全解决。正是在这种情况下，中央领导人提出了“粮食多了怎么办”的问题，在农村公社食堂中曾出现了放开肚皮吃饭的号召，同时国家增加了粮食出口。

◎ 1958 年大跃进运动，“卫星田”的稻子居然能托住一位小姑娘

事实上，当时许多地方不仅缺粮问题依然存在，而且相当严重。云南省在 1958 年春夏之间就有 70 多个县市出现严重缺粮问题。几个月之后，全国粮食不够吃的现象已经十分普遍。到 1960 年，全国缺粮问题不仅没有丝毫缓解，而且从农村蔓延到了城市。

肚子吃不饱，群众难免怪话连

篇，以表达不满情绪。陕西群众说："人民公社好，粗茶淡饭吃不饱"，"食堂光汤，吃了心慌，做活没劲，吃饭嚷仗"，"过去粮食打的少，还够吃，现在粮食打多了，却不给人吃够，政府不知道把粮食用到哪里去了！"面对极度缺粮的现状和群众的怪话与疑惑，政府不可能视而不见，充耳不闻。

但出于种种考虑，各种媒体一面一如既往地宣传人民公社的无比优越性和大跃进的伟大成就，一面以群众对粮食的消费水平提高和城镇人口增加等原因对缺粮现象进行解释。

《人民日报》在1960年8月25日的社论《全党动手，全民动手，大办农业，大办粮食》中认为："在过去十年中，我国农业是逐步增长的，特别是1958年和1959年，增长的速度更快……但是，我国原来的农业水平很落后，而解放以来，随着国家建设事业的发展，对农产品的需要却增长很快"，因为"凡是能参加劳动的人一般都参加了劳动，工人和农民全年都在积极地劳动，食量大为增加；人民公社和公共食堂成立以后，原来的贫农、下中农的口粮已提高到中农的水平；近三年来城市工矿区人口增加了两千万左右；工业用粮也增加很大；农业基本建设队伍很大，去冬今春参加水利建设的人数最多的时候达到了七千多万人，他们的口粮比一般农民多。"

解释与宣传是针对思想认识的，并不能有效地缓解现实的吃饭问题。因此，在通过媒体对缺粮问题进行解释的同时，政府不得不采取"低标准，瓜菜代"的措施。也就是一方面降低城乡人口的吃粮标准，一方面大力生产瓜果、蔬菜和代食品。

由于代食品的生产不像瓜菜生产那样要受土地面积和生长期的双重制约，因此中央对依靠代食品缓解粮食问题寄予很高的期望。经过一段时间的酝酿和小范围的试验，到1960年11月，中央下发了《中共中央关于立即开展大规模采集和制造代食品运动的紧急通知》，一场由中央发动，各级代食品领导小组指挥，全民参与的代食品运动在全国大张旗鼓地开展起来了。

“让野生植物参加社会主义建设”

所谓代食品，是指人们用于充饥，但在正常年成不作为食品的植物、动物、微生物、化学合成物等。自古以来，人们在灾荒年代都有采集、食用代食品的习惯。三年困难时期，在全国性严重缺粮的情况下，中央人民政府发动全国人民采集和生产代食品，而且由各级党委成立了代食品领导小组，具体负责指挥和领导各地群众研究、试验、开发、生产、收集代食品的活动。

国家在代食品进行宣传时，尽量不提代食品是“度荒”、“救灾”的产物，而将代食品的生产宣传成对农产品的“综合利用”及“人民公社的新发明”等等。河南将群众利用玉米皮制作代食品的举动说成是“人民公社喜事多”，并且编成歌谣：“大跃进，喜事多，玉米皮做出优质馍，不仅香甜又美口，营养价值真不错”。

三年困难时期的代食品主要分为四类：第一类为农作物类代食品，它包括各种非灾难年份人们不曾食用的农作物的秸秆、根、叶及壳类，如水稻、小麦、大麦、玉米、高粱等的叶、秆、根及玉米皮、玉米芯、稻谷壳等，以及薯类作物的叶、茎、根等；第二类为野生代食品，是指野生植物的秸秆、根、叶、皮、果实等，如榆树叶、树皮、橡子、芭蕉芋、蘑芋、石蒜、土茯苓、大百合、野苋菜、洋槐叶、沙枣、鸭跖草之类；第三类为小球藻、红萍等浮游植物；第四类指合成类代食品，如“人造肉精”、“人造肉”、叶蛋白等，它们相对于前三类有较高的营养价值，而且有一定的技术含量，因此也被称作精细代食品。

利用麦秸、油菜秸秆、谷壳、豆秆、豆壳、玉米根、玉米秆、玉米包皮、玉米芯、高粱秆等制作淀粉。《人民日报》1960 年 7 月 6 日发表评论员文章《综合利用潜力无穷》：“据广西河池县试验，一百斤麦秸可能制成湿淀粉六七十斤；这种淀粉掺和一些面粉和米粉，可以制成馒头、花卷、烙饼和面条，质量和面粉做的一样。”

在各种农作物中，玉米在制造代食品方面的作用尤其突出，不仅从玉米粒上脱下来的玉米皮是上乘的代食品，而且玉米叶、秆、根，甚至玉米棒的包皮及芯都可以用来制作代食品。因此，三年困难时期各级政府大力提倡种玉米，《人民日报》也在1960年春的相关报道中不断提升玉米的地位，把它从“饲料之王”，提到“杂粮首要地位”，一直到“主粮地位”。

以甘薯的茎叶、木薯的块根、芭蕉芋的根作为代食品。在正常年份，人们食用的是甘薯的块根，茎和叶用作饲料。三年困难时期，甘薯的茎和叶也被作为食品推广。《人民日报》也称甘薯全身是宝：薯叶摘下来洗净晾干，就可当菜，或是掺饭吃；薯叶尖、叶柄放在开水中一烫，加盐腌一天，即可做干菜。

南方的广西等地大种“费工少、成本低”的木薯，用它的块根和叶做成食品。云南等省对主要产于当地、产量大、平时作为猪饲料的芭蕉芋的充饥功能十分重视，《云南日报》多次介绍，称之为“地下粮食”、“人吃的好粮食”，说它含有大量的淀粉和糖分，吃起来味道甜美，可单独食用或掺拌饭吃，还可用来制出可口的馒头、包子、点心、凉粉等。

在政府的宣传上，农作物类代食品的生产是对农作物废料的“综合利用”，野生代食品的采集则是“让更多野生植物参加社会主义建设”。

我国的野生植物资源种类多、分布广，有许多可以为人类所利用。夏、秋季节，许多野生植物生长成熟，采集它们并制成代食品对于缓解缺粮问题有一定作用，因此，1959年秋，国务院发布了《关于深入发动群众广泛采集和充分利用野生植物的指示》，号召各地开展一个“小秋收”运动，上山采集野生植物资源。

《人民日报》在报道各地“小秋收”情况的同时，也于1959年11月30日发表社论《赶快加工利用野生植物》，进一步推动“小秋收”活动。各地党委纷纷响应，把“小秋收”运动列为党在农村的一项重要任务，建立了领导机构，竭力动员劳动力潜力，或利用农事间隙全民出动，划片包干，或组织“小秋收”专业队，分期上山，野生植物熟一批收一批。

1960年夏季，一些地区总结上一年搞“小秋收”的经验，组织群众到荒野去采摘成熟的野生植物。中央对这一“小夏收”活动非常赞许，《人民日报》及时地发表了社论《让更多野生植物参加社会主义建设》（1960年8月10日）对已经在黑龙江等地取得初步成果的“小夏收”予以推广，并要求各地同时为“小秋收”做准备。

为了配合“小夏收”、“小秋收”，《人民日报》等重要报刊对多种野生植物资源进行了图片或文字介绍。据《人民日报》介绍，每百斤橡子可提取橡子粉30～50斤，经过水或碳酸钠溶液浸提，除去单宁，即可食用；“橡子粉的淀粉含量虽略低于大米和面粉，蛋白质含量也较低，但橡子粉中含有17种氨基酸，其中包括有人体所不能合成而必须从食物中摄取的8种氨基酸。”

据《农业技术》对沙枣的介绍：主要分布在甘肃、新疆、青海、陕西、山西、内蒙古等省，以甘肃省最多；沙枣的果实生吃、熟吃和混在主食中都很可口；沙枣面可以蒸馍、做饼、做面条，还可以做糕点、果酱、酱油、糖、酒和醋等副食品，每百斤沙枣可产沙枣面38斤左右；沙枣的嫩叶煮熟可以当菜吃。

三年困难时期，小球藻一直是政府相当看好的代食品，这大概与小球藻不与农作物争地、易培育、生长快等因素有关。《人民日报》最初对小球藻的宣传却是以培养猪饲料为名的，直到1960年7月6日，《人民日报》的社论《大量生产小球藻》才明确提出小球藻不仅是很好的精饲料，而且具有很高的食用价值。该社论还举例说有些地方用小球藻试制糕点、面包、糖果、菜肴、藻粥、藻酱等食品，清香可口；有人用小球藻粉哺育婴儿，效果跟奶粉不相上下。

此后各媒体有关小球藻的报道主要讲它食用营养价值如何之高。《云南日报》报道“人吃了小球藻以后，最突出的效果是精神好，在一般的情况下，经常定量吃小球藻，体重就会有不同程度的增加。有些地方用小球藻做糕点、糖果、菜肴、藻酱等食品，质高味美，清香可口。有的地方给体质病弱的人吃小球藻，病人很快就恢复了健康。人们称小球藻为‘水中猪肉’、‘植物牛奶’、‘人造鸡蛋’。”这些报道，使许多人对小球藻在渡过困难中将起到的作用无比憧憬。

胡乔木看了这些报道后上书毛泽东，建议在全国推广小球藻。毛泽东于1960年10月27日将胡乔木的信批转全国，要求全面推广小球藻。很快，全国掀起了生产小球藻的热潮，农村、城市纷纷建池、沤人畜粪便以培养小球藻。与此同时，推广小球藻培育方法的图书纷纷出版，仅1961年就出版了《国外小球藻的试验和研究》、《小球藻生产知识》、《小球藻生产技术问答》等。

合成类代食品的生产有一定的技术含量，大范围推广的难度较大，一般先由科研部门试验，再把成功的经验向各地介绍。陕西省科学院分院和陕西科技大学试验以萝卜、红薯取代琼脂、葡萄糖为培养基的人造肉生产技术，陕西省大荔农校以粗制淀粉加玉米叶粉培养链孢霉的技术，以及西安化学研究所利用农村土炕培养人造肉的方法成功之后，陕西省委代食品领导小组迅速地于1961年1月向各地介绍这一经验。

缓解了人们对饥饿的恐惧

应该说，代食品对缓解三年困难时期的严重缺粮问题起到了相当重要的作用。这一点在农村尤为突出。当时广大农民的口粮标准极低，1960陕南汉中地区年平均每人每天的口粮按原粮计算，一些平川县区的大队为半斤，丘陵地区只有4.1两。

在这种情况下，绝大多数农户的口粮仅仅靠精打细算、多吃瓜菜根本难以果腹，因此用农作物的根、秸、叶等生产的粗制代食品和利用“小夏收”、“小秋收”采集的野生植物制作的代食品有效地填补了粮食上的不足。汉中地区的多数平川社队按1斤代食品、3斤青菜、5两原粮安排群众每日生活，丘陵地带的社队每人每日约吃2.5两荞花、稗谷、包谷皮、榆树叶等代食品。

不过，农村食用的粗制代食品因口感粗糙、味道奇怪而难以下咽，正如有人记载的困难时期赴农村参加整社的工作组成员吃由番茄秆、茄子秆、包谷秆、红苕藤混合在一起推磨成粉做成的代食品馍馍后的感受：“听说发馍馍，三人笑开颜；人均三四个，生活大改善；渴望多少日，饱餐将实现。馍馍端上桌，三人互谦让；拿在手中看，有似马粪状；送进嘴里尝，怪味满口腔。一口咬过后，二口嘴难张；狠心咬三口，呕吐倒胃肠；感谢造物主，有此大犒赏”。

然而，在农民眼里，能有代食品果腹已经很不错了。陕西就有农民将榆树皮磨成面掺些粮食做成熟食后高价出售，获利最少的也赚到 150 元，最多的一户获利竟达到 500 元之多。

且不说代食品有没有营养、是不是有食用价值，有一点是可以肯定的：代食品在一定程度上缓解了人们的饥饿感，对人们从精神上战胜饥饿起到了不可忽视的作用。经历过严重饥饿的人都知道，腹中无物的空荡荡的感觉使人心慌神乱，可以为了任何一丁点能够入口的东西去拼命。代食品的使用对处于饥饿中的人们来说，似乎看到了一线战胜饥饿的希望，有助于缓解因饥饿而导致的精神上的极度紧张。

同时我们也应该看到，虽然各级政府部门对代食品的安全问题比较重视，一些出版社也配合代食品生产工作出版了不少有关鉴定和防止代食品中毒的书籍，但由于人们饥不择食，在对一些代食品的性质不太了解的情况下，没有经过试验就食用，因而中毒现象此起彼伏。1960 年 5 月 31 日至 6 月 10 日陕西洋县谢村公社有五个管区先后发生食用枇杷籽致 18 人中毒的现象；洛南县有个食堂 1960 年因食用蓖麻叶以致 58 人中毒；商洛专区从 1960 年 12 月 2 日至 21 日这 20 天的时间内，连续发生六起代食品中毒的事故，共 294 人中毒。

在三年困难时期，代食品在救灾度荒方面起到的作用是不容置疑的，当然，它在从精神上缓解人们对饥饿的恐惧方面所起的作用要比它在填充肚皮方面的作用更大一些。

三、1958年“教育大跃进”

1956年，鉴于自己对形势的判断，毛泽东横下一条心，提出教育要“革命”。于是，“多、快、好、省”成为了当时“教育革命”的主要任务之一。历史的指针随即走到了1958，那是六亿神州满天放“卫星”的年份，教育革命也乘着大跃进的东风，越走越远……

迟迟不上天的“卫星”

1958年的炎炎夏日，北京大学全校师生员工统统没有放暑假，都在各自的岗位上奋力拼搏昼夜苦干。豪气万丈的激情、超英赶美的干劲似乎可以让未名湖也沸腾起来。每天都有卫星喜报敲锣打鼓地发布，一股热火朝天、战天斗地的亢奋情绪洋溢在每个人的脸上。

一天清晨，王选经过又一个通宵苦干之后，已经完全进入恍惚状态。回到住处，坐在床上，还没来得及脱衣服躺下，竟然就这么睡着了。过了一会儿，口水流了下来，他才又醒过来，继续刚才没有完成的动作——脱了衣服，一头栽倒在床上。

据王选院士回忆，当时他经常连续很多天工作在十四个小时以上，因为参与了北京大学自主研发中型计算机的任务。当时，中国科学院、清华大学先后设计出了大型和中型电子计算机，于是北京大学也下决心要研制每秒1万次定点预算的电脑。还要争分夺秒争取十一前完成好“为国庆献礼”。他们已经给这台梦想中运算速度可以进入当时世界前20位的计算机，起了一个符合时代特点的名字——“红旗机”。

卫星放得越来越多、快、好、省。九月的一天，北京大学骄傲地向全世界宣布：从8月4日开始算起，40天之内，北大的科研成果达到3400多项！其中达到或超过国际水平的有119项，属于国内首创的有981项！

基本上，这些科教卫星，是与那些“水稻卫星”、“玉米卫星”、“钢铁卫星”、“诗歌卫星”、“剿灭麻雀卫星”……同步“发射升空”的。

那一年的大学校园里，上下课的铃声虽然像往常一样按时打响，但通往教室的大小路上却很少有人拿着书兜急匆匆行走。教师和学生们各有各的事要做。

某系在宿舍楼前开了一块试验田，夸下海口，亩产小麦数千斤。这个目标是这样实现的：先深挖地，约一米深，然后松土、施肥；下种时，给一张张报纸涂上胶水，再把麦种均匀地洒满报纸，粘着密密麻麻麦种的报纸，一张接一张地铺在地里，上面撒好肥土后浇水。后来有学生回忆起来说，这还算是最精耕细作的。麦苗长出后，齐茬茬一片翠绿，煞是好看！不料，没过几天，麦苗开始发黄，找原因：长得太密，不透风。于是大家搬来鼓风机，给麦地里吹。那真是苦干加巧干，干劲冲破天！最后还是无奈，只好忍痛间苗。

那样的氛围下，各个方面的比赛和竞争也不断升级。北京大学高度重视“红旗机”的研发，全国人民也瞩目着这项攀越科学巅峰的壮举。全国数家高校派出了几十位师生奔赴北京大学，与北大师生会师以后建立了七八十人的科研团队——“红旗营”，张世龙担任“营长”，负责指挥整个“红旗营会战”。

这些来自云南大学、四川大学等高校的老师和学生们，政治上都非常过硬，“苗红根正”，还有许多是党员。可惜，让王选觉得有些遗憾的是，这一大群人中都没几个人懂电路，更别说计算机。这样，他们不但无法参加研制工作，还要让王选等人经常给他们上课，进行相关的培训。

在这段“放卫星”的日子里，学校里有了不小的调整和震动。不仅仅是北京大学一所学校，在“又多又快又好又省地建设社会主义教育事业”目标的感召下，清华大学、武汉大学、中山大学、四川大学等高校一所接一所地开展运动，批判浪费特别是实验室浪费。同时猛烈抨击的，还有资产阶级的教育方针——脱离劳动，关起门来搞教学，“用一条腿走路”。

为了坚决反对资产阶级的教育方针，让教育同生产劳动紧密结合，大量教职工被下放农村劳动；学校里办起了工厂；实验器材全部投入生产；实验室也成立了生产劳动小组，学生一定是得劳动的，否则就是走了腐朽的资产阶级路线。这个系搞几块试验田，那个系搞几个小工厂，以实践来指导学习，将学习应用于实践，同时也会时不时放出几颗“卫星”。

先进的样板

张世龙等的严谨态度使得红旗机的研发进度令人失望，但是北京大学还是有很多令人骄傲的跃进成就。1958 年 8 月 8 日，经过东语系朝鲜语专业师生一周的奋战，一本 2 万词条、100 万字的《汉朝辞典》被作为“特大号卫星”放上了天，而这仅仅是 3400 多颗“卫星”中的稍微璀璨一点的一颗。

后来有人说，那么几个人，一周之内抄也抄不出 100 万字啊。但是这在当时，却根本没有人质疑。甚至连一贯认真踏实的季羡林，也为之欢欣鼓舞，深陷于那些令人眩晕的幸福与狂喜中。这种狂喜的精神其实已经是与人的知识与智商无关，与逻辑能力和社会阅历无关了。主导着人们思想的，与其说是经验和理性，不如说是由强大意志导向的一种超验的信仰。在这种超验的信仰面前，理性只能是被检讨的对象。这个时候，知识渊博的学者丝毫不比一个文盲更清醒。

季羡林坦承，一开始的时候，对于“亩产千斤”一类的设想，他还是保持怀疑，脑袋里充满了问号。但是不多久，报纸上竟然报道这已经成为了事实。之后，“就像给风吹着一样，纪录一天天升高……有的时候晚上报的最高纪录，第二天早晨就打破。”在季羡林看来，事实始终是判断理论正误的标准，这原本是一种实证主义的科学态度。但是，什么代表着事实本身？在这个环节上，他却依赖某些教条和信义不予论证了。他说，那些用最高深的数学、物理学和化学来证明亩产最高三千斤的科学家，被“事实”扇了一记响亮的耳光。什么是“事实”呢？报纸报道的，就是“事实”，季羡林坚信：“中国报纸从来不说谎话。”

不止季羡林一个，也不止那些被“事实”扇了耳光的科学家，陷入这种集体无意识的知识分子很多很多，包括梁漱溟此时也在欢呼梦想多年的崭新的建设局面终于要打开了。他甚至用自己的哲学思想来解释意志如何转化为物质能力，干劲如何变成了卫星……他虔诚地检讨，说自己以往主见太多、自信太满，常常自以为是，但是现在，自己在“事实”面前不得不低头，不得不服气，坦言自己“失去了过去的那种自信”了。

扩招，扩招，再扩招

光靠少数知识分子搞科研、放卫星还是不够的，国家要实现教育大跃进，要争取在十五年之内实现高等教育普及，就必须扩招。

1957年，高等教育部统计结果显示：对比1947年，高等学校在校生数已经多出了近两倍，共44万多人。从1949年开始，高等学校在校生平均每年增加41000多人，等于1949年以前50年中平均每年增加人数的13.2倍。

1958年3月，陆定一在农业中学问题座谈会上提出，要在每一个地区办一所大学。6月，刘少奇在给全国教育工作会议的指示中指出，“县办大学，将来势必每个县有一所大学，准备十年达到这个目的。现在是否给每个县派一个、两个或几个大学生，这样学校就可以办起来了……”

与此同时，“戴帽子”的办学方法流行起来。所谓的“戴帽”，就是给低一级别的学校换块牌子，摇身一变成为高一级的学校。为了办大学，一些中学硬性提升为大学资格。

当时的《北京周报》报道，8月，高等院校已从1957年原有的227所增加到了1065所。另外，到了当年秋天，全国各地已经建立起了23500多所业余“红专”大学和半工半读大学。

11月5日，财政部、文化部、教育部和卫生部在全国文教系统财政工作经验交流会上的报告指出，就在1958年一年之中，大学生人数增加了78%，中学生增加了一倍，小学生人数增加了70%，而同期财政支出仅仅增加5%。

这样的神话是如何实现的呢？光靠戴帽子都还不够。在这场教育大跃进中，还有一个关键的“法宝”，就是“群众路线”。

7月5日，《光明日报》发表报道：《办大学并不神秘——介绍鹤岗市七天办成一所大学的经过》。

黑龙江省鹤岗市的创办者反驳了那种“没有教授，没有大楼，没有教学设备，怎能办大学”的观点，书记亲自挂帅，各方积极支援，迅速办起了大学。号称除了用一元七角钱制作校牌外，一分钱也没花。解决师资的办法是“大学生教大学生、高年级教低年级、专兼职教员相结合”。

而中学方面，以南京为代表，7 天里不花国家一分钱，就办了 263 所职业中学（内含高中 24 所）……

报道出来之后，各地相继跟进，学习他们的先进经验，并且力图赶超。这样不要成本的大学顿时也以燎原之势蔓延开来。

具备升学条件的学生真有那么多吗？这个问题在当时是这样被考虑的：在政治优先的入学准入制度下，工人、农民、速成中学的工农毕业生和干部，只要具备推荐的条件，不需要经过任何书面的考试就可以上大学。大批学生显然是以这种方式被扩招进高校。高校中每年出身工农的学生比例，从 1951 年的 19% 增加到 1957 年的 36%。1958 年，由于实行了新的优先入学的办法，这部分人增加到了 48%，而 1959 年到 1960 年则增加到了一半以上。

60 年代初，中国经历了经济生活的严重混乱和全国性的大饥荒。随后教育系统开始整顿和调整，大规模精简教育规模，高校学生陡然减少了 22%。1962 年，高校招生回落到 1955 年左右的水平。

风平浪静之后

“跃进高潮”坚持了不久便退去，现实很快给了不按规律胡来的人们不得不承受的惩罚。教育跃进的结果亦是如此。

苏联、捷克等国家纷纷向中国提出质疑，要求北京大学等提交那些已达到“国际水平”的科研成果清单、技术报告和资料，校方清查过后，无数泡沫湮灭；无数工农学生坚持不下去而逃走，无数学校办不下去而解散……

1960 年冬天过去，王选虽然饿得全身浮肿，累得人不人鬼不鬼，但是他依然坚守在自己的岗位上，为红旗机而奋战。只是“红旗营”却早就已经坚持不下去而悄悄解散了……

各高校开始了冒进之后的调整。事隔半个世纪以后，一些学校的校史上依然记录着对当时状况的反省。

“众所周知，那都不是一个教育学上的学术问题，那根本就是一场闹剧，一番胡闹而已。”教育学专家杨东平如是说。

在当时，很多学校不切实际地扩大招生名额，特别因为要表现“红先于专”，而大幅扩招工农学生。但是，硬件设施却完全不过关。武汉大学只能实行“轮班倒”，各个系的学生错开上课、吃饭的时间，这在当时还被推崇为节约资源的典范。而另外一些学校，学生都只能借用临时宿舍居住，在走廊或者露天环境上课。大学生的助学金被削减，造成了很多学生生活的困难。不仅仅如此，大量的劳动，夜以继日地为放“卫星”奋战，那些身体上难熬的疲惫，精神上的亢奋和空茫，让一些学生迄今回忆起来仍觉不堪回首。特别是那些对知识孜孜以求的青年，得不到静下心来好好读书的机会，耽误了最宝贵的青春年华，迄今引以为憾。

文学评论家畅广元在当时还是大三的学生，就在那一年，他参加了陕西紫阳山区扫盲；轮班在班上的“塑料加工厂”劳动；参与了各种“卫星”的发射；接受了无数次政治辩论的熏陶；主办了他们班上的“共产主义大学”简易刊物……事情做了很多很多，就是没能好好念书。日复一日，经常通宵达旦地“奋战”，困苦不堪。唯独“学术批判”让他感到一丝欣慰。这原本是一项政治活动，在当时全国高校掀起过一阵波澜，对这些学生而言，却成了能够“光明正大”地读书学习的秘密通道。各校各班组建了无数个“学术批判小组”。他回忆说，那时大家那么积极参与学术批判，固然有年轻人的政治激情支持，有出个小名的利益诱惑，但更根本的，是当时惟有投入“学术批判”，自己才能堂而皇之地看书学习，才能跟着青年教师学一点东西，特别是，在他们的带领下，慢慢摸索一些属于自己的学习方法。不过，他说：“我们这一代学人知识结构严重的片面性、封闭型和排他性，也正是在那时候奠定下基础的。”

第八篇

三十年个人解放史

30年前，中国人不是现在这样。

那时，对于大多数人来说，不能穿牛仔裤，不能跳交谊舞，不能听邓丽君，不能打麻将；如果没有县团级以上单位证明，不能坐飞机，也不能坐火车软卧；没带结婚证，两口子不能在旅店住同一个房间；没有粮票和布票，有钱也在市场上买不到粮食和衣料；没有一定的级别，看不到还是"内部刊物"的《参考消息》。那时候，人们还习惯于在一个单位当一辈子螺丝钉，他们从未听说过"跳槽"这个词；大多数中国人还从未离开过自己所在的地市，他们一生的向往，仍然是去北京看看天安门……

1978年，以那次著名的会议为标志，这个国家开始了斗转星移的变化。但于9亿中国人，那次转折的影响，需要更长时间，甚至三十年才能更清晰地观察或体会。

◎ 70年代，中国人普遍穿着蓝衣服

现在回想起来，那时的普通人感受到的改革气息，或许仅仅是将直发烫成卷发，给自己的衣服添加一道花边，心情好的时候，可以走在路上哼哼新学来的流行歌曲，少许的情侣，会趁旁人不在的时候轻轻交换一下眼神或碰一下手……

那只是人的基本欲望的一次次流露，人的基本权利的一次次争取。但正是这一股股青萍之末的微风，吹动着这艘巨大的航船前行的风帆。

从这个意义上讲，这三十年，既是改革开放史，也是人的解放史，或者说，是解禁史——我们的现在，正来自于身上的禁锢一次次脱除。每一次解禁，都意味着国家和国人又前进了一步。那么，回望来时路，我们怎样经由那一个个脚印走到了今天？

一、1976年：一个公民的个人生活

到了1976年以后，特别是在10月6日“四人帮”被粉碎之后，官方的政治舞台上的潮汐风云，与民间的觉醒汇在一起，共同把毛泽东渐渐从神还原成人。在那个时候，参加“文革”结束后的第二次全国高考的陈京生没有意识到，对人的真正解放，其实才刚刚开始。

1976年的时候，22岁的北京青年工人陈京生觉得，天塌了，地陷了，世界整个翻过去又翻了过来。

9月9日的下午4时，广播里传来了毛泽东逝世的消息。一时间，她所在的工厂里，许多老工人痛哭失声，有的人甚至哭得当场晕倒。陈京生觉得心里很紧张：如果自己哭不出来，岂不是显得对毛主席不忠？她打心底里是忠于毛主席的，她真觉得中国没有了毛泽东，前途不堪设想，但就是哭不出来，心里万分惭愧。

工厂的食堂被布置成毛泽东的灵堂，有工人们轮流日夜守灵。家里的盆花，已经被父亲搬走，去布置他们单位的灵堂。不知道当时的北京究竟

有多少个毛泽东的灵堂。对毛泽东的追悼，在9月20日天安门广场举行的追悼大会上，达到了最高潮。陈京生记得，当主持大会的王洪文宣布向毛主席遗像“一鞠躬”时，车间里所有看电视转播的工友们都顺着次序，一鞠躬，二鞠躬，三鞠躬。不想三鞠躬完，王洪文才说“二鞠躬”，那一天，所有的人都一共鞠了五个躬。但没有人敢笑，那种场合，人们的心都被巨大的悲伤和忧虑所压抑。

在那个时刻，毛泽东仍然是中国人心中的神——即使是在1976年的“天安门事件”中，那些对抗“四人帮”的青年们，仍然会写下“主席教导永不忘，阶级斗争记心上”这样的诗句。

从思想到身体的统一

在“文革”中，林彪曾经讲过一段很著名的话：“中国有七亿人口，需要有一个统一的思想、正确的思想、革命的思想，那就是毛泽东思想。”对于当时的中国人来说，从思想到身体，都已经被高度统一，对毛泽东产生怀疑，那是不可思议的事情。

陈京生当时是北京一家汽车厂里的工人。这是当时中国人的身份之一。在中国，人一生下来，就有了自己的固定身份。首先，会分为农村户口和城镇户口。陈京生一家都是有北京户口的城里人。这种户口，是五十年代初陈京生的父亲奉调到北京组建中国科学院时就获得的。

户口不光是身份的凭证，更是生存的前提条件。城市户口都是带粮油关系的。当时陈京生的粮食定量是每月28斤，这里面包含有15斤半面票、5斤半的米票和7斤粗粮票。在当年的粮店里，凭粮票买粮，面票只能用来买面，米票只能拿来买米，粗粮票只能买粗粮。没有粮票，只有饿肚子。而如果你要到外地旅行，就需要事先把北京的粮票按比例拿到粮食部门，换成全国粮票。

除此之外，每个户口，每月还配有半斤油票，通常用来买花生油或豆油。另外一个与之配套的，是副食供应证，每月凭这张证，可以买半斤鸡蛋、一斤半猪肉、半斤豆腐、二两粉条和一两芝麻酱。

如果说，从五十年代开始实行的户籍制度把农民牢牢地固定在了土地上，实际上，也把每个城市居民固定在了他们所在的城市。陈京生的哥哥下乡时曾经有一个东北女友，但后来吹了，重要原因是她无法把户口转到北京来。如果不是因为工作调动或毕业分配、军人转业，个人想实现户籍的调动可以说比登天还难。而拥有一本护照出国旅行，更是不可想象的事。当时的人们都希望自己的“海外关系”越少越好，不然每次调动工作或升职、入党填表，到“家庭出身”、“社会关系”栏时，都像是有前科般战战兢兢，又不敢不填——谁知道“组织上”哪天“外调”，发现了你隐瞒的海外关系，会对你的前途产生怎样影响？

陈京生上学的时候，由学校来管，初中毕业后被分配进工厂，由工厂来管。在学校也好，工厂也好，她的政治前途取决于领导是不是赏识。如果表现不积极，领导不喜欢，就入不了团，入不了党，这样就不会被提拔，永远只能是被领导的小小“群众”。

陈京生进了那家汽车厂以后，在生产流水线一干就是七年。她没有想过调动工作，也没有那个本事去托关系走后门，换一个比较轻松的工作。在那个年头，换工作是很难也是很罕见的事。所以，进一个单位就干到退休的人，比比皆是。事实上，虽然只进工厂七年，陈京生也已经看到了自己的退休之路——她现在是二级工，将来会一年一年地熬下去，渐渐熬成一个三级工，四级工……可能到不了最高的八级工，就该退休了。

许多老师傅干到退休，也才是四级工，每月工资五六十元。工厂里的老师傅都是这样干一辈子的。

也可以这样说，在70年代末的中国，每一个人，都被自己的身份固定在某一个城市或是乡村。然后，你还会具体固定于一个单位，在那里，你的前程幸福与否，都在你的领导的掌握之中。他掌握你的福利保障，你的岗位调动，你的提拔，甚至你的病假休息。几乎没有人没有单位。社会上也有寥寥的无职业者，被称为“社会人员”，他们多是被单位开除，或是病得不能干活的人，他们也有人管——归街道居委会管。

在这种“人盯人”的管制体制下，人人谨小慎微，唯恐乱说乱动，招来一生的麻烦。人们已经习惯于都说一样的套话，穿一样的“毛式”服装，看一样的样板戏。如果唱歌，就唱那几首钦定的革命歌曲和“语录歌”，如果看书，就只看《毛选》和《艳阳天》、《金光大道》。就算是谁的脑子里曾经有过“毛主席就不犯错误吗”这样的异类念头，也是轻易不敢与人说的。

第一批怀疑者

但是到了1976年以后，在毛泽东逝世以后，特别是，在10月6日“四人帮”被粉碎之后，人们对于毛泽东的疑问渐渐冒出了心头：首先，四人帮之一的江青，她不是毛的夫人吗？毛怎么会娶这样的女人？他也会看错人吗？接着，毛发动的“文革”真的是“就是好”吗？那我们的国家怎么会到这种山穷水尽的崩溃边缘？

10月26日，当时的中共领导人华国锋曾对宣传部门做指示：一定要注意，凡是毛泽东批准过的，讲过的，都不能批评。经华国锋批准，1977年2月7日的《人民日报》社论，提出了“凡是毛主席作出的决策，我们都坚决拥护；凡是毛主席的指示，我们都始终不渝地遵循”的“两个凡是”。

但是当时的中国，已经不再是铁板一块。过去不容置疑的东西，这时都遭遇挑战。“两个凡是”不仅在民间被怀疑，在中共的高层也被抵制。邓小平首先站出来，于1977年4月10日给中共中央写信，从理论上反对“两个凡是”。他的信在5月3日被中共中央转发。5月24日，邓又说，“毛泽东同志说，他自己也犯过错误”。这一年的7月30日，邓突然出现在北京国际足球邀请赛的主席台上，全场掌声雷动。

“毛泽东也犯过错误”，这样的话在当时如石破天惊。它立刻被传开，成为北京市民们私下里的热门话题。议论政治，是当时整个北京城居民最热衷的事。陈京生记得，在1976年的时候，简直是家家户户都在压低声音议论中央政治局里的风波。每次议论完，父母都会叮嘱说，“千万不要到单位里讲啊！”陈京生当然心领神会。到1978年，家庭政治讨论会的热门话题之一，已是北京西单那面贴满议论国是大字报的“民主墙”。

补回被耽误的时间

1978年7月，陈京生参加了“文革”结束后的第二次全国高考，幸运地走入大学。当时，她兴奋地对刚从东北回来的知青哥哥说：“我要把‘四人帮’耽误的时间给补回来！”

事实上，这句话也是当时社会上最流行的一句话。而陈京生的哥哥听了这话却不以为然：“你是说你是让‘四人帮’给耽误的吗？现在你得到的这些，难道不是你本来应该得的吗？”

作为一名有九年下乡经历的知青，陈京生的哥哥对中国社会的认识，对“文革”的认识，要比陈京生深刻得多。他后来陆续道出他所经历过的狂热、幻灭和对前途的绝望，这些都深深震撼了陈京生。就是陈京生的父母，对这些也了解甚浅。陈京生的父亲曾经说，将来他退休了，就到东北去养老——因为两个儿子都在东北插队，陈京生的哥哥听罢哈哈大笑说：只怕你都到不了那里！因为当时的知青坐火车，比今天的农民工春运还要挤，人们都是从窗口出出进进，在不通长途车的地方，知青们还要去扒过路车，有如“铁道游击队”。

然而，也就是从这全国两千万的知青中，从他们对中国农村社会的实际接触和个人挫折中，产生出对体制的第一批怀疑者。1978年8月11日，当年的知青，后来的上海复旦大学学生卢新华在《文汇报》上发表了她的短篇小说《伤痕》，控诉“文革”中“血统论”于人的心灵的创伤，在全国激起巨大的共鸣，从此，开启了“伤痕文学”的发端。

1978年的5月10日，由胡耀邦亲自审定的《实践是检验真理的唯一标准》一文在中央党校的内部刊物《理论动态》上刊出，第二天即在《光明日报》上发表，第三天《人民日报》和《解放军报》都全文转载，对“两个凡是”予以全面否定。后来的8月到11月，全国各省和各大军区领导人陆续表态，支持这篇文章。

随着邓小平的复出，天安门事件的平反，大批冤假错案的被平反，直到1978年中共十一届三中全会宣布结束“以阶级斗争为纲”，官方的政治舞台上的潮汐风云，与民间的觉醒汇在一起，共同把毛泽东渐渐从神坛上推下，还原成人。

但是，在那个时候，陈京生和她的朋友们绝对想不到30年后中国会怎样变化，他们没有意识到，对人的真正解放，其实才刚刚开始。

二、“在中国，服装也是政治”

在汉语世界里，“衣冠”本来就具有特殊的意味。它代言着文明、开化与正统。但衣冠只是路径，只是表达，它通往的都是自己千年不变的道路。

1955年，在《六亿蚂蚁》一书里，法国记者罗伯特·吉兰这么描述着他的中国印象：“不管走到哪里，人们都穿着蓝布衣服……姑娘们也穿着长裤，除了下垂的头发或农民式的辫子，她们穿得跟男人一模一样……一群群人，一个个都像是刚从蓝墨水中洗澡出来，一身去不掉的蓝色。”

吉兰由此感慨，这个国家是一座“蚂蚁山”，六亿民众是栖息其中的“蓝蚂蚁”。此后二十余年，随着《六亿蚂蚁》的持续畅销，这个说法频繁出现于西方报刊。“蓝蚂蚁”成为大陆中国人的代名词了。

撇除傲慢与偏见，吉兰的说法并不夸张。1978年冬天，当皮尔·卡丹夹杂在大群游客间，缓缓走向八达岭长城时，他看到的依旧是一个蓝咔叽布的海洋。然而，与吉兰不同，这个威尼斯破产商人之子，这个出身贫寒、当过裁缝学徒的巴黎时装设计师，此时却在这个冻原般的国度，嗅到了别样的气息。

这个冬天，皮尔·卡丹产生了在北京举办几场时装演出的想法。他后来谈到，“这是个疯狂的念头……我曾以为这是不可能的，但我还是做到了。”

破冰

的确，举办时装演出此时不啻于天方夜谭。这一年冬天，尽管坚冰初破，这个广袤而神秘的国度依旧色调森严、禁锢处处。对西方的舶来品，这个蓝黑灰的世界不仅疑虑重重，甚至心怀敌意。

“大约 11 月下旬，对外友协转来了报告，说一个法国人要举办时装演出。对这类活动，当时我们闻所未闻……”二十多年以后，在北京中纺里的一处公寓，一个不愿意透露姓名的耄耋老者追忆着当年的情景：“当时，改革开放的舆论已经抬头，但是大氛围还是冷色调的。这个事情，不敢拍板，没有人敢拍这个板……”

在皮尔·卡丹的反复游说、活动下，当年年底，由纺织工业部牵头，外贸部、轻工业部派员参与，一小群官员进行了“三部会商”。然而，几次会商后，这个报告还是被搁置了。

山重水复疑无路。直到次年初春，这些官员看到了那顶帽子。

这一年农历春节，也就是 1979 年 1 月 28 日，邓小平开始了为期八天的美国访问。五天以后，在德克萨斯州的一个竞技场，这个刚刚被《时代》周刊评为“年度风云人物”、并以 48 个整版篇幅详尽报道的“新中国的梦想家”，大大方方地戴上了两名女骑士送来的白色牛仔帽。这个象征性的细节，不仅引发了世界范围的热烈报道，它也让这场行将夭折的演出柳暗花明。

牛仔帽是一个符号，是一种政治隐喻。对此，这些官员心领神会，他们一改拖沓和观望，迅速准许了这次演出。与此同时，一些限制性要求也出现了：演出不报道、不宣传，“尽量低调”；不对公众开放，仅限外贸界、服装界官员及专业人士进行“内部观摩”；各单位在发放门票时，应严格把关，挑选“思想素质过硬”的观众……此外，原定在北京举办的三场演出，也被一分为二：北京首演之后，另外两场演出将在上海进行。

正是这个决定，催生了中国第一支时装模特队。

初次登台

在北京的首演，很难用“成功”或“失败”来评价。1979年3月10日，当8名法国模特和4名日本模特缓缓走上民族文化宫的一处新搭就的T型台时，现场的气氛无比凝重、紧张。作为亲历者之一，新华社记者李安定后来谈到，当时场内“人满为患”，几百名观众大多“穿着蓝灰制服、屏住呼吸”；另一位在场观众的回忆更为细微：“那些女模特出现时，我产生了一种晕眩的感觉……坐在我附近的观众，也一个个脸色严峻，表情变化得很厉害……”

与北京相比，上海的氛围宽松了许多。以入场券发放为例，主办方仅有三点要求：专业对口、记录姓名以及入场券不得转让。这么一来，不仅专业官员，许多服装设计师也得以入场观摩。二十多年以后，上海服装公司设计师徐文渊回忆说：“当时我一看，他表演的这些服装，款式新颖独特，色彩也绚丽多彩……”

服装之外，那些艳妆的模特，更唤醒了许多老上海的记忆。毕竟，距离十里洋场的上海滩时代，此时还不过三十年。徐文渊记得，演出结束后，他和自己的顶头上司、上海服装公司经理张成林一起回家。路上，张成林忽然冒出了一句话：“你看，这个立体宣传多好啊，我们也来搞一支，怎么样？”

徐文渊几乎不敢相信自己的耳朵。“他会讲这样的话？行吗？我们国家行吗？那么保守、那么封闭的那个年代……”徐文渊后来说：“我看着他，我讲，你敢的话，我大力支持你。”

出乎徐文渊意料的是，张成林果然不是一时兴起，主管部门也并非铁板一块。几天后，由徐文渊草拟、张成林定稿的组建模特队方案书，到达了上海市手工业局局长刘伟胜的案头。据说，刘伟胜当天就召见了他们。

“看了这个方案，（刘伟胜）基本上赞同。……”徐文渊说：“但是，对时装模特几个字，他犹豫了半天。他讲，模特儿，这是外国的称呼，好像有点低级趣味的感觉。他讲，这样吧，在我们国家不要叫模特，就叫时装表演演员，怎么样？……”

此外，业余性质、男女混杂、强调“纺织工人”的身份……也成为组建表演队的几个条件。顺理成章地，徐文渊出任了表演队领队。

变化

作为第一个吃螃蟹的人，张成林、刘伟胜等人表现出了足够的勇气。然而，作为历史中的小人物，他们依托的背景，实则是一个坚冰初破、含苞待放的初春图景。

早在1978年夏天，许多西方观察家就注意到了暗流的涌动。这一年6月8日，《基督教科学箴言报》的记者这样描述北京街头的变迁：“虽然单调的灰色和蓝色衣服仍然是标准的服装，但是妇女开始涌向百货商店，从有限的供应品种中选购衣料。在城市，卷发和电烫发型开始时兴。北京排队最长的地方是理发店。”与此同时，传自香港的喇叭裤在广州街头悄悄出现，这种裤子改变了女装裤右侧开口的习惯。作为流行文化的最初冒险，它被许多人认为“不男不女”，并一语双关地说它“颠倒乾坤”，然而，短短几年时间，它迅速地风行于各处城乡……

◎ 当时流行的喇叭裤式样

不仅民间，官员们的态度也悄悄变化着。如果说，允许皮尔·卡丹举办演出，不过是少数官员的大胆举动的话，那么，就在皮尔·卡丹首演次日，路透社的一条消息折射了更多官员的内心：“尽管那些观众都是经过严格审查的，但走出民族文化宫时，男人们大多解开了风纪扣。一些胆大的姑娘更把裙子提了提，露出雪白的膝盖……”

也就是说，演出事实上大获成

功。它唤醒了几百名中国官员对美、对差异化世界的本能向往。正是这种汹涌的、席卷了大多数人的暗流，让张成林、刘伟胜们萌生了组建表演队的想法，从而开风气之先。

尽管如此，表演队的组建，也远谈不上一帆风顺。

模特队

上海服装公司下属有八十多个工厂，青年男女数以万计，萌生想法之初，张成林就决定“到工厂去挑选（模特）”。但按国际惯例，入选条件应包括身高、胸围、背宽、乳房间距等硬指标。徐文渊为此万分为难：“我这一看，复杂得很啊！……这些都是隐私，在当时可以说是最大的隐私，你怎么打听？怎么选？”

无可奈何之下，徐文渊只好大打折扣：男演员身高 179 厘米以上；女演员身高 165 厘米之外，三围应分别在 80 厘米、60 厘米和 80 厘米以上。最后，“下半身应比上半身长八公分”……

更困难的还在后头呢。1979 年春夏，中国女工的普遍形象，是蓝咔叽布工装、肥大长裤，以及一双深颜色的塑料凉鞋。即使得风气先的上海，那些最时髦的青年男女，相互攀比的也不过是的确良衬衫、回力牌球鞋。难道这些入选男女真有勇气在 T 字台上招摇过市？难道她们的父母会忘记上海的“文革”，正是从红卫兵上街剪“小脚裤”开始的么？

“当时张经理要求我们，要做到‘四个通’。”徐文渊后来回忆，“思想要通，家庭要通，本人要通，朋友要通。要‘四通’……”

“四通”中，最困难的是家庭这一关。徐文渊记得，一名条件很好的杨姓男青年，因为父母坚决反对，“怕孩子学坏”，而不得不放弃了。即使是最终入选的那些成员，也无一例外地面对着巨大的家庭阻力。年仅 19 岁、刚刚参加工作两个月的柴瑾，长期不敢向母亲吐露真相；思想开放、敢想敢做、被称为“性格演员”的徐萍，干脆向所有家庭成员封锁了消息……

整整八个月以后，时装表演队终于组建完毕了。这一年秋天，在一处清理出来的库房里，表演队首批成员开始了自己的训练。他们中，包括了七个小伙子以及十二位姑娘。

观念之争

“第一节课，就遇到了阻力……”时为上海戏剧学院形体教师、兼任表演队教练的任小莲后来回忆：“我要求演员们脱掉外面的衣服，就穿一个毛衣。怎么也不肯脱，连外衣也不肯脱。……”

在徐文渊的反复劝说下，徐萍才带头脱掉了外衣。

脱掉外衣，即使在当时也属正常之举。因此，这样的僵局，折射了演员们忐忑而矛盾的心态。在此之前，尽管性格各异，她们和同龄人有着同样的道路：童年入队、少年入团、青年入党或争取入党；红领巾、团徽以及工装，构成了几代人身份与命运的标识。在这个清一色的世界，她们因此正常、顺当而安全；而在此之后，一切都将变得不可预测。她们要面对风言风语、指指点点；她们或许会成为许多人眼中的“坏女人”，乃至丢掉自己的饭碗、失去自己在这灰色世界的所有安身立命之所……

后来的事实表明，她们的顾虑并非多余。

不过几天时间，议论声就多起来了。表演队队员史凤梅记得，当时同事们经常在背后非议，“他们觉得，蛮好的一个小姑娘，蛮好的一个小姑娘，穿这种衣服，然后做模特，肯定要变坏的”；而柴瑾的体会更加恐怖：有一次，在回家的路上，一个小混混毛手毛脚地说要和她谈朋友。

如果说，这一切还能忍受的话，那么，似乎阴晴不定的“气候”，则几乎把表演队逼上了绝路。短短半年多时间，表演队两次遭遇解散。

“半年多时间，我们搬家（排练场地）搬了有九次。……”徐文渊说：“最后一次，考虑到演员已经三上三下了，再叫他们回去的话，说实话，厂里也不欢迎。……我就打了报告，要成立专业时装表演队，解决这些困难。”

报告递交了，在第九个排练场，表演队开始了似乎遥遥无期的等待。直到今天，谈起那个狭窄潮湿的排练场，柴瑾依旧不堪回首，“那个仓库，堆满了各种各样的杂物，没有地方落脚。后来那些男同志把东西堆高的堆高，整理的整理，整理出二十平方米的地方。很小的，没有办法排练……我们进去的时候，正好是六月份，梅雨季节，里面空气很潮湿，蚊子、臭虫也很多，坐在那里，半天下来身上咬的都是包……”

就在这么一处仓库，表演队从夏天捱到了初冬。1980 年 11 月 19 日，当徐文渊兴冲冲地走进仓库，说他们已成为专业时装演员时，这些疲惫已极的青年“连笑出来的力气都没有了”。

两个多月后，1981 年 2 月 9 日，在上海友谊剧场，表演队举行了成立以来的第一场公开演出。此时，距离皮尔·卡丹的访华首演，已经将近两年。

演出

与皮尔·卡丹的首演一样，这场演出异常低调。没有任何报刊发布这个消息，走过剧场门口的大多数上海市民，也懵懂、茫然于海报上的“时装表演”字样。直到开场铃响，场内还只稀稀拉拉地坐了一半观众。

开场铃响前后，又发生了一个小插曲。

这一天，徐萍的演出服装中，包括一件露肩膀、拖飘带的黑礼服。不知道通过什么渠道，徐萍的父母听说了这个消息，他们立即赶到后台，阻止徐萍登场。

反对的理由，依然是“会学坏”、“以后没法做人”。徐文渊、任小莲等人反复劝说，也无法打消他们的顾虑。无可奈何之下，徐萍只好将那根长飘带缠在手臂上，以遮住胳膊。值得一提的是，这根飘带正是礼服的“诗眼”，这么一来，作品的个性荡然无存。

这个意外事件让徐文渊心情郁闷。而 70 分钟演出结束、全体演员谢幕时，他的心情更不好受，“没有掌声，台下鸦雀无声。我想，演砸了”。

“突然，哗啦一下，掌声起来了……”任小莲说，“先是纺织学院的那些学生，接着是全场。那些学生真热情啊，一排一排地全站起来了……”

如雷的掌声，似乎平复了过去两年的辛酸。其实，仅仅从观众的构成，就可以觉察出这两年的社会变迁：如果说，皮尔·卡丹的首演，以精英阶层为主要观众，而上海演出包括了一些普通设计师的话，那么，来自纺织学院、服装学院的学生，则成为这个晚上的又一个主体。他们有的经历过上山下乡，已为人夫人父；有的刚刚从中学考入大学，目光单纯明亮。毫无疑问，这个夜晚的印记，将久久地影响他们未来的职业生涯。

就从这里开始，演出一场接着一场，掌声此起彼伏地响起。表演队频频出现于各类时装博览会、订货会，上海、苏州、广东……徐文渊记得，有一次，供销部积压了许多面料，“我们就到仓库里头去，挑选了不少的品种，然后就发动我们模特儿，每个人设计四张画稿。……就是我们设计的这些很普通的服装，普通的面料，就表演了十三场。……经销商看了以后，全都订了，仓库里头积压的六十万元面料，全都出空了……”

更让人兴奋的，则是同事、亲友的态度转变。二十多年以后，柴瑾仍掩饰不住脸上的骄傲，“……（同事们说）柴瑾，你们真厉害，穿什么就卖什么，穿什么，什么就卖得快”。

随即，1983 年春天的一场演出，更让他们永生难忘。

北京之行

这一年 4 月，五省市服装鞋帽展销会在北京举行，表演队因此前往北京。一开始，北京之行略显辛酸、苦涩。

“第一次去，住在地下室，很潮湿。反正居住的条件……”徐文渊后来回忆，“姑娘们都是南方人，到北京以后，伙食也不习惯。好多人生病了，那一次，六七个人生病，而且是高烧……”

直到此时，她们的工资还不过 45 元，每场演出的津贴也仅为 1.5 元。让徐文渊异常感动的是，即使高烧不退，她们仍然坚持演出。而在此期间，一封观众来信让她们无比欣慰，“你们精湛的表演使我陶醉……对于首都观众来说，我们享受的不仅是服装艺术的春天，还有文艺的春天，祖国的春天”。

或许，这种春意也升腾进了中南海？这一天，演员们都在舞台下休息的时候，中央办公厅秘书局打来了一个电话，邀请她们进中南海表演一场。

“接到这个消息，大家高兴得不得了，那是非常非常的激动……”徐文渊后来说：“我们来北京演出是第一次，进中南海表演，五千年来也是第一次。……说着说着，紧张了起来，会不会出洋相？”

进中南海表演的时间，是4月29日。没有任何当事人披露过这次演出的详情，但，我们能够知道的是，几天后，《人民日报》就以《新颖的时装、精彩的表演》为标题，发表了评论文章。一时之间，全世界主要媒体纷纷转载、评述。

更引人注目的是，不久后，时任共产党总书记的胡耀邦，不仅穿上了一套西装，他并且在众目睽睽下撩开了衣服的左襟，告诉众多记者，这件西装是“中国制造”。

6月2日，时任纺织工业部部长的郝建秀，写信给轻工业部部长杨波，“应提倡穿西装、两用衫、裙子、旗袍”……

又一些日子以后，路透社仿佛一语道破天机地惊呼：“在中国，服装也是政治”。

彩色的中国

路透社的这个说法，尽管准确，到底有失偏颇。固然，战国时期的“胡服骑射”、魏晋时代的“衣冠南渡”、清朝初年的“发冠苛政”，乃至康有为在变法前夕的鼓吹西装……所有这些过往事例，都反映了服装与政治的关联；然而，西方也不例外，从基督教崛起后修道士的着装，到贵族时代没落后假发的消亡。事实上，西装正是现当代西方政治与生活方式的浓缩象征。

◎ 西装终于在中国风行

几十年前的罗伯特·吉兰，似乎意识到了这一点。他在《六亿蚂蚁》中写道："蓝蚂蚁，这一比喻所表现的那种令人难以置信的景象，所蕴涵的意义，远比人们可以想到的要深远。"他试图诉说的，事实上是这个国家的整齐划一、渐渐军事化。但他忽略了一点：这个国家曾经多少次地变换衣冠，然而精神的核心，却似乎没有变化过。

在汉语世界里，"衣冠"本来就具有特殊的意味。它代言着文明、开化与正统。但衣冠只是路径，只是表达，它通往的都是自己千年不变的道路。

胡耀邦长子胡德平曾经回顾，1989年，胡耀邦逝世后，家人曾经谈论该给他的遗体穿上中山装还是西装。最后的结果是西装。因为，"西装代表着改革"。

于是，在那个时代。西装象征了回归，也象征了开放。

《参考消息》：由内部到公开

诞生于1957年的《参考消息》，当时的读者不光有范围限制，就是他们知道的消息，也仅局限于中央已经知道的信息范围内，超前知道是不允许的。真正打破常规是在"四人帮"被粉碎后的事。当时《参考消息》的资深干部殷新程选了一些规定之外的文稿，有《20世纪大事记》、《义犬救主》等等，刊登在《参考消息》上。稿件受读者欢迎，又没有引起任何有关方面的注意或制止。但一直到1983年，这种做法才在社党组会上被确认。

1984年底，中共中央书记处书记胡启立和国家教委主任李鹏先后作出批示，国家教委在1985年1月还发出文件，要求全国高等院校校方给所有学生每间宿舍订一份《人民日报》和一份《参考消息》。1986年8月，《参考消息》专门开了发行会议，中央和各省、市、自治区党委宣传部，国家教委和邮政总局都派人参加了。这大概是最后一次行政力量支持《参考消息》的发行工作。

就在此次会议前的1985年1月1日，《参考消息》报头下的"内部刊物"4个字已经中宣部同意变成了"限国内发行"。这时，《参考消息》报的发行已不完全依靠邮局订阅，开始允许上报摊零售而成为完全公开发行的报纸了。隔了不久，连这几个小字也没有了，只是在主管机关内部登记时，作为“国内发行”报纸。

从“内部刊物”到摆上报摊公开叫卖，《参考消息》在改革开放初期用了七八年的时间才完成这一转换过程，这个过程完全是顺其自然的。尽管这期间的各种措施都是为了阻止报纸发行量的下滑，但是没有任何一级组织或领导人把它从“内部刊物”变成公开报纸作为预定的、有计划的目标。

三、石破天惊一个吻

从《庐山恋》到《色·戒》，短短一代人的时间，中国人的生活方式和意识形态分崩离析了。在这片土地上，关于情色的话题历久弥新，每一次对禁忌的突破都直击你我内心。

2007 年深秋，《色·戒》成为众多中国人文化生活的关键词之一。此前不久，这部由华人导演李安执导的年度大片获得了金狮奖，而在它公映前后，它就引发了千万人的关注，人人争说银幕上的活色生香。

李安说，他想展现人们心中模糊不清的东西；而万众为之喧哗不休的，则是被剪掉的 12 分钟。那么，当这些 80 后理直气壮地大声抱怨时，他们是否知道，不过二十多年前，为了另一部电影里蜻蜓点水般的一个吻，他们的父辈甚至脸红心跳？

那部电影，就是《庐山恋》。从《庐山恋》到《色·戒》，短短一代人的时间，中国人的生活方式和意识形态分崩离析了。在这片土地上，关于情色的话题历久弥新，每一次对禁忌的突破都直击你我内心。

石破天惊一个吻

1979 年夏天，上海徐家汇区。

这一天，在上海电影制片厂文学部大楼的走廊里，年近不惑的江西作

◎《庐山恋》宣传画

家毕必成犹豫张望着。几分钟后，导演黄祖模出现了，简短介绍了自己后，毕必成将手中的一个剧本交给了这位素昧平生的老导演，随即忐忑不安地回到招待所等待消息。

这个剧本，就是《庐山恋》。二十多年以后，我们仍然能够想象毕必成的心情：当时，阶级斗争余音未了，大众生活苍白黯淡，选择年轻男女的恋爱为创作主题，不能不说是他创作生涯中的一次冒险。

冒险的并不止他一个。当天，黄祖模读完剧本后，立即向时任上影厂厂长的徐桑楚推荐该剧。而三天以后，上影厂的正副两位厂长决定，剧本立即开拍，黄祖模担任导演，毕必成则与摄制组一起奔赴庐山，边拍摄边对剧本做进一步完善。

“文革”后首部以恋爱为主题、建国后首次出现吻戏的电影《庐山恋》，就是在这样的背景下问世的。二十多年以后，回顾拍摄《庐山恋》的岁月，徐桑楚仍然倍感艰辛：“经过十年的荒芜，上影厂的创作生产队伍基本垮了，虽还说不上溃不成军，但基本上也没什么战斗力了。”正因此，该剧前后耗费了堪称当时大手笔的 70 万元经费。

与拍摄过程相比，更让人担心的却是它触及的诸多“雷区”：女主角张瑜片中的服装，共换了 43 套，会被人认为是宣扬“资本主义生活方式”

吗？庐山、归侨、爱情、英语……所有这一切，会触犯管制森严的电影当局吗？更何况，男女主人公的那个吻，犹如埋藏在整部电影里的定时炸弹。

在上报审查的剧本中，以严谨诚恳著称的黄祖模导演删掉了接吻情节。为打消演员的疑虑，在片场，他甚至也封锁了这个消息。直到电影拍摄行将结束，黄祖模才把郭凯敏与张瑜叫到现场，宣布补拍吻戏镜头。两个从未谈过恋爱的年轻人，面红耳赤地拍了一个多小时，才拍成了这个一秒钟的镜头。“只是碰了一下皮毛，很甜蜜，很难忘。”多年以后，郭凯敏在接受访谈时如是说。

“《庐山恋》筹拍阶段，还是一部影片的各个环节要经过严格政审的年代。”同样是多年以后，一位年轻的记者这么写道：“但是《庐山恋》却有出奇的好运。”这个好运，表现在送审过程的一帆风顺：尽管电影局领导“有意见”，但主持文化界工作的夏衍、周扬等人却纷纷叫好，统战部官员甚至认为，该片“宣传了正确政策”，是部好片。现任中国电影集团公司副总史东明后来回忆说：“个别镜头做了修改，主要是大家觉得这个片子比较清新，虽然有吻戏，但是很清纯。”

就这样，1980 年 7 月 12 日，在庐山东谷电影院，《庐山恋》举行了首映仪式。这一天，不分男女老少，几百名观众面对光影明灭的大银幕，看见一对俊男靓女在庐山牵手嬉戏，看见张瑜落在郭凯敏脸上那轻轻一吻。从这里开始，这一吻炸开了无数青年男女的心，在古板严肃的中国社会激起了千重巨浪。

值得一提的是，不久后，东谷电影院更名为“庐山恋电影院”。从 1980 年至今，它唯一播放的片子，就是《庐山恋》。到 2002 年年底，世界吉尼斯总部授予它“世界上在同一影院连续放映时间最长的电影”的世界纪录。此时，它已连续放映了 8000 余场，观众多达 138 万余人。

《庐山恋》的冲击波

“《庐山恋》教会了一代人谈恋爱”，许多人这么认为。在此之前，爱情是“资产阶级情调”，婚姻是“个人问题”，甚至未婚青年男女的交往也被称为“谈对象”；他们的情书里，见不到儿女情长，有的只是谈工作，谈理想，最后互致“革命的敬礼”。而在此之后，双双散步成为任意一对男女的恋爱方式，并被笑称为“轧马路”；即使是同城的恋人，也习惯了用四分钱的邮票寄出自己的情书，并半生不熟地写出“爱情”的字样；甚至，生涩的、纯粹模仿的接吻出现了……

恣肆狂喜，似乎泥石俱下。正因此，上海宣传部门当时一直反对该片上演，影片获得第四届“百花奖”后，相关领导还表示，你们这个奖拿了也不光彩，“还是不要去了”。而影片刚刚停机，上海市总工会主席就风风火火地赶来，特地查明女主人公并无台湾背景后才放心而去……

尽管如此，作为一个时代的象征，没有人能阻拦春冰乍破的潮流。也是这一年，计划生育全面实行，而新《婚姻法》将离婚必要条件修改为“夫妻感情确已破裂”。性不再是生儿育女的工具，而“爱情是婚姻的基础”，此时也不再仅限于观念，而成为法律的出发点。这一切，无一例外地成为中国性观念革命的前奏。

在探索的旗帜下，各种观念争相出炉，文化界充满喧哗与骚动。

1981年，改自曹禺原著、并由刘晓庆主演的电影《原野》被禁止在国内公映，只能向海外发行拷贝。民间纷纷传言，原因是电影里有刘晓庆的全裸镜头，并称这部片子有两个版本，裸露的镜头仅仅出现在海外版。正因此，1988年《原野》解禁时，许多城市万人空巷，人们试图在电影院里看到传说中的裸体镜头。

◎《原野》宣传画

他们看到的，仅仅是春天的原野上，刘晓庆与杨在葆含情相对。后来，导演凌子终于披露了《原野》被禁的真正原因：电影局当时邀请了工会、共青团、妇联等方面人士看片，得出的结论是这部片子鼓励复仇、教唆犯罪；此外，花金子不守妇道，和仇虎乱搞男女关系，“不利于舆论引导”。

在《原野》的失望之后，这一年上映的《寡妇村》首次打出了“少儿不宜”的牌子，一时之间，观众再次趋之若骛。当做好十足心理预期的人们走进影院、准备大饱眼福之时，他们看到的也仅仅是女演员惊鸿一现的肚脐眼。也是这一年，相貌中带着其家乡黄土高原特色的张艺谋，以《红高粱》为中国电影写下了新的纪录。尽管没有裸镜，男女主角在高粱地野合的场景，却似乎有着传统文化“天人合一”的美感，它对于观众的感染力，和剧中肆意奔流的高粱酒同样醉人。

此后，《老井》、《菊豆》、《大红灯笼高高挂》……张艺谋热衷描写的偷情与私奔，以“犹抱琵琶半遮面”的影像语言，获得了千万观众的热烈认同。与其说这是哗众取宠，不如说它是中国人长久性压抑的最佳诠释。

正是这种压抑，使中国人不再满足于国产影片了。港台三级片先是进入沿海地区的录像厅，然后继续向内地挺进；一再翻录的录像带，尽管图像越来越模糊，却以“地下交通线”的方式，在许多家庭乃至青少年中传播。更让人瞠目结舌的是，在上海这样的城市，“贴面舞”、“黑灯舞会”等字眼，在市井、青年群体中悄悄流传着……

正当西方观察家们对中国性开放速度大跌眼镜时，政府行动了。1982年，“严禁进口、复制、销售、播放反动黄色下流录音录像制品”的决定，在各级政府迅速传达了；随即，在席卷全国的严打活动中，“流氓犯罪”成为过街老鼠。轰动全国的“陈小蒙案”之外，我们还能在案件卷宗里看到这样的记录：进行家庭性派对的四对夫妇被判处死刑，提供场所的一对夫妇被判处死缓；以恋爱名义与多名男子发生性关系的众多女性，以流氓罪被判处为期不等的徒刑……

这一年，到底有多少中国人因为以身犯戒，而付出了沉重代价？没有人说得清。无论如何，这场严打为中国人在禁锢初解时的急速反弹，来了个急刹车。而这一年之后，生活依旧平静流淌。虽然没有了激流直下，但的确是在一刻不停地前行。很快，人们忘记了曾经的风波。“第三者”、“离婚率”、“做爱”……这些新兴词汇到底融入了普通人的生活，在无声的反复中，变革已成为事实。

电影之后，还有报刊、文学。

大潮流

与影视界谨慎而又让人充满期待的脚步相比，文学界关于情色的描写，不断突破着读者的承受底线。1985年，张贤亮小说《男人的一半是女人》在《收获》发表，偷窥、做爱、通奸……它写出了中国男人普遍的性压抑。两年以后，《人民文学》也刊登了马建的《亮出你的舌苔或空空荡荡》，“其中的色情仿佛是担水吃饭”。

比文学作品更加直接、赤裸的，则是各种地摊读物。80年代中后期，《性医学》等性知识手册在书报摊流行；各种“野书”则以封面上耸人听闻的黑体字大标题，以及衣着暴露的美女来吸引眼球。这些地毯读物穿街过巷，占领各处水陆码头，陪伴刚刚流动起来的中国人一路回家。

这个年代的顶峰之作，是被认为兼有文学作品和“地摊读物”双重身份的《废都》。

1993年春节前夜，在古城西安的一个小小院落里，作家贾平凹为长篇小说《废都》画上最后一个句号。他的心情喜忧参半，他非常清楚，这是一部什么样的作品，必将会在社会上引发怎样的争议。

当年六月，《废都》正式出版，首印五十万册，同时在《十月》杂志和《中国青年报》发表。如此隆重的推出，如此巨大的发行量，既得益于贾平凹的文学声誉，更倚仗了它特有的性爱诉求。

小说还未上市，便被冠以“当代《金瓶梅》”而大肆宣扬。特别重要的是，书中留有许多处据说因过于淫秽而以“□□”代替的留白。中国人还不习惯这样直接的炒作，一夜之间，《废都》红遍了中国，学生、职员、国家干部、民警、打工仔、家庭主妇，乃至大教授大学者……人人先睹为快，大有洛阳纸贵之势。

撇开艺术成就，《废都》的性描写的确直追《金瓶梅》。从来没有哪部中国当代文学作品如此集中地书写赤裸裸的欲望，如此明目张胆地以性来招徕读者。加上对知识分子心态极其颓废的描摹，过于直白的政治“隐喻”，在短暂而热烈的叫好声之后，整个社会突然从诱惑中反应过来，批评声、唾骂声铺天盖地。十余年之后，回忆那段时光，贾平凹平静的表情下仍然有些自嘲：“每天去看报纸，一看报纸，肯定是有批评的文章……一股风就把远处一个报纸吹过来，我说来垫一下屁股，一看上面还是批判文章。”

还不仅于此。很快，国家新闻出版署以“格调低下，夹杂色情描写”的名义查禁《废都》，并对出版部门做了处罚。尽管被禁成了下一场更大风波的开始，尽管有人认为《废都》是一部“具有中国文学史意义的伟大作品”、“有着对于传统文明断裂后的隐忧和悲剧感……”但，十几年以后，著名编辑周昌义认为，《废都》“伤了贾平凹的元气”，不仅是失去了大批读者，更重要的是，它似乎让贾平凹一蹶不振。

对贾平凹来说，《废都》是一柄锋利的双刃剑；而这一时期，陈忠实的《白鹿原》、莫言的《丰乳肥臀》等也大胆地书写了性，却没有招致《废都》的命运。《白鹿原》甚至以“反映民族魂”的理由，获得官方的“茅盾文学奖”。所有这些，似乎宣示着性和文学结合时代的准生证。《废都》之后，性本身已经不再是禁忌，而性所承载的意义，却越来越受到人们的关注。

性，将如何改变我们的生活，给我们的肉体与灵魂带来什么？这是在最初的新鲜感过去之后，人们开始思考的问题。来自最保守的中原之北，黄土高原上的陕西作家群，不约而同地以性为旗帜，记录这片土地的历史，这不是一个偶然的文化现象。将作家们与读者群联系起来的，是农业社会的全面崩溃，是乡村的隐去，是传统文化的失去其立身之本。中国人在急功近利的经济大潮前，感到了共同的焦灼，并共同地、下意识地求助于原始的性动力。

如果说，90年代的文学性书写，以《废都》为高潮的话，那么，为它落下帷幕的，同样是一本禁书。那就是《上海宝贝》。

身体开放的年代

《上海宝贝》被禁的理由与《废都》相似："内容格调低下，宣扬虚无主义，低俗颓废的人生观，并夹杂淫秽内容。"但事实上，这本书的性描写并不算泛滥，招致争议的其实是年轻女作者卫慧挑衅式的性爱观与价值观：公然鼓吹对物质的追求，高声赞美西方男性尺寸庞大的阳具，而故事的发生地，又是被诟病有殖民地文化传统的物欲之都上海……这一切都在刺伤中国主流读者的眼睛。

《上海宝贝》很快被更年轻、更出位的后来者淹没，正如书刊、文学这样的载体，很快被无所不在的互联网淹没那样。2003 年，一位相貌平常，身材瘦削的女孩在网络上迅速走红，她的网名叫木子美，真实姓名是李丽。这个广州某时尚杂志的编辑，起初在一个博客网站上书写日记，她记录的是自己的性爱生活。一开始，这些日记几乎无人关注，直到性爱日记涉及某位著名摇滚歌手时，这个名为"遗情书"的博客，突然拥来了无数网民。千万人一边性趣盎然地阅读着日志，一边愤怒地写下谴责乃至谩骂的留言。

"在我看来，男女关系就是性关系。"木子美近似于解构的性观念，对传统性道德的嘲弄，触犯了中国人"性"的底线。"真是悲哀！一位受过高等教育的女人完全没有羞耻感。"一位不留名的男士说。另一位自称为 12 岁孩子的母亲则愤怒地质问："难道就没人管管这种不顾廉耻、伤风败俗的人吗？"

更有一些媒体提出质疑：木子美对做爱过程的详细描写，在网络广泛传播，是否涉嫌网络色情与传播淫秽物品罪？而抖搂出一夜情对象的真实姓名及其性能力，是否构成侵害他人隐私？……

正因此，封杀木子美的呼声，从社会各个阶层广泛地传出。与此同时，木子美也拥有了一些支持者。社会学家李银河呼吁人们宽容对待"木子美现象"，认为"这标志着在中国这样一个传统道德根深蒂固的社会中，人们的行为模式发生了剧烈的变迁"；更有一些网民认为，"她的文字虽有成人成分，可更多的是有人性成分。这个社会缺乏的就是人性成分”。

尽管众说纷纭，“木子美事件”给主人公带来的，却是意想不到的好处：媒体与嗅觉灵敏的书商闻风而动，追逐着这个瘦小女孩的身影，寻找更多话题与商机；她的日记内容被冠以《遗情书》的书名，迅速上市……尽管《遗情书》在上市当日就被紧急禁售，但，互联网“一夜成名”的时代到来了。

木子美之后，越来越多的年轻女性，在网络上以写性、以暴露身体出名。网络不仅给她们提供了自我表演的舞台，更给亿万中国人带来了广泛的性爱天地。盗版影碟与层出不穷的色情网站，几乎令情色禁无可禁。传统进一步被猛烈地颠覆。同性恋文化开始浮上水面；风靡全国的选秀节目捧出了李宇春、帅洋等有异于传统性别审美观的新偶像，中性打扮甚至GAY风成为都市“潮人”新宠；一夜情、虐恋俱乐部乃至换偶游戏，在大都市的许多隐秘角落里悄悄进行着……

正是在这样的氛围中，《色·戒》全面登陆内地市场。

《色·戒》是一个关于男女情爱，准确地说是性爱关系对垒民族大义的故事。在政治气候向来微妙的内地，这种题材的影片能够播出，本身就意味着某种禁忌的打破。然而，当观众走进影院后，发现为了配合审察制度，由李安亲手剪去绝大部分激情镜头的《色·戒》，就像失去了灵魂一样乏味。声称要以影片反映中国人性压抑的李安，这次亲身让中国的观众狠狠感受了一次性压抑的滋味，也算够戏剧化的了。而深得地利之便的广州、深圳观众，早已连夜赶过香江，赴港观看全本《色·戒》。汤唯的胸形、梁朝伟第一次曝光的“那话儿”，以及高难度的性交体位……成为他们归来后津津乐道的话题。与这一切形成鲜明对照的，是更多内地观众的一片抱怨声。

李安如是说：“色，是我们的野心，我们的情感，一切着色相；戒，是怎样能够适可而止，怎样能做好，不过分，不走到毁灭的地步。”

色与戒，只要人性不灭、社会对个体的规训仍然存在，就会永远相辅相成地存在下去，负载着我们的痛苦与极乐。

那些记忆深处的禁播片

1980 年 10 月，中央电视台鉴于首部外国引进电视剧《大西洋底的来客》的巨大成功，决定再播出一部美国电视剧——《加里森敢死队》。在经历了三十年的造神运动和“高大全”的英雄形象熏染后，《加里森敢死队》成为了中国第一个非政治因素的偶像，成为了那个时代一个无法回避的标识。

令这部电视剧被禁的一个原因是，大量刀具泛滥于中小学生中。受该剧的影响，一时间满校园里“飞刀又见飞刀”，还经常出现伤人事件。此时，山东又发生了 8 个保险箱被盗的案件，而各地陆续出现的一些治安和刑事案件也被归于受到《加里森敢死队》的蛊惑。中央电视台在播出第 16 集《利用摩擦》后，停止播映，代之以朝鲜电视剧《无名英雄》。

上个世纪 70 年代末，日本电影《望乡》（又名《山打根八号妓院》）在中国上映，片中出现的裸露镜头在中国引起了极大争论。

随后电影《追捕》进入中国。上个世纪 80 年代，“杜丘”和“真由美”在中国无人不知。一个 70 年代生人这样回忆他记忆里的《追捕》：“1980 年，我小学五年级，日本电影《追捕》风靡全中国。当杜丘在真由美的帮助下逃到了原野之上，当马儿扬鬣奔腾撕开雾气，音乐响起，一个忧郁的男中音开始哼唱：‘啦呀啦，啦呀啦呀啦，啦呀啦，啦呀啦呀啦——’抽紧的心舒展开来，黑黢黢的电影院里，竟像是有了阳光。”

中国曾经紧闭的文化大门从 70 年代末 80 年代初开始，一直受到海外影视作品浪潮地冲击。《姿三四郎》、《血疑》、《排球女将》、《女奴》、《卞卡》、《诽谤》、《春天的十七个瞬间》、《苦难的历程》、《鹰冠庄园》、《神探亨特》以及影响了一代人的《成长的烦恼》，越来越多的海外影视剧进入中国。

“黄皮书”、“灰皮书”

上世纪六十年代初至八十年代初，国内出版了一大批外国政治、历史、哲学、文学著作，一律以灰色、黄色、蓝色、白色、绿色等单一色调作书衣，时人称为“灰皮书”、“黄皮书”等。

“皮书”的出版史大约从20世纪60年代初至文化大革命结束。在那个文化禁锢的年代，资产阶级和修正主义的文学艺术以及社会科学著作，是作为“反面教材”供批判用的，所以“皮书”的出版是一项配合“反帝反修”斗争的重要政治任务。

“灰皮书”以政治、哲学著作为主，其中有德国伯恩斯坦的《社会主义的前提和社会民主党的任务》、《今天社会民主党的理论与实践》等五六种，考茨基的名著《无产阶级专政》及《恐怖主义和共产主义》、《陷于绝境中的布尔什维克主义》、《社会民主主义对抗共产主义》等近十种。

“黄皮书”中，当年对青年一代影响最大的是塞林格的《麦田里的守望者》、凯鲁亚克的《在路上》和阿克萧诺夫的《带星星的火车票》；其他如爱伦堡的《人·岁月·生活》和《解冻》、艾特玛托夫的《白轮船》、叶甫图申科的《娘子谷》、特罗耶波尔斯基的《白比姆黑耳朵》、索尔仁尼琴的《伊凡·杰尼索维奇的一天》、西蒙诺夫的《生者与死者》和《最后一个夏天》、特里丰诺夫的《滨河街公寓》、沙米亚金的《多雪的冬天》、拉斯普京的《活着，可要记住》、邦达列夫的《热的雪》和《岸》等等，以及西方现代派文学作品如萨特的《厌恶》、加缪的《局外人》等，也对“文革”中觉醒的一代青年人产生了巨大影响。

“皮书”虽然是”内部读物”，但除了小部分严格控制发行范围（如《新阶级》等），大多数都通过各种渠道在普通读者中传阅，特别是“苏修小说”一类的“皮书”，流传的范围更广，给当时饱受禁书之苦的青年群体少许安慰。

四、解禁年代的身体摇摆

关于身体自由摇摆的权利解禁历时八年，期间历程正如脚下的舞步，起起落落、进三退二。

1979年，改革开放第一年。这年的除夕夜，消失多年的交谊舞第一次出现在人民大会堂的联欢会上。

舞会上，一对青年男女优美地画着华尔兹的圈，女子与男伴的距离保持在20公分开外。他们脸上荡漾的幸福感觉，被摄影师李晓斌适时捕捉进了镜头。女的名字叫盖丽丽，著名演员，后来改名叫盖克，更是大名鼎鼎。

青年演员盖丽丽的优美舞姿之后不断地被人们提起，在那个国家级别的大型舞会上，人们嗅到了舞禁初开的味道。

当时参加舞会的人很多，由国务院管理局组织一些领导干部和一些文艺团体的青年。在此之前，跳交谊舞是不被允许的，“文革”期间叫封资修，那次大会堂舞会是一个信号，但这已经足够了。

让摄影家李晓斌惊奇的是，人们都跳得挺好，像是练过一样。但大家还是不太习惯，舞伴里，同性组合比异性组合显然要多。

那年10月，还是建国30周年，国庆联欢晚会同样在人民大会堂举行，舞会逐渐成为惯例。青年军人王朔，回家探亲搞到了一张票，也去参加了。

他在后来的一篇文章中兴奋的描述到，到处洋溢着乐观气氛，晚会的节目很丰富……无数穿戴时髦的青年男女在跳华尔兹，大厅里响彻《蓝色多瑙河》、《维也纳森林》这样的圆舞曲和中国民乐改编的《喜洋洋》、《步步高》等舞曲。

但这一切让王朔挺不习惯。他不会跳舞，并且穿着军装，说不出有多压抑。他紧接着在后面写道，我感到世道变了，我和我身上这身曾经风靡一时令我骄傲的军装眼下都成了过时货。正在跳舞的人们已经穿上了高跟鞋、喇叭裤、尼龙衫，烫了头发，手腕上带着电子表，大概还有人在说英语。

回到部队，王朔放弃了入党申请，也不抢着打扫厕所学雷锋了。他跟军队头儿说他有路子买到日本产的彩色电视机，于是揣着3000块钱，去广东倒走私彩电去了。

再后来，彩电没倒成，王朔复员成了作家。

一场圆舞曲改变的不止是青年王朔，这个国家的所有人都发觉世道开始变了。那一年，北京修了新机场，机场壁画里还第一次出现了裸体女人；在广州，中国第一家音乐茶座正式营业；《大众电影》第一次在封底刊登了接吻的剧照；《读书》杂志创刊，开篇的文章叫《读书无禁区》。在美国《基督教科学箴言报》眼里，中国妇女们开始涌向百货商店，在北京排队最长的地方是理发店。

这一切，在当时引起的轰动都不小。

舞禁初开头四年

大会堂里舞禁初开，民间一些时髦的年轻人已经嗅到了肢体解放的味道，迪斯科悄然流行。这个名字还是后来的舶来品，在当时人们都把这种形如筛糠的运动叫做摇摆舞。公园里开始有大胆的年轻人试着摇摆，在那个夏天的颐和园，李晓斌拍下了一对北京的时尚青年，西服，蛤蟆镜，脚

◎ 跳摇摆舞的青年们

蹬懒汉鞋。他们的舞蹈引起了游客的围观，板砖录音机里放的音乐是“阿里巴巴是个快乐的青年”。摄影师回忆，围观的人心情都比较复杂，看得很过瘾，又挺犯怯。

那时候交谊舞仅在小范围里男女之间私下保持着距离，摇摆舞更是时髦到极致的年轻人才敢为之的体验。

那时候西单民主墙刚刚搬到月坛公园，文艺青年们感觉没什么劲，开始感叹人生的路怎么越走越窄，年轻人们四处想找些乐子，于是就有了后来的圆明园露天舞会。

起先是1980年的清明节，一帮文艺青年开始在圆明园聚会。他们包括四月影会和星星画展的青年艺术家、诗人北岛、芒克以及后来的第五代导演何群。这些人去那边玩，聊天、跳舞。后来，吸引的人越来越多，思想比较开放的年轻人都去那里扎堆，露天舞会已经徒具形式，年轻人们只是要一个固定的思想交流之地。

在露天舞会上，围观的人群明显要比下场尝试的人多。围观者包括身穿卡其布制服满眼艳羡的工人和拿着相机充满好奇的“老外”。舞场中间明显要时髦得多，已经开始有男人穿碎花衬衫和白色体恤，那基本上属于当时最扎眼的打扮。即便过了20多年，很多人还是能够一眼就认出来，那个穿白色体恤，低头跳抽筋舞的是诗人多多。虽然当时他诗名远扬，但在如今，人们记住的还是他的那身装扮。

整个舞会的音乐伴奏皆来自于一部单卡录音机，被年轻人们形象地称为板砖，牌子是三洋的，价钱在260元到270元，相当于当时一个普通干部半年的工资。

北京的时髦姑娘喜欢去樱桃沟跳舞，那里樱花烂漫，且不太招摇。她们中间流行清一色的打扮，花阳伞、绿军裤、针织毛衣，以红色和黄色为佳。那是1980年的中国，那一年人们第一次知道了什么是物价上涨，大家手里没钱，消费品奇缺。当时的年轻人乐于用诗意装点生活，一个国家话剧院的电工，在公共厕所里可以诗意地用毛笔写公告：谁若把灯摘走，本人不再装灯，让厕所重归黑暗。毛笔字显然是练过的，总算找到机会表现。总之，那时候，物资还挺贫乏，青年向往美好。

民间舞会潜行了有一年多，到了1980年6月，时风陡转。

公安部和文化部联合下发了《关于取缔营业性舞会和公共场所自发舞会的通知》。

当时，根据公安部的调查，全国各大城市均出现在公园、广场、饭馆、街巷等公共场所男女青年自发聚集跳交谊舞的现象，围观群众多时竟达万人，给社会治安带来了不少问题。

《通知》将跳交际舞视为"舞姿低级庸俗、伤风败俗"的娱乐项目，人民群众反映强烈，坚决要求取缔。并对营业性舞会的主办者依据《治安管理处罚条例》给予治安处罚，严重的以"妨害社会管理秩序罪"追究刑事责任。

与此相伴随的是，首都机场的裸体壁画《泼水节》被用布遮蔽，发表接吻照片的《大众电影》也遭受了读者的批判。

一时间，交谊舞处境不妙。思想界乍暖还寒，身体解放的群众基础并不牢靠。那时的报纸上，就曾产生过集体讨伐交谊舞的一番讨论。公园管理者站出来说，许多年轻人在公园跳舞，到了夜里还不肯走。他们违反制度，他们破坏公共财物、文物、绿地花坛，他们动作猥亵、语言粗鲁，最后发展到辱骂、殴打公园工作人员……

那两年社会治安不太好，人们对于社会风气的普遍担心，集中到交谊舞上，穿着时髦几乎成了流氓的代名词，跳交谊舞被指第三者插足。到了1983年，党内开始抵制精神污染，社会上开始严打，交谊舞的热情降至冰点。那时候，不要说在公园里跳舞，就是晚上两个青年男女在一起走路，也要遭受警察的盘问。

那时候，妇女地位还不高，孩子们编排跳交谊舞的女士有一句流行的顺口溜——"XXX的老婆十八岁，参加了美国的摇摆队……"

当时，西安出了个全国闻名的跳舞案件。一个叫马燕秦的中年妇女，在严打期间举办家庭舞会，遂被收审，案件牵涉300余人，成为轰动三秦的特大案件。

经审理，公安机关认为，马燕秦举办过两次家庭舞会，并与其中一个男的有过一次性行为，判死刑，缓期两年执行。多次参加马燕秦家庭舞会的主要成员，都被判了无期徒刑。甚至连为舞会伴奏的乐队成员惠黎明，也判无期徒刑。

当时因为举办家庭舞会被严打判刑的案件不在少数。

那一年是1983年，没有交谊舞可跳的除夕夜，春节晚会悄然亮相。李谷一是晚会正式登台的第一位歌手，演唱的曲目是《乡恋》。由于这首歌当时还有“不健康”之嫌，在观众点播、领导点头的情况下才得以播出。

那一年，化纤纺织品最为流行，全棉质地的衣物没有市场。家庭里，电视机还没有成为大件，录音机老大的地位不可动摇。洗衣机已经走进千家万户，人们的双手已经被彻底解放出来了。

穿红裙子的“恶魔”

1984年，街上流行红裙子。那一年的夏天，北京想必很热，长安街上两个骑自行车身穿红色连衣裙的女子，被摄影师李晓斌记入了镜头。前面一个女子的裙子长度已经缩短到了膝盖以上，那是当年最时髦的打扮，来自于一部时尚电影的跟风。电影的名字叫《红衣少女》，讲的是上海纺织女工，比赛穿漂亮衣服的风潮。电影为那个年代的现实生活贡献了若干时尚新词，比如“斩衣”、“斩裙”、“斩得落花流水”，“斩”在当时差不多是炫耀、显摆的意思。

片子一公映，立时成为时尚的标签，红裙子插着“恶魔”的翅膀，风靡全国。每个追赶时髦的年轻女子都要赶着去买一条红裙子“斩”现风采。

裙子虽都是红的，但个性“斩”现在细节上，比如长度、花边、露胳膊的尺寸，各显神通。大街上，不止是裙子，红色像病毒一样四散传播，从坤包、皮鞋，到遮阳伞、发展到极致，一身红色成了当年的流行之最。

那一年，纺织品的消费节节攀升。尼龙消费增长了23.8%，绸缎增长了19%，毛线增长了29.6%。下海的人们赚到了第一桶金，电视机的销量第一次盖过了录音机，时尚普及的速度也大大加快了。

伴随期间的是妇女地位的大幅提高，那一阵子，男人给妇女背包，给妇女打伞，男人抱孩子，成为风潮。红裙子解放了肢体和思想，交谊舞的解禁重又提上了议程。

1984 年 10 月 19 日，中宣部、文化部、公安部联合下发了《关于加强舞会管理问题的通知》，语气略微松动，改禁为限，这一做法，划开了中国娱乐业封冻的冰面。

当年，北京市批准了四家舞厅的开放，但只允许四种类型人进入：外国人、留学生、华侨和华侨带进来的中国人。

怎么打开这个缺口，需要来自自下而上的尝试。随后，天津市领风气之先，搞起了舞厅试点。当时李瑞环担任天津市长，大搞舞厅示范，1985 年 4 月，天津市文化局、公安局联合组建天津市舞会管理办公室，负责对舞会活动的管理，将全市营业性交谊舞会纳入统一管理的轨道，改变了之前多头管理，又管不好的局面。当年 10 月，这个城市已经有了 56 家营业性舞厅，并且运营正常。

1986 年，王蒙复出，当了文化部长，这个酷爱交谊舞的作家，上任之初，就干了一件大事：让交谊舞解禁。

据他后来在《王蒙自传》中回忆，当时，文化部、国家工商管理局和公安部鉴于各地冒头的歌舞厅现象，还曾联合发文，严令不准开设营业性的歌舞厅。有个省的人大常委会作出过一个不执行三个部门联合文件的决议，部委文件遭遇地方“搁浅”，这种情况在当时颇为少见的。这说明什么？人们需要丰富的业余文化生活。问题不是应不应该开歌舞厅，是如何管理好的问题。作为文化部长，王蒙一上任就给交谊舞解禁定了调子。

当年，鉴于天津市的情况，文化部、公安部先后派员赴津了解舞会活动情况。之后，以《天津市舞会办得比较健康》为文，向全国各省、自治区、直辖市下发通知。并在通知中指出：“从天津市和其它一些地方反映的情况看，只要做好组织和管理工作，舞会是可以办好的。”

天津舞会办得好，全国开始争相效仿，各省派了考察团，回去之后，就先从工会组织抓起。

交谊舞开始从小众的圈子向大众蔓延，几乎刮的是一场旋风，一夜之间，各单位的工会都开始发动组织舞会，但由于交谊舞禁得太久了，人们不免显得缩手缩脚。

工会不仅组织舞会还要负责教会跳舞。于是，出现了一批专门开班授课的交谊舞专业人员，其风靡程度相当于后来的MBA培训班。杨艺就是其中之一，1985年，他每个月教授交谊舞的收入已经达到千元，是一个普通公务员月收入的20倍。

舞场上的男女比例，开始出现女多男少的尴尬局面。洗衣机的普及解放了越来越多的已婚女子，她们涌进舞厅，相对而言，学舞的男人却明显偏少，舞场上的男人忙得够呛，带了这个，又带那个，舞技不好的女人没有人请，于是，开始有女人学跳男步。

那时候流行的舞曲是《十五的月亮》、《大约在冬季》、《悔恨的泪》、《铁窗泪》以及《小城故事》，后来舞曲更新的速度越来越快，比如《渴望》热映，第二天就有了主题曲改编的舞曲。

伴随着工会舞会的火热，社会上一批舞厅也相继诞生。在北京，人气最旺的要数北海舞厅，在1985年的票价是两块钱，当时大多数北京人还拿40多块钱的工资，去北海舞厅跳舞无疑是很值得炫耀的。另外，还有一个是故宫的三殿，以场面宏大著称。北京饭店的西厅舞厅，当时是品味的象征，跳舞人群的档次都不低，老百姓一般是不去的。当时，北京舞厅的规模达到了空前，大的舞厅都能够容纳千人。

1987年2月，文化部、公安部、国家工商联联合下发《关于改进舞会管理问题的通知》，此举让中国娱乐业彻底解冻。通知中，第一次明确肯定了“举办营业性舞会是我国经济发展和人民物质文化生活水平日益提高的一种客观需求”。

那时候，杨艺已经成为北京的名人，他创新发明了一种叫做北京平四的交谊舞步，粉丝无数，人称“平四王子”。1991年他把交谊舞的教学搬上了电视，成了最早的百万富翁。而后，北京机场的裸体女人终于得以取下遮羞布，重见天日。

身体摇摆的晴雨表

回顾身体摇摆的历史，交谊舞的风行仿佛轮回，从来都是大气候的显示计。

作家王蒙始终是个交谊舞爱好者，后来他在小说《活动变人形》中，对于解放前，交谊舞的兴废，有过意味深长地回顾。他写道：

解放前，跳交谊舞的多半是一些个坏人。一九四八年，国民党政权覆灭前夕，武汉发生过一次大丑闻。国民党军政要员的太太小姐们陪美国军官跳舞，突然停电了，据说停电后发生了集体强奸案，国民党所有报纸都登了，还叫嚷要彻查。也就是四八年，上海的舞女还有过一次革命行动，游行示威请愿，捣毁了市政厅。我小时候总听人家说舞女是不正经的女人，但到了一九四八年，舞女也革命了。

至于革命的人也跳舞，这是我读了史沫特莱女士的《中国之战歌》之后才知道的，这本书里描写了毛泽东、朱德、彭德怀等革命领袖的舞姿。我当时还有点想不通，怎么能在延安跳舞呢？

到了50年代，城市人学跳交谊舞成风。那个年代因响应党中央的号召，除了扫文盲，还要学习苏联老大哥，得扫舞盲。据说国家领导都在跳，老百姓还会不学？各个单位把扫舞盲当作政治任务下达到各个单位的年轻人中去，工会还为年青人专门办了交谊舞学习班，有专人教。

那时的舞厅男多女少，人们封建，丈夫不跳，妻子是不会出去跳的。场所就在工会办公楼前的水泥地上，每个星期六晚上都有。流行的舞曲有《步步高》、《彩云追月》、《一条大河》、《四季歌》和《草原上升起不落的太阳》。

五十年代后期，舞会的口子日益缩小。到了1960年，三年灾荒，吃都吃不饱，谁还跳舞，单位的舞会从此就彻底结束了。

直至1979年的除夕前夜，邓小平解放思想的讲话刚刚过去不久，青年盖丽丽的华尔兹就跳进了人民大会堂。

五、“家庭舞会”的罪与罚

80 年代初，“家庭舞会”从北京高干子女群体蔓延到全国各地。

1982 年，公安部、文化部制定了《关于取缔营业性舞会和劝阻家庭舞会的精神》的文件，要求对家庭舞会进行取缔，而且要求各级领导干部要以身作则，教育自己的子女不要举办家庭舞会。

当时，西安有一个叫马燕秦的中年妇女，喜欢跳舞。当地派出所曾经找过马燕秦，询问有关跳舞的情况。马燕秦一口气讲述了数百个一起跳过舞的男女，有些男人还和她有过更亲密的关系。派出所的本意是为了警告，不要她太招摇，但没想到马燕秦根本无所顾忌。但鉴于当时没有合适的法律依据处罚这样的行为，马燕秦被释放了。

1983 年“严打”开始后，马燕秦成为重点打击对象，不但被收监，而且陆续抓审了三百多人，成为轰动陕西的特大案件。《陕西日报》以整版的显要位置多次报导案情。此案由于牵扯人数众多且面广，审理一时难以完结，躲过了“严打”最高峰，直到 1984 年才结案。有些知道内情的人判断说，如果正值“严打”高峰时判决，至少得枪毙十几个人。虽熬过了高峰，但还是枪毙了以马燕秦为首的三个人，有三人被判“死缓”，两人被判“无期徒刑”，“有期徒刑”者则数量更多。

在济南，山东京剧院演员张于太也喜好参加家庭舞会，和他经常在一起的还包括当时山东省军区司令员之子耿爱平（外号“耿三”）、山东省副省长之子武卫尘（外号“武二毛”）、山东吕剧剧团会计之子傅国营、济南某医院医生徐春生以及市民车立君等。就在 1983 年“严打”期间，耿三、武二毛、傅国营、徐春生、车立君等十多人都被列为“流氓集团”重要成员而被枪毙。

张于太也被抓捕，抓捕过程颇具戏剧性。当时，山东京剧团正在河北一个县城演出，他担任的角色中途就演完下场了。卸妆后他和剧组人员一起去喝酒，席间闲聊过程中，他忽然摘下手腕上的手表，递给一个从小和他一起在戏班长大的女演员，说："妹呀，哥哥我不定什么时候就出事，这手表送给你了，你留着做个纪念。"

对方哪里会要？但他再三坚持，女演员最终很无奈地接下了手表，笑着说："好吧，算是我暂时替你保管着好了。"当夜 12 点左右，两辆从济南开来的警车就把他从演出地抓走。

1995 年，张于太刑满出狱。也就是在这一年，中国在册登记的歌舞厅数量已经达到了 20662 个，从业人员有 224938 人之多。12 年的时间里，中国已经改变了太多。

《读书无禁区》事件

1979 年 4 月，《读书》杂志正式创刊。始料未及的是，第一期上面的文章《读书无禁区》就引发了激烈争论。

《读书》原主编范用说，"《读书无禁区》原来的标题是《打破读书禁区》，作者是中宣部新闻出版局理论处处长李洪林。发稿时，我把篇名改成了《读书无禁区》。"当时，他并非不知道这样做会有麻烦，但是，"我当时心里就是这么想的，因为毛泽东读书就没有什么禁区。"范用说。

杂志出来后，上级主管机关找范用谈话，批评《读书无禁区》提法不妥。范用说："我当时进行了辩解。估计那位领导没有仔细读完这篇文章。因为里面的内容主要是打破精神枷锁，文章有一段说得很清楚，'对于书籍的编辑、翻译、出版发行，一定要加强党的领导，加强马克思主义的阵地。对于那些玷污人的尊严，败坏社会风气，毒害青少年身心的书籍，必须严加取缔'。"他还说，"我个人认为，我们要相信读者的判断力。即使是不好的书，也应该让他们看，知道这些书不好在什么地方。"

当时《读书》杂志编辑董秀玉回忆说："创刊号的《读书无禁区》受到批评和一些人的攻击，陈原同志连续刊发了几篇这样的批评文章，作公开讨论。在两周年告读者书中，陈翰伯亲自执笔著文，重申办刊宗旨，坦荡地坚持'读书无禁区'的主张，并宣告：探索真理的工作绝不是一代人所能完成的。听凭某一圣哲一言定鼎的办法，更是不足为训。我们愿意和读者一起在激荡的思想海洋里，各自拿出一点智慧来……”然而，事情并未就此结束，1983 年，沈昌文和董秀玉代表杂志到上级部门做检查。沈昌文说：“我们到了会场，大家正在讨论《读书》杂志的问题，不料，有另一家更“重要”的杂志出了问题，领导急于去那里。于是会议取消，后来也没有再追究。”

六、从靡靡之音看到风靡之音

邓丽君这个最早将满眼坚冰化为一滴春水的人，人们称之为“一个时代的记忆”，尽管她的歌声曾长时间被官方和正统所禁止和拒绝，但不能否认的是，她启蒙了一个流行文化的时代。

1977 年的春天仍然是寒冷的，此时，一个清丽柔美的女子，用她轻缓宛转的声音，将禁锢着整个中国的坚冰轻轻破开一条裂缝。

2006 年“五一”长假期间，央视十套特别节目——《中国流行音乐 20 年·那些年，这些人》播出，中央电视台首次播出了关于邓丽君的大量珍贵影视资料。一时间，网络上回忆和评论的文章数量急剧攀升，人们用得最多的一个词是——“解禁”。

唯一的邓丽君

1977～1978 年，邓丽君的歌曲磁带先是在东南沿海地区流传，继而通过电波和卡式录音机的普及，迅速进入内陆地区，并立刻为多数人所接受。

“邓丽君是唯一的。”对于那些从 70 年代末到 80 年代中期，伴随着邓丽君歌声成长的人而言，这个用一种轻轻的柔软抚慰他们心灵的歌手是无人可以替代的。现任《人民音乐》编辑部主任的金兆钧当年还是北京师范学院学生，1978 年，他第一次接触到了邓丽君的歌曲，第一个感觉是：

喜欢，非常喜欢。“对于那时的青年来说，听邓丽君的歌曲首先来说对我们不陌生，因为她的歌曲保留了中国三、四十年代的那种文化基调。”不止是年轻人，当时著名的音乐家王酩（1934～1997）也对邓的歌曲产生了浓厚兴趣，曾经借了邓的磁带一个人躲在屋子里研究歌曲的配器。

◎ 邓丽君

就在邓丽君婉约清丽的声音响遍中国时，反对的声音也出现了。1980 年，一些老资格音乐人召开了一场专门针对当下流行音乐取向的讨论会，称为“西山会议”。在会上，一些专家对以邓丽君为代表的港台音乐表达了否定的观点，并批评了内地著名音乐家张丕基、王酩等，原因是他们的歌曲写得开始像港台歌曲了，李谷一的《乡恋》也在这个背景下成为受批判的典型。在这次会议上，邓丽君的歌曲被冠以“黄色歌曲”和“靡靡之音”的称呼。此后很长一段时间内，官方对于邓丽君基本持一种禁止传播的态度。

翻开许多描写 70 年代末的小说，时尚青年的形象总是难以摆脱这样的定式：墨镜，长长的鬓角，裤脚肥大的喇叭裤，以及手里播放着邓丽君歌曲的收录机。官方的禁令反而助长了邓丽君的流行，当年曾是学校里文艺活跃分子的金兆钧在某一天接受了一个特别的工作：在学校里开办专门介绍邓丽君以及流行音乐的讲座。三场讲座下来，学生们反响热烈。随后，在一次北京市团委召开的关于流行音乐的讨论中，金兆钧又获邀出席并做了专门的报告。对于这种似乎有违官方意志的插曲，金兆钧在多年后回忆时平和地说：“关于邓丽君的争议其实是没有定论的，即使在官员们内部也没有统一的看法，包括在西山会议上，有人也提出过对邓丽君的歌曲不能一概而论。这种争议到今天仍然存在。”

对邓丽君的被禁，金兆钧称为“中国思想解放初期的两种观点的交锋”。金兆钧认为：“邓丽君的流行实际上触及到了意识形态层面的问题。1931 年‘九·一八’事变后，中国的文艺界开始分裂为两种创作态度：大众文艺（或称国防文艺）和保持艺术家的独立。正是在这样的分歧下，才产生了后来的文艺创作派别，争论也就由此开始。上海的流行文化从一开始就被称为‘孤岛文化’，因为它的受众就是十里洋场里的那些都市人，不是占国人比例多数的农民。因此，在这种争论中也就一直处于下风。邓丽君的歌曲直接承袭的恰恰是‘孤岛文化’的精髓，如果在当时承认了邓丽君的流行，那么也就暗示着那些‘根据地派’的选择错了。这是我认为邓丽君被禁的重要原因。”

当时，邓丽君的音乐磁带难以在大陆公开出版发行，于是走私和翻录她的磁带成为了赚钱的生意。有人回忆称，当时翻录邓丽君的磁带，五角钱一盘已经是很公道的价格了。这种私人翻录的生意遍布于当时的农贸市场和一些小商铺内，一些居民也在自已家中用简陋的设备经营这种生意。很多青年乃至中学生都有不辞辛苦地在曲折的胡同里或者嘈杂的市场中，捏着汗涔涔的钞票寻找翻录人的有趣经历。

冲不破的网

一个戏剧性的变化在 80 年代中期出现了。客居香港的邓丽君在一次偶然的机会下认识了新华社香港分社的职员彭燕燕。几次接触后，邓表现出对大陆风土人物的浓厚兴趣。随后，官方即委派新华社香港分社的高级职员牛钊等人与邓丽君开始交往。经过一段时间的交流，新华社方面开始试探地向她提出赴内地演出的可能。

在商谈赴内地演出的计划时，邓丽君显得非常兴奋。她和彭燕燕单独商量制定了一个“演出计划”，并明确表示，不愿意只出席一次晚会，唱几支歌，而是要举行个人演唱会。彭燕燕给她规划的路线是：第一站北京，第二站上海，第三站西安，第四站广州。彭燕燕说：“这样，东西南北都照顾到了。”邓丽君听了很高兴，表示需要做许多准备工作。

时任新华社香港分社副秘书长的牛钊后来回忆说：“所谓准备工作，还包括一些技术层面的问题，要有华丽的舞台、灿烂的灯光、高水平的伴奏、高质量的音响。邓丽君表示，这一切由她来筹划。可惜的是，当时的邓丽君已经淡出娱乐界，很多事操办起来并不顺利，所以她的准备工作始终没有落实。”

演出计划搁浅后，新华社方面又询问邓是否愿意来内地旅游。邓丽君问怎么样才能进入内地？牛钊他们建议她用个假名，持中旅社的回乡证过关，然后由彭燕燕全程陪同。邓丽君又兴奋起来了，和彭燕燕商量了“旅游计划”。她提出，旅游时间最好是在冬季，因为她想看雪。她很想在大雪纷飞之际，登上长城，一览塞外风光。然而，她的这种颇具诗情画意的计划，最终也未能实现。后来她表示，“另纸签证”的办法并不保险，她的一些到过内地的朋友，返回台湾后都受到了情治单位的审查。

在随后的交往中，邓丽君曾表示：“住在台湾很烦，住在香港也烦，我想在内地买套房子，烦的时候就去住住。你们能不能帮我？”接着她又说：“在中国的城市中，我最喜欢苏州，很想在那里买套房子。”当时牛钊认为她是随便说说的，便姑漫应之。

不料过了一段时间，她忽然打电话问牛钊，在苏州买房子的事情有没有消息？其时牛钊正好要回江苏休假，就顺便去了一趟苏州。该市机关事务管理局的朱局长带他看了一处地方，这是一套两层楼的花园楼房，院子很大，但楼房非常陈旧，已近危房。朱局长说买下以后可以重新设计建造，卖主开价要六万元。牛钊画了个草图，带回香港。邓丽君开始不相信六万元可以买到一院住宅，接着说是不是现在就把钱汇过去？牛钊解释说此事要等她亲自到苏州看过以后才能决定，可能还要办一些手续，现在急不起来。最终，此事也没有了下文。

谈到和邓丽君的那段交往，牛钊在自己的一篇回忆中感慨道：“内地的改革开放，给邓丽君带来了新的希望。她几乎凌乱地给自己编织了许多的梦：驻足长城，憩息水乡，仰望故乡明月，倾听西部天籁，当然更多的是在亿万歌迷的掌声中，再现风采，再铸辉煌。她的梦并非太虚幻境，而可能是当时最正确的选择。只是由于有一个无形的网笼罩着她，她始终无法冲破。”

十亿个掌声未能响起

1989年初，又一个机会降临在邓丽君身上。当时东方歌舞团的一位音乐人、也是大陆最早个人组织商业演出的先行者黑子（原名王彦军）在香港找到了邓丽君。据他回忆：“我当时抱的目的就是想让她来内地演出，我当时以为她是钱的事情，估计她觉得我们出不起这个钱。我算过，当时可以出很高的钱，可能不到100万元，在当时是个天价。我敢出这个钱，但我不好意思上来就说钱的事情。我老跟她说笑话，她为什么很想跟我聊天呢？就因为我很爱说，讲些笑话，她就很放松，我的目的是想让她来。”

1991年，黑子再次来到香港，希望说服邓丽君来大陆演出。最后，黑子对邓丽君说：“我非常希望你能来这边演出，像你这样一个有这么大成就的人不来太可惜了。”黑子跟她陈述了来内地演出的重要性，比如这边对她的喜欢程度，作为一个中国人，不来大陆，是一生比较遗憾的事情。黑子问：“在经济上，合约有没有什么问题，我可以花最高的价钱。”邓丽君笑着说：“不是钱的问题，我根本不在乎钱，有很多原因我去不了，但是这种机会一定有，我一定要去，但是什么时候现在我没法说。”

对于最终邓丽君未能来大陆，黑子表示了深深的遗憾：“我感觉，她当时还是因为政治问题。我其实有很多的准备，包括经济上的准备，当时除了我没人敢出这么高的价钱。我还跟文化部的官员打过招呼，包括再高一层的官员，我都谈过，认为完全可行，在这种情况下，我才跟她谈得比较具体。但是她没有做好任何准备，她只是有这个愿望而已。我相信是台湾当时对她控制比较严，这个因素最大。”

多年之后，一则台湾的新闻报道似乎揭示了当年邓丽君错失大陆演出的真相。《人民日报海外版》2006年5月10日第三版报道：“在5月8日邓丽君文教基金会举办邓丽君逝世11周年纪念会暨新书发表会，宋楚瑜在会中首度透露邓丽君无缘赴大陆演唱的内情。宋楚瑜表示，当时他担任‘新闻局长’，蒋经国有一天相当罕见地在‘总统府’召见他，希望他劝阻邓丽君‘登陆’。据称当时大陆方面已向邓丽君提出邀请，并且承诺在四川举办数十万人规模的演唱会。经过沟通后，邓丽君决定放弃邀请，这一次的放弃使得邓丽君终生没有到大陆去。”

开启偶像时代

以邓丽君为代表的港台流行音乐登陆内地，所带给人们的冲击并不是旋律的革新，或者柔婉的演绎，它更多的则是在填补一种心灵的渴望，并为日后的个性解放提供土壤。金兆钧对于邓丽君在中国流行音乐史上的影响给予了一个启蒙者才相配的评价：“应该承认的是，大批流行歌曲的进入，迎合了当时人们对自由情感表达的一种需要，而且催生了一大批中国流行音乐人，在这一点上，邓丽君功不可没。”

而在网络年鉴中，对于1980年的中国是这样描写的：“文革”后的第一代青年偶像在这一年诞生，他们是：邓丽君、刘文正、罗大佑。邓丽君是所有人的梦中情人，对那些听惯了口号式歌曲的男女老少来说，邓丽君那情意缠绵、柔情万缕的歌声，让人情不自禁地“蠢蠢欲动”。刘文正和罗大佑带来了长达10年流行期的校园歌曲，罗大佑更被奉为“音乐教父”。《兰花草》的歌词源自胡适的诗作《希望》，随着胡适的暮年漂泊到台湾，然后又随着刘文正手中的吉他再一次流行内地。早恋的男生几乎都会唱“我从山中来，带着兰花草”，而听到的女生则会心有灵犀地宛然一笑。罗大佑1979年创作的《童年》举国传唱，紧跟着是《光阴的故事》、《恋曲1990》、《你的样子》、《滚滚红尘》、《明天会更好》。所有这些歌曲你可以在中国许多城市里听到，这种心灵烙印之深，以至于多年以后的一个白天或者夜晚，这种旋律依然有着让人潸然泪下的力量。

从邓丽君开始的流行音乐潮对内地的冲击之速是难以想象的，翻录的磁带和模仿的歌手很快便无法追上人们增长过快的欣赏欲望。虽然后来大陆歌手带有浓郁民族味道的《信天游》引爆了“西北风”，寥寥数首名作成了“全国粮票”，但大陆的本土流行音乐依然难以同港台的声音相抗衡。1986年，以齐秦、苏芮为开端，港台艺人大举“登陆”，原人原唱原作，使大陆歌坛“翻唱歌曲”时代宣告灭亡。

这时，一个穿着黄军装、挽着裤腿、其貌不扬的北京小伙儿用沙哑的嗓音喊出了一代人的心声：对自由的渴望，对传统的叛逆、对激情的追求。王朔说过，“我第一次听《一块红布》都快哭了。写得透！当时我感觉我们千言万语写得都不如他这三言两语的词儿。”崔健的声音就像是我们自己的怀疑，“为何你总是笑我，一无所有？！”我们几乎不假思索地爱上了他的音乐。世界一天天在变，变得我们自己都不认识自己了。那时，崔健的歌是我们唯一相信的东西，他的爱情让我们温暖，他的愤怒是我们的不平，他的晦涩令我们拘谨，他的温柔是我们的声音。

《一无所有》标志着一个时代的心态。从那以后，歌坛分化了，娱乐方式也多元化了，用现在时髦的话说，人民掌握了自主进入娱乐圈的权力。

声音的盛宴

与邓丽君开启流行音乐大门的艰难不同的是，各种西方文化进入并引领中国流行趋势的脚步却显得异常的轻松惬意。

在搜狐网2005年的一项调查中显示：北京的圣诞节没有假期，庆祝活动100%都聚集在夜晚进行，活跃在时尚前沿的人群都趁着这个机会好好放松一把。那些热恋之中的情侣，都会选择在平安夜里聚众狂欢，大学里宿舍楼的“楼长”们也识趣地顺延了锁门时间。北京的文化圈中，50%的文化人士会正经八百、附庸风雅地过一个平安夜，把简陋的屋子装饰得光怪陆离，桌子上一片狼藉，一帮外表猥琐的人围在桌子旁边，大碗喝酒、大口抽烟、大声谈笑。另外50%的人士则对圣诞节持排斥态度，他们称之为“节日的次殖民地化”，他们选择平常度过。

在上海，70%的14～30岁的年轻人在平安夜选择走出家门，狂吃狂欢。在兰州大学工作的美国籍教师沈妮评价说：“在中国，圣诞节更多的像朋友聚会。”

这种一年一度的狂欢显然已经引起了许多文化人士的不满。2006年12月，来自北京大学、清华大学、中国政法大学、中国人民大学和中国科学院等名校或科研单位的十位哲学、教育学博士发出联合署名倡议书，号召网友慎对圣诞节。这篇名为《走出文化集体无意识，挺立中国文化主体性——我们对“圣诞节”问题的看法》的倡议书实质上已经成为讨伐外来文化入侵的檄文。文章第一句话就是“西洋文化在中国已由微风细雨演变成狂风骤雨，最为直接和集中的体现，莫过于圣诞节在中国的悄然兴起与日趋流行……凡此种种，皆表明我们正在逐渐演变成一个西洋文化主导的社会。”博士们并呼吁“国人慎对圣诞节，走出文化集体无意识，挺立中国文化主体性”。

对于博士们的倡议，反对过圣诞节的人占53.8%，赞同认为民众只是找机会轻松，并不是被西方文化洗脑的人占29.68%，无所谓的人占17.24。而在稍早时候，来自中国社会调查所(SSIC)进行的“公众过圣诞节状况”调查表明，近9成的受访青年表示会过圣诞节，37%的受访者表示自己一到12月份就准备过圣诞了，就像准备过元旦和春节一样，已成为习惯。

外来文化对中国最大也是最具讽刺意味的改造，当属饮食文化。一个被公认的美食大国却在只有几十年历史的洋快餐手下重重地失败了一次。如果说肯德基和麦当劳的商业化运作是瞄准了中国人胃口的话，那么星巴克则是对准了国人的心灵。1999年1月，在获得授权后，北京美大星巴克咖啡有限公司在北京开设了星巴克在华的第一家咖啡店。《新周刊》2006年16期发表了一篇题为《那些影响了我们的东西》的文章，星巴克咖啡位列第59——在进入中国的7年间，星巴克成功地把咖啡卖给了喜欢喝茶的中国人，它带来的小资生活方式以及观念转变正在中国进行巨大的扩张，去那里的人并不是单纯为了喝杯咖啡，而是为了体现一种时髦、有品位的生活方式。

与1979年接触邓丽君的那一代人不同，今天的中国有着太多希望表现出独立性格、却又苦于无力装扮的人，星巴克的小众氛围恰恰填补了他们的欲求。在北京美大星巴克广告策划书上，有这样一段话："一样东西能成为一种时尚，那么这样东西应一定含着一种概念，或是由一种概念包装起来。星巴克卖的不只是咖啡，更是一种心情、一种生活方式。"

和星巴克相似、因误解而形成的流行文化在中国还有很多，譬如说起源于欧洲的背包客现象。在1960年代嬉皮士风潮的带动下，困惑的年轻人带着问题独自上路，希望凭借那种"在路上"的体验审视自我，找到精神的归宿。背包客的精髓是精神追求，是身与心的体验，而不是沿途看看风景。因此到底是一个人走还是结队走、去什么地方等等都是外在的形式而已，不是说背包客就非得去边远、蛮荒等大家都没去过的地方。而在今天的中国，背包旅行变成一种时尚，有人把它当成了炫耀的资本，一种可以在精神、物质、思想和行为上区别于他人的标志。更奇怪的是，在国外背包客都是穷人，参加旅行团的是有钱人，在中国则正好相反。

在《新周刊》"被误读的消费和全球化时代新文盲"一文中，类似的例子不下几十个。在文章的开篇，作者不无幽默地写道："中国人以以一当十的速度体验和消费着西方文明，但'全球同步发行（上市）'都杜绝不了误读的发生。因为文化、传统、价值观、商业规则、法律条文、消费品味，每一样都需要时间慢慢积累和沉淀，效率是不起作用的。"

从北海后山几万人用录音机放送邓丽君的歌曲，到今天可以安静地欣赏柏林广播交响乐团的演出；从当年要趁夜撬锁、偷进学校图书馆阅读，到今天可以在网络上搜索最新出版的各类著作；从当年要鼓足勇气引用一段外国的思想理论来阐述一个道理，到今天可以公开对外来文化评头论足，流行文化在中国走过了曲折却又快捷的历程。有人批判称："中国人性格中呈现出剧烈的矛盾性，固守千年文明，却极度不自信；追求美好生活，但一切都是为别人而活；试图保持自己的独立，不过这种独立原来都是建立在别人的手掌心里。中国人摆出现代化的姿态，最终还是愚弄了自己。"

30年来的文化碰撞，已经让越来越多的中国人在寻找中迷失，在醒悟中沉溺。作为当年亲历了那场关于流行文化观点交锋的金兆钧对此有着自己的一番思考："我们的社会应该允许多种观点和文化现象并存，而且是平等的存在。在一个公认的法律和道德底线以上，应该允许争议，允许不同。比如对邓丽君，在今天，争议仍然存在，这是好事，争议导致进步。至于结果，留给历史来判断吧。一个极权的社会除了物质进步外，带不来丝毫的进步。而一个进化的社会，它的标志就是宽容。”

开禁音乐茶座

1980年3月，广州东方宾馆的花园餐厅开始出现小规模音乐演出，多是外面的歌手来客场献唱。1981年，宾馆招考了不少歌手、伴奏，专门成立了乐队，在翠园宫餐厅正式推出音乐茶座，听众花钱买上一张票，就可以进来坐在饭桌前听歌，票价内包括了茶座提供的饮料、小食。音乐茶座甫一推出，即在那个舞厅还未兴起的年代引起轰动。每晚，广州市各处的年轻人把前厅挤得水泄不通，走廊上经常加位，有时连隔壁的后厅也挤满了人。

到了每天晚上9点30分，方形舞台上小号和鼓声、琴声响起，歌手登台献唱港台流行、民族歌曲。乐队人数最多时近20人，包括10位歌手如王强、王斯、张海莲、彭萍、李勇等，他们下午就在宿舍里自弹自唱，继而集中排练。虽然隔着鱼池，听众仍充满热情。在众多演唱曲目中，气氛最热烈的要数那种表演性质较强的“乞丐歌”，歌手故意整乱头发上台，其他成员拿着钵走向听众作讨钱状，听众则笑成一团。之后，音乐茶座开始从广州走向全国，而中国人也正是从这个音乐茶座开始，重新体会到禁锢已久的夜生活的滋味。

麻将解禁

麻将如何在现代中国解禁，如何从偷偷摸摸，到成为国家竞技项目，却有一个实实在在的故事。其中有一个关键人物——前安徽省老年体育协会秘书长张普生。

直到上世纪80年代初，打麻将都不能光明正大，因为被公安机关抓到就是以赌博论处，轻则开除公职、重则判刑，连买卖麻将牌都得要偷偷摸摸。

1983 年前后，有老干部向张普生提出，能否搞一场麻将比赛。谁知为了这事，张普生找了安徽省公安厅，找了国家体委，找了公安部，却四处碰壁。爱较真的张普生为了论证“麻将不是赌博”上合肥、下南京查证资料，最后干脆去北京各大图书馆泡了 20 多天。结果却被认为是在“为资本主义腐朽生活方式”奔走而弄得朋友绝交、单位扣工资，自己人财两空，靠妻子开荒种菜糊口。

1985 年 10 月 11 日，公安部终于下发了《关于公安机关不再干预麻将、纸牌的制造、销售问题的通知》。文件中特别指出麻将“是我国传统的娱乐活动用具”。

1987 年，得到政策支持的张普生终于成功组织了第一场公开的麻将比赛——第一届安徽省老干部麻将比赛，此后又成功组织了多次全国性的麻将比赛。1995 年，为了把麻将纳入国家竞技体育项目，张普生专门写报告，并通过关系交给了当时的国家体委主任伍绍祖。这份报告促成了国家体委 1996 年在北京房山召开的“麻将牌座谈会”，并形成了一份《麻将牌座谈会纪要》，建议将麻将列入国家竞技体育项目。

1998 年 4 月 12 日，国家体育总局社体中心正式组织编审了《中国麻将竞赛规则》，张普生则成为这个竞赛规则的编写者之一。

七、冲破“单位”围墙

当人从户籍、档案、指标、编制的桎梏中，逐渐挣脱出来，这种从“单位人”到“社会人”的转变，实际上正是个体人打破经济政治的层层禁锢走向人格自由的过程。

1979 年 7 月 1 日那一天，成凯文心情格外的好。他刚刚拿到了调回家乡某中学任教的通知，为此，他已经等待了整整 11 年。

1968 年，当成凯文从四川外国语学院毕业的时候，他就曾经向学校提出了回到老家四川宜宾工作的请求，那里有他朝思暮想的未婚妻。但是，当他拿到派遣证的时候，他的心情沮丧到了极点——他被分配到了川陕交界的汉源县一所中学教书，离老家足足一千多里。

在此后的十几年时间里，成凯文一直向教育局申请，希望调回宜宾。但是，直到他结了婚，两个孩子相继出世，他的调动申请依然在领导们一次次的“讨论”中被束之高阁。每当校长语重心长地对他说“我们要做革命的螺丝钉”的时候，他知道自己只能认命了。

1978 年 4 月，邓小平在全国教育工作会议上提出要改善教师的工作条件和生活待遇。随即全国教育系统开始落实知识分子政策，其中就包括解决夫妻两地分居问题。这一次，成凯文终于等来了盼望已久的一纸调令。然而很快他发现，夫妻分居的现状并没有彻底改变。因为妻子是村里的民办教师，没有城镇户口就办理不了工作调动。从小镇到村里，这段崎岖的山路始终还有二十多公里……

时隔多年以后，当成凯文回顾这段经历时却显得格外平静：“在那个一切服从组织的年代，像我们一样两地分居的夫妻何止百万。相比之下，我们已经算是幸运的了！”

流动：人事制度的第一条裂缝

和成凯文一样，上世纪 80 年代初，在单位体制下生活了几十年的中国人还不懂得什么叫择业自由，他们都是“社会主义的螺丝钉，哪里需要哪里拧”。但是，一方面是数以百万计用非所学、安排不当的科技人才，另一方面则是一大批科技人才匮乏的工程建设。

然而，改革开放之初复兴经济的需要，不仅改变了这个社会，也给许多个体的生活轨迹带来了改变。急于发展国民经济的中国政府，为了解决科技人才配置不当的问题，相继出台鼓励科技人才流动的政策，撕开了传统人事制度的第一条裂缝，也催生了中国改革开放以来第一次人才流动大潮。

1983年3月，全国第一家人才流动服务机构———沈阳人才公司诞生，此后，全国各地的人才交流中心相继成立，市场配置人才的雏形悄然形成。

1984年，《人物》杂志面向北京市公开招聘2名编辑，时任百子湾仓库管理员的李京华抱着试试看的心态报了名。同时报名参加考试的有90多人，绝大多数都是正规大学毕业，还有许多北大、北师大、人大等名牌大学的高材生，惟独李京华只是个夜大毕业生。

考试结束后两周，负责招聘的副主编约李京华见面，告诉她，因成绩优异，《人物》杂志决定录用她。但是，李京华还不敢欣喜若狂，一个现实的问题摆在她的面前，"单位能放我么？"

果然，单位领导一口回绝了李京华的请求。李京华从仓库领导找到公司，从公司找到主管局里，到处碰壁，心情沮丧到了极点。

当年9月30日晚上，中共中央总书记胡耀邦在首都体育馆发表讲话，其中有一节专门讲人才流动的问题。看到这段节目后的李京华重新燃起了希望。于是她找到北京市委想讨个说法，最后辗转到了人事局刚刚成立的人才交流中心。

人才交流中心细致地了解了具体情况，开始反反复复地做李京华公司领导的工作，一遍两遍三遍，正面不行走侧面。终于有一天，公司领导把李京华叫来，说："叫那边看档案吧！"李京华心里的石头才最终落地。

时任北京人才交流中心主任的韩光耀对李京华的经历至今仍印象深刻："如果没有她的坚持，没有人才中心的支持与帮助，一位才华横溢的编辑恐怕就这样被埋没了。那时候，调动工作就如同过五关斩六将，没有相当的决心和毅力是不可能做到的。尽管每一个要求调动工作的知识分子都有一段令人潸然泪下的故事。"

然而，就像堤坝撕开了裂缝，蓄积已久的洪水必将喷涌而出。1986年，人才流动出现异常高峰，许多人甚至不辞而别，成为没有档案的"黑户"。首钢一年内走了100多人，都没有办手续，直到上世纪90年代才作为历史遗留问题解决。抢夺人才的恶性事件也频频发生，"有的学校一夜之间发现老师都没了，他们被神秘的大卡车全拉走了。”有关部门不得不出台强硬措施，流动戛然而止。

兼职：夹缝中的“曲线救国”

和李京华不同，有许多科技人才选择了业余兼职的方式来实现自己有限的“择业自由”。

八十年代初，农村改革的直接影响就是乡镇企业如雨后春笋地发展起来。农民办企业，缺乏的就是技术和管理人才。与此同时，沿海地区的开放也使一些境外企业进入中国，出现了大批的三资企业，他们同样需要各方面的人才，特别是懂得外语的人才。

然而，当时，全国科技人员有 800 多万，几乎所有的人才都集中在国有企业，其中 1/3 处于闲置状态。

为了促进乡镇企业和三资企业的发展，中央和地方政府相继出台了一些倾斜政策，鼓励国有企业的科技人才利用休息时间到乡镇企业和三资企业兼职，为企业解决实际的技术难题。这些每到星期日就奔波于城市和乡村之间的科技人员被称为“星期天工程师”。一时间，科技人员兼职成为一股热潮。

但是，缺乏专门的法律来规范，兼职从一开始就潜藏着巨大的风险。科技人员因兼职获刑的事情屡见不鲜。其中最典型的是 1982 年武汉的“韩庆生事件”

这一年春天，韩庆生于春寒料峭中在铁窗内等待着法律的审判。

一年多前，国营 181 厂工程师韩庆生利用业余时间设计了一种污水净化器，使一个濒临倒闭的乡镇企业起死回生，得了 600 元人民币的报酬，孰料却被公安机关逮捕，罪名是“技术投机倒把”。

韩庆生的命运牵动着数百万科技人才的心。

1982 年 3 月 2 日，韩庆生和律师杨霞第一次出庭辩护，参加旁听的就有 300 多人，大部分是与韩庆生类似的知识分子。当年 8 月，武汉市武昌区法院宣判韩庆生无罪，但是，他的灾难远未结束。公诉人不服判决，向上级中院申诉。12月，中级法院改判韩庆生罪名成立，刑期300天。这样的判决，韩庆生自然无法接受。当日，韩庆生的家人去北京上访。

此时，北京《光明日报》专门为此开展了讨论，读者信件像雪片一样飞进报社。一时间舆论鼎沸，案件引起了举国关注。在强大的舆论压力下，中央领导人亲自过问案件进展，案件峰回路转。1983年2月3日晚上10点，武汉市市长带着判决书和退还的600元来到韩庆生家中道歉。1983年2月4日，湖北省高级人民法院宣告韩庆生无罪。

韩庆生案的平反，被权威部门称为"中国科技体制改革的前奏"。回忆那段岁月，韩庆生说："得了600元钱坐了300天监狱，相当于两元钱坐一天牢。想想这事，我至今还很心酸。"

尽管韩庆生案以平反结束，兼职的合法性仍然没有得到解决。

1985年，上海太平洋被单厂的助理工程师郑鸿坚因私自兼职被判刑。而与此同时，北京等地也相继发生因兼职而诉诸法律的事件。据北京市人才中心主任韩光耀回忆："当时有不少技术人员背着企业外出兼职，其中难免出现利用工作时间或者原单位技术设备的情况，一旦被单位发现就可能以盗窃企业技术机密、职务侵占等罪名受到起诉。我印象最深刻的就是一位首钢的工程师因为兼职被告上了法庭。"

直到1988年1月18日，国务院再度发文，强调"允许科技干部兼职"，围绕兼职合法性的争论才告一段落。

兼职现象，虽然没有打破传统的人事制度，但它给予了科技人才"八小时之外"的工作自由，缓解了乡镇企业和三资企业人才短缺的难题，称得上典型的是"曲线救国"了。

"下海"：逃出来的自由

如果说科技人员的兼职还没有撼动传统人事制度的根基，那么，越来越多的国企职工辞职下海，不啻于对旧体制的一次釜底抽薪。当时的中国，一方面是人事部门和企事业单位的严重束缚，一方面是人们对更适合自己的工作的向往，双方斗争的结果就是"停薪留职"。

国家劳动部、国家经济委员会于1983年下发的《关于企业职工要求停薪留职问题的通知》规定，停薪留职的时间一般不超过两年。停薪留职期间，不升级，不享受各种津贴、补贴和劳保福利待遇；因病、残而基本丧失劳动能力的，可按退职办法处理。停薪留职人员在从事其他收入的工作时，原则上应按月向原单位缴纳劳动保险金，其数额不低于本人原工资的20%。停薪留职期间计算工龄。

“停薪留职”既不破坏原有的固定用工制度，又给国企职工选择其它职业提供了自由，一时间，人们纷纷“停薪留职”甚至辞职到乡镇企业或三资企业工作，有的干脆当起了“个体户”。此时，覆盖全社会的保障体系尚未建立，离开原有的单位就意味着失去了“铁饭碗”，风险和机会同在，于是人们形象地比喻这种现象为“下海”。

山西榆次的杨先生现在已经是一名千万富翁，他在山西、北京都购置了房产，高级轿车就有5部。20年前，他决定从全国最大的纺织机械企业——山西省经纬纺织机械厂辞职的时候却很难下定决心。从部队转业十几年，他已经是厂里的保卫干部，工资虽然不高但日子还算过得去，退休后还有各种保障。但是，工厂里不紧不慢的工作节奏，工厂外越来越红火的个体经济，让他再也无法忍受。当时，有不少人申请“停薪留职”，一旦混不下去，还可以回来继续捧“铁饭碗”。脾气倔强的他没有给自己回头的机会，一封辞职信告别了自己的国企生涯。

辞职以后，杨先生从卖菜开始干起了个体户，每天起早贪黑，蹬着三轮车风里来雨里去。三年过后，他就积攒下了二十几万的存款，小有资本的他开始贩卖自己熟悉的纺织机械零配件。后来国家政策放宽，准许私营企业经营整机业务，他立即注册了一家商贸公司，专门从事纺织机械的销售。

90年代后期，随着国有企业改制和产业结构的升级，数以千万计的国企职工被迫下岗。当那些曾经的工友们纷纷面临再就业的困境，杨先生已经成了腰缠万贯的企业家。

南方：梦开始的地方

80年代后期，中国经济进入了一个空前的活跃期，深圳等地的示范效应、东南沿海的三资企业和苏南的乡镇企业的蓬勃发展，吸引了全中国的目光。中国改革开放以来第二次人才流动潮出现了。当时官方鼓励知识分子从体制内到体制外，可以辞职、兼职、停薪留职、创办和领办乡镇企业，同时也支持三资企业的用人自主权。百万大军下广东，赴苏南，一时蔚为壮观。后来这一历史时期的人才大流动被称为“孔雀东南飞现象”。

“这次人才流动是全民性的，规模大、有组织。”韩光耀回忆说，人才服务业务也发生了变化。随着三资企业、乡镇企业涌现，为保证这些不具备管理档案权限企业能够用人，各地的人才交流中心诞生了挂靠档案的业务。

改革开放初期，东南沿海率先开放，成为三资企业和乡镇企业最集中的地方。丰厚的待遇、灵活的用人制度、无处不在的风险和机会，吸引了无数野心勃勃的年轻人，也集聚了全国各地各个社会领域数以百万计的人才。

无数个梦想和传奇从这里开始了。从浙江大学数学系毕业不久的史玉柱，抛下安徽省统计局的“铁饭碗”，南下深圳，立誓要做中国的IBM；赵新先，这名军医大学的教授带着自己的“三九胃泰”和几名大学生，从南方医院脱离出来，在深圳笔架山下开始新的事业；而李东生则在惠州一个简陋的农机仓库里，开始与香港人合作生产录音磁带，并由此起步，开创了赫赫有名的家电公司TCL。在广东顺德的容桂镇，只有小学四年级学历的潘宁以零件代模具，用汽水瓶做试验品，凭借手锤、手锉等简陋工具、万能表等简单测试仪器，在十分简陋的条件下打造出了中国第一台双门电冰箱。

1978年，段永平从浙江大学无线电系毕业后分配到北京电子管厂当了一名技术工程师，在当时，也算是拥有了一个衣食无忧的铁饭碗。但是，不甘心一辈子平平庸庸的他考取了中国人民大学经济系的研究生。

1989 年 3 月，心怀鸿鹄之志的段永平在“孔雀东南飞”的人才流动大潮中，破釜沉舟辞职南下广东，寻找实现实业家梦想的机会。他到了中山市，见到了当时只有 36 岁的怡华集团总经理陈健仁，被聘任为其属下的日华电子厂厂长。

经过三年的奋斗，段永平把这间亏损 200 万元的小厂变成了产值 10 亿元的大型企业。1995 年 9 月，他到东莞成立了步步高电子有限公司，使其成为中国无绳电话、VCD 等行业中数一数二的品牌。

事实上，在“孔雀东南飞”的大潮中，并不是所有人都能成为像段永平这样的成功者，但是，一个个类似于段永平一样的财富神话，加速了人才向沿海地区流动的热潮。

2003 年 11 月，为庆祝武汉大学 110 周年校庆，一辆武汉大学校友专列从深圳开出。车上全是 1989 年以后“孔雀东南飞”的学生。其中光是在金融机构、软件开发公司等新兴部门就职的，就有 5000 多人。

而与沿海地区的人才济济相反，中西部地区则是长达 20 余年的人才流失。为了保护本地人才，内地政府和企业也频频利用户籍、档案等手段限制人才流动，甚至质疑“人才市场是搞资本主义那一套”，要求回到国家统一管理的旧人事制度中去。但是，面对沿海地区强大的吸引力，越来越多的内地人才放弃单位福利，扔掉人事档案，到沿海创业，传统人事制度的栅栏被彻底冲破了。

1992 年，中共十四大正式提出要建立社会主义市场经济体制。1994 年《中华人民共和国劳动法》正式颁布，规定，“建立劳动关系应当订立劳动合同”。这是劳动制度改革的一项重大举措，它标志着“一切服从组织”的人事制度将被企业和单位双向选择的“劳动合同制”所取代。

SoHo 一族：我的工作我做主

作为中国人才市场的见证人，全国人才交流协会副会长韩光耀认为，中国目前正处于第四波人才流动大潮的发轫期。国企改制、产业结构调整、户籍制度改革等都是新一轮流动的成因。国际性的人才价格、理念，国际性的评价标准，将前所未有地影响中国人才配置的既有格局，也将使人才流动出现新的形式。

可以成为这段话佐证的是，从90年代后期，互联网飞速发展，强大的即时通讯能力、廉价的通讯成本使远距离办公成为可能。一种新的工作方式——SoHo，在家办公——在年青一代中悄然兴起。互联网打破了地域和国界的限制，使择业变得更加自由。

一年多以前，张涛炒掉了最后一个老板，回到自己家里。因为家住北京郊区，每天都有几个小时消耗在上下班的路上，他希望找一家既离家近又待遇丰厚的公司。连续几次面试的公司都不理想，张涛“被迫”改变思路——凭借几年来做摄影师的经验和人脉积累，他创办了自己的摄影工作室。经过一年多的打拼，从最开始的“连饭都吃不饱”到现在的“小有成就”。张涛已经适应了这种全新的工作方式——SoHo，在家办公，做自己的老板。

如果说张涛是“逼上梁山”，那么2004年从清华大学毕业的刘宇馨则是个“主动落草”的“SoHo族”。当初，头顶英语、法律双学位和法律硕士学位的她并不着急找工作。“到毕业的时候，我已经做了两年多的兼职翻译，有了相对固定的客户和工作来源。综合各方面因素，我觉得最适合自己的就是自由职业者。”于是，她决定做一个“SoHo族”。

“现在是网络时代，有了电话和网络，坐在家中，也能联系世界。”虽然刘宇馨的客户基本上都在北京，而她却住在自己大连的家里，既可以完成北京的工作，又可以享受大连的惬意生活。

“工作完全取决于我自己，我比较喜欢忙一天，休息两天。平均每天工作4小时，一个月工作20天，就可以达到中等收入了。工作之余，我的安排就是：会朋友＋交朋友＋美容院＋健身房＋影视娱乐（偶尔追星），另外还喜欢看网络小说。”刘宇馨对自己的工作方式非常满意。

成凯文如今也非常满意。今年1月，成凯文的儿子成世川取得了澳大利亚某知名大学的聘书，旋即向清华大学提交了辞呈，全部手续仅用了几天时间。

28年前，成凯文还是一颗任人支配的“螺丝钉”；28年后，他的儿子成世川已经可以按自己的意愿全球就业。横在父子之间的就是中国人一步一步争取择业自由的艰难历程。

八、大学生，婚否?

高考恢复以来，在长达二十九年的时间里，大学里都遵循着在校大学生不能结婚的“铁律”。大学生们争取恋爱结婚的权利，是一场漫长的战斗。

2006年3月中旬，一个名为付川的人，同时在石家庄市的几家报纸上出现，这个24岁男青年，平静而又坚定地对外人说——我要结婚!

与其他要结婚的适龄青年不同的是，当时，女友已经就业，而付川还在河北经贸大学读大三。缘于这种“特殊”身份，3月初，他向学校递交了结婚申请书。可十多天过去了，校方仍未答复。和他一样着急的朋友，拨通了报社的热线电话。付川并不讳言，想通过舆论的压力“催一催学校”。

消息见报的同时，河北省教育厅迅速做出回应：“学生能否结婚，根据《婚姻法》和《婚姻登记条例》执行，不再需要获得学校同意，学校不干预和不禁止。”河北经贸大学顺水推舟，有关负责人一方面说，大学生的思想还并不成熟，希望付川慎重考虑，另一方面则明确表示，“如果选择在校结婚，学校当然也会严格按照国家的法律法规办事。”

3月22日，付川手持身份证以及学校出具的户籍证明，和女友登记结婚。4月9日，夫妻俩在学校附近的酒店举办了热闹的婚宴。一个细节是，付川所在院系的学工老师也应邀出席，佐证了校方的默许之意。至此，石家庄市第一例在校大学生结婚事件画上了句号。

“不再需要获得学校同意”——河北省教育厅之所以这样回应，是因为2005年9月1日正式实施的新《普通高校学生管理规定》，删除了一条规定："在校期间擅自结婚而未办理退学手续的学生，做退学处理"。

这条规定的删除，意味着在校大学生结婚的"解禁"。

不允许谈恋爱

1977年，中断多年的高考重新恢复，在乡村小学代课的王坤考入华中工学院，班上有5个已婚同学。

事实上，恢复高考后的两三年里，高校对考生的身份和年龄限制放得很宽，许多已婚知识青年纷纷报考，有些考生甚至已经做了父母，但他们进校后，也不得不忍受别妻离子的煎熬，和其他同学一样住集体宿舍。

"考进大学后再结婚？那是天方夜谭！"王坤回忆，当时一开学，系领导就开会宣布了几条"铁律"，其中一条就是不能谈恋爱，否则就"卷起铺盖回老家"，更不用说结婚了。学习机会得之不易，以身试"法"的成本又实在太高，尤其是"新三届"（特指1977年恢复高考后的77级、78级、79级大学生），当时的唯一想法，就是拼命学习。

随着思想的坚冰被打破，各种思潮在高校次第涌现，如作家张者所说，校园里的几乎每一个青年男女，"心中都充满了诗情画意"。或者将情书偷偷夹在书里，以借书的名义彼此传情；或者在草坪上坐着，轻轻吟诵几句诗歌，享受甜蜜；爱情，就像是春天里的草，挡不住地生长。

而高校，对大学生的婚恋管理依然非常严格。甚至有学工老师，对学生恋爱情况进行或秘密或公开的调查，强行拆散所谓"死不悔改"者，以此作为一种惩罚和警示手段。

余非婧，1988年毕业于云南师范大学。在她的记忆里，谈恋爱会影响毕业鉴定，进而影响分配，所以同学们大都比较谨慎，"但是只要不太过分，恋爱也还是能偷偷摸摸地进行。"

然而，对于一些有"过分举动"的学生，学校一旦发现则毫不客气。"我认识一个昆明工学院的女生，长得很漂亮，有一次在寝室里跟男朋友亲热，被老师当场抓住，直接就开除了。”余菲婧至今犹觉可惜：“没办法，校规上白纸黑字写着呢，是不能违背的。”

已无法查证到底有多少所高校，将“不允许谈恋爱”写进校规。而1990年之后，这些校规陆续开始修改。

结婚即退学

1990年，原国家教委颁布了《普通高等学校学生管理规定》。这是中国恢复高考以后，第一部正式的管理大学生的行政法规。作为各高校制定校规的最重要之依据，规定里并没有出现禁止学生谈恋爱的条款，紧闭的大门开始稍稍松开。

但是，规定第三十条明确规定：“在校学习期间擅自结婚而未办退学手续的学生，作退学处理。”表面上看，这个有些拗口的句子，说明了对“擅自结婚”的处理措施，但实际上，它强调的是高校对在校大学生结婚的审批权和否决权。

寥寥25个字，实则是一条“禁令”，自此，在校大学生结婚被教育管理行政部门正式判了“死刑”。

颁布“禁令”的明显理由是，囿于有限的教育资源以及中国特色的高校管理体制，在校大学生一旦结婚，诸如住宿、小孩落户等一系列难题便接踵而至。“在当时的特殊情况下，出发点有合理的因素。”十多年后，中国人民大学法学教授韩大元在分析这部规定的颁布背景时说：“学校怕影响大学生的学习，也怕影响教学秩序。”

禁则禁矣，随着思想观念的进一步开放，恋爱事件有增无减。热恋许久的大学生，虽然符合《婚姻法》规定的结婚年龄，也必须熬到毕业之后才能登记结婚。与这样的矛盾局面相应的是，1990年代中后期，一个非常棘手的现实问题摆在高校管理者面前，那就是大学生频发的“两性关系”。

“通常的对策是杀一儆百。”一个曾担任过学生会干部的学生，对当时的做法记忆犹新，“会有一些学生自查队搞突击检查，那些踏入雷区的学生，大都会受到通报记过甚至开除学籍之类的严厉处罚。”

尽管有些高校对在校研究生的结婚陆续采取一些变通手段，比如，两个研究生恋人年龄相加超过一定的岁数，则同意结婚。但是，对于占大学生群体绝大部分比率的本专科学生来说，“结婚即退学”，依然具有无情的“杀伤力”。

直到2001年，在校大学生结婚问题，才出现关键性的转折。

转折

改革开放20多年以后，中国的高等教育资源逐渐丰富，入学率亟待提高。2001年，教育部宣布，高考考生年龄不再受限，而无论结婚与否都可以报名。这样一来，不少大龄青年甚至已婚人士将进入高校学习。既然已婚人士可以上大学，在校大学生能否结婚呢？这样的疑问自然而然地产生了。

对于这一疑问，当年12月7日，教育部高校学生司司长、全国高考改革领导小组组长瞿振元表示，在学校的规定不得与国家的法律发生冲突的前提下，大学生可否结婚应由高校说了算。

既然教育部官员放出“高校说了算”的风声，武汉大学、山东大学等高校随即表态：“不干涉”在校大学生结婚。

从2002年开始，在校大学生结婚事情频频见诸报端。当年5月1日，还在上学的天津师范大学学生王洋，与男友登记结婚，并举办了广受关注全国媒体关注的“内地第一例在校大学生婚礼”。天津师范大学对此表示默许。

2003年10月1日，《婚姻登记条例》正式实施，新条例的一个最大变化，就是结婚登记不用带单位开具的婚姻状况证明和介绍信，换句话说，结婚不需要单位“批准”了。

新条例实施后的第9天，重庆市一个在校大学生，以联系工作为名从学校开出户口证明，偷偷跑到民政局登记结婚。此事引发各方“强震”，重庆市教委紧急介入调查，并上报教育部寻求“对策”。当地记者采访教育部高教司得到的答复是：“大学生可以登记结婚，对重庆这名学生表示祝贺！”

众多迹象表明，“结婚即退学”这条“禁令”的解除，渐渐汇流成一股趋势。教育部也多次表态：相关新规定正在研究。可在新规定出台之前，在校大学生结婚，依旧晦暗莫名。

和王洋一样渴望结婚的牡丹江医学院女学生王洪杰，就遭遇了非常坎坷的经历。2005 年 2 月 6 日，尚在实习的王洪杰结婚生子。同年 3 月 24 日，牡丹江医学院依据校规，做出决定将王洪杰开除学籍。

“一个女孩遇见了她所爱的人，他们住到了一起，他们结婚，他们生孩子，自古以来这都是天经地义的事，然而发生在王洪杰身上，所有这一切都使她的人生和命运发生了根本性的变化，就因为她是一个在校的大学生。”央视《新闻调查》节目的记者串场，让人不胜唏嘘。

解禁与禁锢

而事实上，3 月 29 日，也就是牡丹江医学院将王洪杰开除学籍 5 天之后，教育部学生司司长林蕙青宣布，新的《普通高等学校学生管理规定》于当年 9 月 1 日起施行，新规定的最大变化之一，即删除了“结婚即退学”的“禁令”。

新规定的颁布，彻底取消了校规的合法性。2005 年 9 月 21 日，王洪杰提起行政诉讼，要求撤销学校做出的开除决定。牡丹江市爱民区法院作出判决，撤销牡丹江医学院给予王洪杰开除学籍处分的决定。

参与起草的专家组成员张永华透露，新的《普通高校学生管理规定》从 1996 年就开始起草，2000 年以后，出现了一系列大学生告学校的事件，引起了教育主管部门和学者的思考，而司法审查的介入和新闻媒体的报道直接促成了新规定的形成。

他所谓的司法审查的原因，是指作为行政部门规章里的“结婚即退学”，既违背婚姻自由的宪法精神，也与作为法律的《婚姻法》“打架”。只要男女双方达到法定婚龄，又符合其他法定结婚条件，婚姻登记机关应予登记，任何单位和个人不得干预。“校规”不符“国法”，理应纠正。

更宏大的背景是，新世纪初，中国社会快速转型，“个人权利面临公共规范侵犯”这一问题，得到了全社会前所未有的关注。尤其是2003年，有媒体称之为“中国新民权运动元年”。这些可喜的进步佐证了一个事实：解禁，不仅仅是删除了“结婚即退学”这一禁令，更意味着大学生对个人权利的诉求，正日益得到前所未有的实现。

2007年8月，教育部、公安部和人口计生委联合出台了关于高等学校在校学生计划生育问题的意见。该意见提出，对于已婚学生合法的生育，学校不得以其生育为由予以退学。这也意味着，继结婚解禁之后，在校大学生的生育权也得到保证。

而与此同时，不少网友笑言，一方面允许生育，而另一方面却禁止大学生在外租房——“不住到一起，怎么生得出来？”

这个反问并非调侃。从2004年至今，教育部先后下发了三个相互矛盾的红头文件，2004年6月发文“禁止大学生在外租房”，2005年7月下发了“不再禁止”的文件，2007年7月又发文“禁租”。

“法律上没有规定某一类公民没有租房的自由”。有学者尖锐地指出，教育主管部门禁止大学生校外租房的真正原因，是为了维护已经市场化的大学后勤集团的利益，而且还要打着“有助于开展学生思想政治教育、有助于学生健康成长成才”的借口。

“学生和学校到底是什么关系？有人认为是司法关系、合同关系，现在比较一致的看法是公法关系。”张永华曾表示，学校的教育、管理和保护的权利义务与学生的受教育的权利义务均来源于公法，其行为都受公法调整，这就要求双方要正确理解权利义务的边界，按照规定的程序，依法行使权利和履行义务。

事实上，大学生基于这种公法关系的权利空间，部分得到拓展，而仍然有一部分受到禁锢。

九、周瑞金：时代需要“皇甫平”

1991年初，《解放日报》发表了“皇甫平”系列文章，被称为是继“实践是检验真理的唯一标准”后第二次思想解放运动的开山之作。2006年1月23日，周瑞金又以“皇甫平”为笔名在《财经》杂志发表文章《改革不可动摇》，再度成为焦点。周瑞金回顾几度风波说：“这并不是我要自居‘皇甫平’，而是时代需要‘皇甫平’。我在这个关键时刻发挥了我应有的作用，又有什么不好呢？”

敢为天下先

《国家历史》：请您讲述一下您的经历？

周瑞金：我的经历很简单，上过三个学校：小学、中学、大学；工作过两个单位：《解放日报》和《人民日报》。1962年到《解放日报》工作，起步不错。“文革”时，由于不愿意批判报社老领导、老同志，被打成“修正主义苗子”。当时批判火力很猛，大楼上下贴满批判我的大字报，以至于连吃饭都不敢去食堂吃，每天中午独自一人到汉口路南京东路的老正兴饭店去解决肚子问题。

1986年1月，我被提拔为《解放日报》常务副总编。8月，受哈尔滨新闻改革研讨会精神的感召，毅然在《解放日报》上刊登两幅领袖漫画：一幅是小平同志在打建设中国特色社会主义“桥牌”的《中国牌》；一幅是耀邦同志指挥大家唱现代化建设新歌的《唱新歌》。

以漫画手法来表现领袖人物的风采，毕竟是第一次，而且还刊登在党报上，因此引起国内外的强烈反响。事情闹到总书记耀邦那里，他批示要首都漫画界议论一下，拿出意见。后来，首都漫画家开了一个座谈会，多数认为《解放日报》发表领袖漫画没有错，但目前还不宜一哄而起，推而广之。虽然当时我和《解放日报》都没有受到什么政治压力，但领袖漫画从此销声匿迹。

1989年1月，适逢美国总统选举，我应美国领事馆之邀去观看现场直播美国大选情况，写了一篇《美国总统选举隔洋目击记》，在《解放日报》头版显著位置加框发表，同时把布什当选总统的新闻放在头版头条。这在新闻改革中，堪称历史性突破。

有趣的是，刊出当天，正好上海市委组织部长和宣传部长来《解放日报》宣布我担任报社党委书记兼常务副总编的任命。两位部长看到报纸，态度明朗，表示赞赏。他们拿着当天的《解放日报》与我们新老总编一起合影，并说这是一个历史性突破的镜头。

奉人民之命

《国家历史》：90年代初，你们写皇甫平文章的特定历史背景是什么？

周瑞金：1989年，东欧发生剧变，柏林墙被推倒，两德统一。波兰老总统雅鲁泽尔斯基向民选总统、团结工会领导人瓦文萨交出权力。年底最后一幕是齐奥塞斯库被枪杀，罗马尼亚共产党政权垮台。不久，世界第一个社会主义国家苏联也发生剧变，苏联解体。

在这种情况下，我们国内一片反对资产阶级自由化的声音，一片反对和平演变的声音，一些“左”派十分活跃，到处问“姓社姓资”，要对十多年来改革开放予以重新评价。他们“问姓社姓资”的核心，就是要彻底否定党的十一届三中全会以来以市场为取向的改革开放事业。

《国家历史》：1990年底，邓小平先后在北京召集中央负责同志谈话，强调“不要怕冒一点风险”推进改革开放。1991年初，他又在上海视察企业，听取汇报，发表一系列有关深化改革开放的谈话。这些谈话，当时您是怎么了解到的？有什么感想？

周瑞金：1991年春节前的一天晚上，我到一位市委领导家汇报工作，那位领导把邓小平谈话的记录稿给我看了。看了后，我觉得应该马上把小平同志的谈话精神宣传出去。

《国家历史》：《解放日报》带头阐述邓小平关于深化改革、扩大开放的最新思想，当时有没有担心？

周瑞金：担心有一点，不太大，宣传邓小平的改革开放思想有什么错？当然，“左”派们不高兴，那在意料之中，只不过没有想到后来会引起那么大的反响。当时，我没有向领导请示报告。

《国家历史》：“皇甫平”系列文章是如何策划的？

周瑞金：按照《解放日报》的惯例，农历大年初一，要在《新世说》专栏发表一篇小言论贺新春。1991年春节前夕，我觉得只写一篇小言论不足以宣传邓小平同志改革开放的最新思想。因此，在小年夜我找来了评论部的凌河和上海市委政策研究室的施芝鸿两位同志共同商议，决心合作写几篇联系上海改革实践，阐述邓小平改革开放新思想的评论文章。

开篇就是2月15日发表在《解放日报》头版，署名“皇甫平”的评论《做改革开放的“带头羊”》。文章对辛未羊年作前瞻后溯，提出中国正处在改革开放新的历史交替点上。

“十二年一个轮回。回首往事，上一个羊年——1979年，正是党的十一届三中全会召开之后开创中国改革新纪元的一年。”“抚今忆昔，历史雄辩地证明，改革开放是强国富民的惟一道路！”评论开笔这些话今天读来也许平淡无奇，但在13年前却让人眼睛为之一亮。因为当时报纸几乎都在集中火力抨击“资产阶级自由化”，已有19个月没有用这种口吻谈论80年代的改革开放了。

文章提出“1991年是改革年”，这是有骨头的，是针对当时有人提“1991年是质量年”。还有那八个字：“何以解忧，惟有改革”，那是直接引用时任上海市委书记兼市长朱镕基传达贯彻七中全会精神和邓小平同志视察上海谈话时的原话。

《国家历史》：为什么取名“皇甫平”？

周瑞金：许多论者把“皇甫平”解释为“黄浦江评论”的谐音，这并没有错。但又不仅仅是这个意思。从更深的意思来讲，这个“皇”字，按照我家乡闽南话的念法，与“奉”字谐音。这个“甫”，不念“浦”，而读“辅”。我选这个甫，就是取有辅佐的意思。奉人民之命，辅佐邓小平，这就是“皇甫平”笔名的深层涵义。而皇甫又是中国的一个复姓，人们看起来比较自然。

《国家历史》：文章发表后，引起了什么反响？

周瑞金：客观地讲，第一篇文章发表后，在读者中没有引起太多的注意。到第三篇文章发表，才把那一场风波的“导火索”点燃了。《当代思潮》、《高校理论战线》、《真理的追求》纷纷介入。后来《求是》杂志加入批判行列，发表《问一问姓“社”，还是姓“资”》。《光明日报》一字不删全文转载。

这些都是反对我的声音，也有支持我的声音。《半月谈》副主编于有海、新华社记者杨继绳发表文章，含蓄地指出，不能用“稳定”压制了改革。这两个人立即遭受严厉批评。

我通过各种方式，表达了坚持真理的坚定性。我在不能正面反击批判文章的情况下，以不转载“反和平演变”文章来表明对当时一些“理论家”围剿皇甫平文章的态度。

《国家历史》：1991 年 9 月 1 日，新华社和中央电视台依据成例将第二天准备发表的《人民日报》社论《要进一步改革开放》播出。第二天的《人民日报》却将原先两处“我们要问‘姓社姓资’”的词句删去了，使一篇社论出现两个不同版本。这是怎么回事？

周瑞金：当时的《人民日报》社长觉得，不能在这场争论中置身事外。因此把这篇讲改革开放的社论塞进“我们要问‘姓社姓资’，我们要坚持社会主义方向。我们要问‘姓社姓资’的目的是为了坚持公有制的主体地位”这样的内容。

当天晚上，江泽民同志看了“新闻联播”以后，指示中宣部要《人民日报》第二天刊登这篇社论时删掉这句话。但新华社与中央电视台已经覆水难收，因此出现了两个不同版本的社论。

《国家历史》：当时，邓小平同志了解对“皇甫平”文章的批判吗？

周瑞金：那些批判皇甫平文章的材料，我是通过朋友，时任上海市委宣传部副部长刘吉，请邓小平的女儿转呈。

11 月召开的中央工作会议，本来是要研究在农村搞社会主义教育的，却变成了呼吁加快改革、重申农村政策全部不变的会议。但 11 月，《求是》杂志还警告说："连姓'社'姓'资'都不管不顾了，这是十分危险的。"12 月，《人民日报》又发表张德勤的文章，称"不问'姓社姓资'，就意味着可以不'姓社'。"直到 1992 年邓小平发表南方重要讲话后，这些批判才偃旗息鼓。

《国家历史》：1997 年党的"十五大"召开前后，中国又发生了关于"公"与"私"的争论，被人称为第三次思想解放，您如何看待？

周瑞金：这场争论，破除了把公有制等同于社会主义的传统观念，确立了公有制的多种实现形式，把发展非公有制经济当作我国基本经济制度的重要组成部分，这确实是一次思想大解放。

如果说，第一次思想解放是 1978 年的真理标准问题的讨论，解决的是思想路线的问题，破除了个人迷信、个人崇拜、两个"凡是"的教条主义。那么第二次思想解放是 1991 年的"姓社姓资"的争论，邓小平南方讲话，确立了社会主义市场经济的目标，解决了社会主义发展新模式的问题，打破了人们存在的"恐资症"，建立了市场经济体制的改革目标。

而"公"与"私"的争论还是属于第二次思想解放的范畴。只要搞市场经济，就要解决公有制与私有制对立的问题，解决公有制多种实现形式问题，寻找最有利于发展生产力的所有制形式问题。而第三次思想解放目标，是解决政治体制改革的问题，要改变党的执政方式和领导方式的问题。

《国家历史》：2003 年，您出版了专著《宁做痛苦的清醒者》，为什么要叫这样一个题目？又为什么说自己是"补天派"？

周瑞金：前《人民日报》副总编、著名理论家王若水先生逝世时，我写了一篇悼念文章，引用了他的一句名言："宁做痛苦的清醒者，不做无忧的梦中人"。文章取题《宁做痛苦的清醒者》。这篇文章收入我的专著里，后来就把它作为书名。所谓"补天派"，是指我是站在执政党立场观察问题，提出问题，分析问题。

经济人向和谐人的转变

《国家历史》：沉默多年后，为什么在2006年又选择“复出”，在《财经》杂志发表文章，呼吁“改革不可动摇”？

周瑞金：退下领导岗位后，我把自己定位为闲云野鹤，只做自己喜欢做的事，只写自己喜欢写的文章。

2004年后，一些人打着反思改革的旗号否定改革，耸人听闻地把住房、医疗和教育改革中产生的问题，说成是“新三座大山”。有人竟把矛头指向邓小平理论，全盘否定市场化改革。因此，我觉得有必要站出来说话，呼吁进一步推进改革开放，指出改革中产生的问题要在深化改革中解决，特别强调要推进政治体制改革。这篇文章在《世界》杂志、东方网和《财经》杂志同时发表，产生重大影响。

《国家历史》：第三次争论打着批判“新自由主义”的旗号，您怎么看待“新自由主义”？

周瑞金：“新自由主义”，作为西方经济学的一种理论，是在西方经济发展实践中提出来的，也是对凯恩斯经济理论的一种修正和发展。

我们要建立社会主义市场经济，不能把新自由主义作为改革的主要指导思想，这是没有疑义的。但是我们也不必去批判它，全盘否定它。在政治多极化、经济全球化的时代，西方经济学理论也有值得我们借鉴的地方。我们今天走市场经济改革道路，借鉴“新自由主义”有什么值得奇怪呢？遗憾的是，改革开放快三十年了，我们还没有看到一部自己的权威的经济学理论著作。

“新自由主义”对“经济人”的假设；要求信息的及时、完整、公开，反对暗箱操作；主张政府的最小化，强调个体创造性，防止政府过度行政对个体的束缚等等这些观点，难道就没有值得我们借鉴的地方吗？

《国家历史》：1991年，刘国光在社科院组织了一次座谈会为“皇甫平”辩护，而在2005年却批判起“新自由主义”，引发了第三次改革争论，这是为什么？

周瑞金：刘国光是我敬重的老经济学家，对推进我国市场化改革起了重大作用。1991 年 7 月 4 日，在“左”派群起而批“皇甫平”文章时，他出面主持召开中国社科院经济学所的一个“当前经济领域若干重要理论问题”座谈会，对经济体制改革中“姓社姓资”问题进行了全面的分析，支持了“皇甫平”文章的立场。我对此印象深刻，心存感激。

他从 2005 年开始批判“新自由主义”，站到市场化改革的对立面去，个中原因我就不清楚了。

《国家历史》：有人认为：“皇甫平”是上世纪 90 年代中国改革深入“市场经济”的吹鼓手，引起的社会反响之大，对改革贡献之高，历史地位极为殊耀，可谓名至实归。但作为“皇甫平”系列评论的主要组织者周瑞金先生，现在俨然以“皇甫平”自居，恐怕不妥当。您对这个问题怎么看？

周瑞金：我不认为几篇“皇甫平”文章会起那么大的作用，没有邓小平南方重要讲话，“皇甫平”早就被人遗忘了，所以我从不以“皇甫平”自居。“皇甫平”的作者三个人，我只是主要的组织者、撰写修改者和最后审定者。

今天需要对改革再表态，时隔 15 年，我写了一篇《改革不可动摇》的文章，同时在三个地方发表，唯有《财经》杂志用了“皇甫平”的署名，扩大了文章的影响，对第三次改革争论起了好的推动作用。这并不是我要自居“皇甫平”，而是时代需要“皇甫平”。我在这个关键时刻发挥了我应有的作用，又有什么不好呢？

《国家历史》：今天我们应该如何看待 16 年前的那场争论？

周瑞金：坚持邓小平理论，无论是过去、现在还是今后，只要我们还坚持解放思想，坚持改革开放，坚持现代化发展道路，我们就都需要这个指导思想。这是毫无疑义，不可动摇的。

随着时间的推移，我们就越感到邓小平的伟大。邓小平在南方讲话中提出的思想，依然是我们今天的指导思想。他提出发展是硬道理，我们今天提科学发展观，两者是相统一的。

我们不能离开发展来谈社会的公平。在发展中要注意社会的公平，这是邓小平在南方讲话中讲得很清楚的。

什么时候应该解决地区差距、贫富差距，邓小平都预见到了。所以今天，大家对社会不公平现象有意见，这应该是在深化改革中改进的，也是应该改进的。这种改革包含了政治体制改革，从这一点来讲，重温《邓小平文选》第三卷，特别是南方讲话，今天还是很有指导意义的。

我们今天强调科学发展观，要构建和谐社会，这都是我们新的中央领导集体提出的奋斗目标，是为当今中国设计的。但是邓小平，中国改革开放的总设计师，他的思想、理论，今天还在发挥着他应有的指导作用，这是谁也否定不了的。

至于那场争论，16年来的改革开放和现代化建设实践已经作了结论。今天，有些“左”派还要重揭“姓社姓资”破旗反扑邓小平理论，是注定要失败的。

《国家历史》：您如何看待80年代、90年代以及21世纪这几年的改革？

周瑞金：我在云南有一个演讲，我讲了三个28年。我们党领导人民的斗争，走了三个28年历程。第一个28年就是1921~1949，即从共产党成立到建立新中国，这28年主要是取得新民主主义革命的胜利。再一个28年就是1950~1978，这是我们探索社会主义建设的阶段，有成功的经验，也有失败的教训。其中“大跃进”、人民公社、文化大革命，教训沉痛而深刻。然后开启第三个28年，1978~2006改革开放的28年。这个28年，经过三次争论走到今天。

从党的十七大，我们开始新的28年。我们该怎么办？一方面要以政治体制改革为重点推进经济、政治、文化、社会领域全面改革，使经济体制改革与政治体制改革相互协调、相互推动，把我们的改革深化下去。

另一方面建设一个和谐的社会，通过科学发展观，构建和谐社会，来化解我们目前面临的矛盾和问题，把大家的积极性调动起来，推动现代化建设，全面建设小康社会。第三方面，特别重要的是，人的素质的重建问题。

经过这三个28年，我国人民从原来“政治人”转变为“经济人”，这是历史的进步。但同时，这种“经济人”与马克思要求的人的自由全面发展还是有差距的。因为“经济人”强调物质，强调经济主义，只追求物质的享受，失掉了精神境界的追求。这是“经济人”带来的问题，导致我们社会公德的下降，社会风气的败坏。

这些丑恶现象的出现与人的道德素质改善不够有关。因此，我提出需要从“经济人”向“和谐人”的转变。和谐人，就是马克思所说的全面自由发展的人，它有很高道德品质，使人性的发展更完善，这也是我们面临的重大任务：重建中国人的精神。

本书作者

第一篇　中国人从哪里来？

《走出非洲》（邱笑飞）、《我们都有一个家》（黄艾禾）、《追寻汉语的祖先》（孙展）、《来自基因的答案》（孙展）

第二篇　灾难改变中国

《老鼠：压垮明王朝的一根稻草》（黄艾禾）、《清王朝“战痘”300 年》（邱笑飞）、《霍乱年代的城市华洋冲突》（王刚）、《灾难见证的中国之变》（秋风）

第三篇　闯关东

《三百年关东潮》（李远江）、《一个村庄的向北之路》（王刚）、《杨子荣闯关东》（黄欢）、《东北人为何都是活雷锋？》（曹保明）、《关东的江湖》（杜兴）

第四篇　商品战争：华洋冲撞 100 年

《1905 年：抵制初潮的民间热度》（王刚）、《那块“华人与狗不得入内”的地方》（黄艾禾）、《百年抵制潮：抵制的兴起与轮回》（苏琦）

第五篇　日本侵略耽误中国多少事

《宋子文：党国金融家》（老舒）、《王宠惠：苦撑危局》（杜兴）、《胡适：三个原望》（徐路加）

第六篇　一人为刚万夫柔——读史琐谈中日英雄（雪儿简思）

第七篇　1950年代

《1950年代："翻身农民"想进城》(李巧宁)、《代食品：那三年的"精神食粮"》(陈海儒)、《1958年"教育大跃进"》(刘洋)

第八篇　三十年个人解放史

《1976年：一个公民的个人生活》(陈晓琪)、《"在中国，服装也是政治"》(丁三)、《石破天惊一个吻》(王芳芳)、《解禁年代的身体摇摆》(王刚)、《"家庭舞会"的罪与罚》(古川)、《从靡靡之音看到风靡之音》(傅言　周益)、《冲破"单位"围墙》(李远江)、《大学生，婚否？》(杜兴)、《周瑞金：时代需要"皇甫平"》(关昕)